関東甲信越 アユ釣り場「いい川」

つり人社書籍編集部　編

り人社

目次

関東甲信越アユ釣り場「いい川」

構成 時田眞吉
地図 堀口順一朗

はじめに—本書について

本書は釣り人による、釣り人のためのアユ釣り（友釣り）場ガイドです。アユ釣りと自然を愛する筆者の方々にご協力をいただき、一冊にまとめました。ルールとマナーを守り、1人でも多くの方がアユ釣りを楽しめるように心がけましょう。

【釣り場】 大アユ、天然ソ上、濃密放流などで有名な河川のほか、近年人気上昇中の川、地元の方を中心に親しまれている川など、エリア内のさまざまなタイプのおすすめ河川をピックアップ。各釣り場に精通する釣り人が原稿を執筆しています。

【地図】 各河川には、アクセス図と釣り場河川図、また必要に応じて拡大図を掲載しました（縮尺は一定ではありません）。地図は基本的に北を上に製作しましたが、河川の地理的要素や、表示するスペースの関係から異なる場合もあります。アクセス図、河川図とも、東西南北は方位記号をご参照ください。

【写真】 撮影後に河川状況が大きく変化する可能性もあることから、2014年シーズン後の写真も多く掲載しています。釣り人のいない風景写真は減水期が中心となるため（河川によっては雪代増水中もあり）、シーズン中は全般に水量・水勢が増しているとお考えください。

【本文・インフォメーション】 本書に記載した各情報は、基本的には2014年12月までのものです。解禁期間、遊漁料、漁業協同組合、遊漁券取扱所・オトリ店等の各情報は、その後変更されている可能性もあります（特に解禁期間、遊漁料は必ず事前に各漁協にお問い合わせください）。また、解禁日が「第●日曜」等で設定されている場合、年によって日にちが変わります。

釣り場の状況も同じであるとは限りません。釣行の際は、安全に釣りを楽しむためにも、同様に現地の最新情報を事前にご確認ください。また、現地で本書に記載外の禁漁・禁止行為等を示す標識などがあった場合には、その指示を遵守してください。

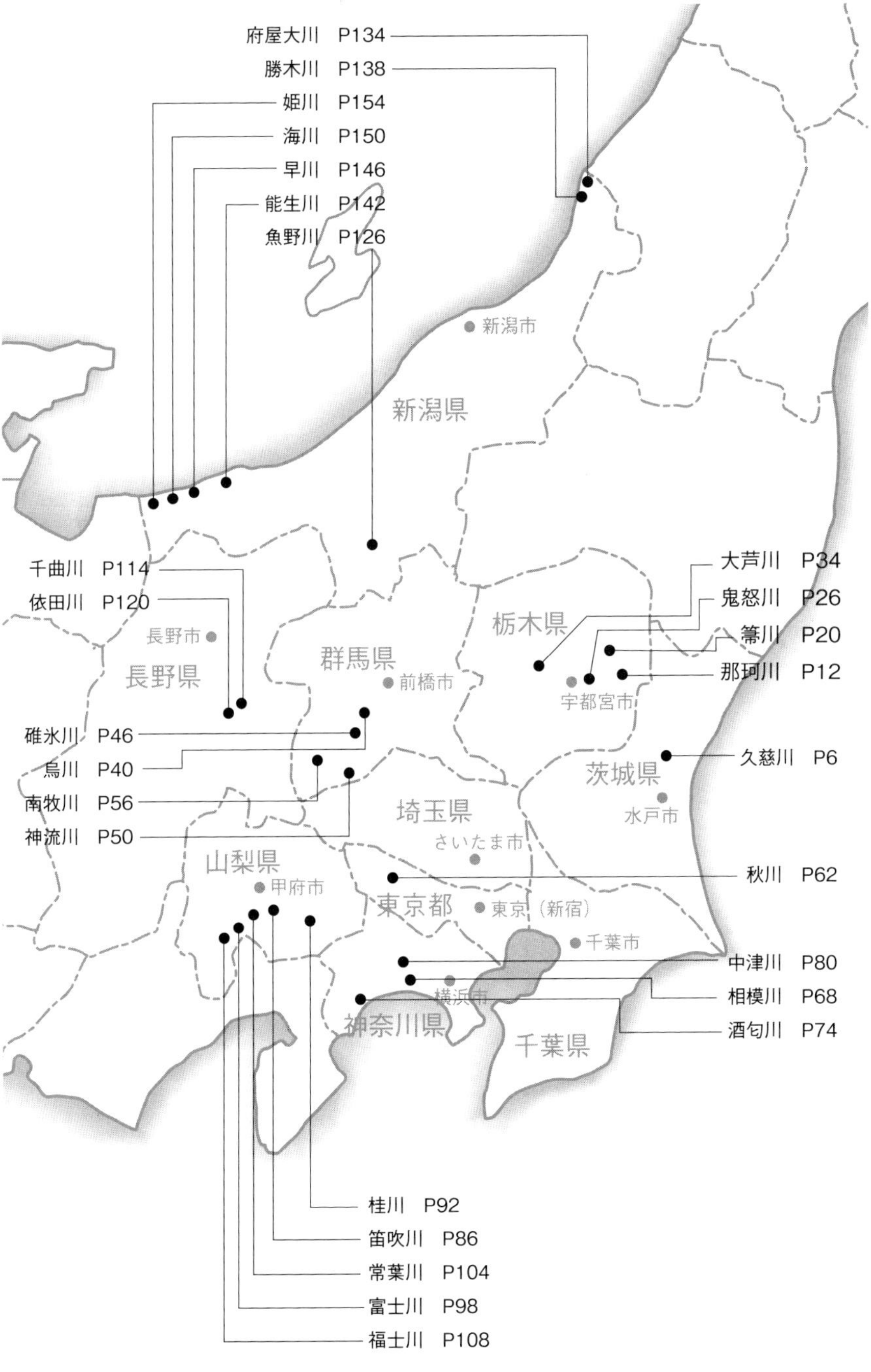
府屋大川 P134
勝木川 P138
姫川 P154
海川 P150
早川 P146
能生川 P142
魚野川 P126
新潟市
新潟県
千曲川 P114
依田川 P120
長野市
長野県
群馬県
前橋市
栃木県
宇都宮市
大芦川 P34
鬼怒川 P26
箒川 P20
那珂川 P12
碓氷川 P46
烏川 P40
南牧川 P56
神流川 P50
久慈川 P6
茨城県
水戸市
埼玉県
さいたま市
山梨県
甲府市
東京都
東京（新宿）
秋川 P62
千葉市
中津川 P80
相模川 P68
酒匂川 P74
横浜市
神奈川県
千葉県
桂川 P92
笛吹川 P86
常葉川 P104
富士川 P98
福士川 P108

●茨城県

久慈川《くじ》

本流にダムがなく天然ソ上&海産放流の多い関東の銘川
国道が沿う流れは入川しやすくキャリアを問わず楽しめる

上流域の下野宮付近の川相。大きな石が無数に入る流れは初期から好釣果がねらえる穴場だ

心躍るアユの友釣り。あの独特な引き、野アユがオトリを追い回す感触、釣ったアユの香味に舌鼓を打つのも友釣りファンならではの特権。そんな思いを馳せながら、日本三名瀑として知られる袋田の滝からの流れもある清流・久慈川のアユ釣り場を下流域より紹介したい。

久慈川にはダムはなく、天然ソ上に加え海産アユ（2014年度時6t）の放流も行なわれているため魚影はいたって多い。国道118号沿いに川が流れ、車で入川しやすい場所も多い。友釣りが楽しめる区間も、下流は旧・山方町から上流は大子《だいご》町までと広域だ（福島県内の久慈川は漁協が異なる）。

●数、型ともに楽しめる下流域

下流域でおすすめしたいのが上小川地区の通称・キャンプ場前。川沿いまで普通車で乗り入れ可能だ。川相は、上流の淵から始まる早瀬の流れが主体。

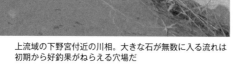

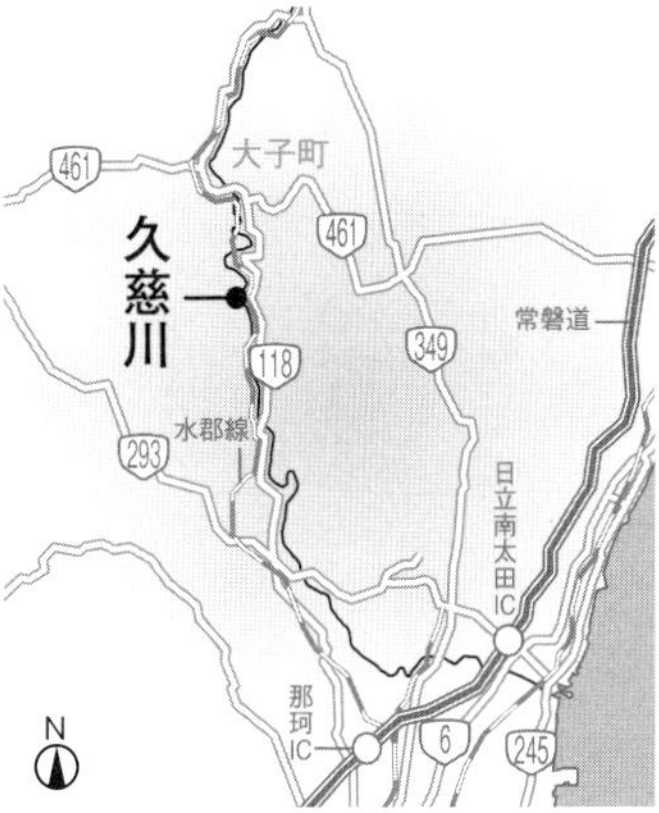

information

●河川名　久慈川
●釣り場位置　茨城県久慈郡大子町
●解禁期間　6月1日～12月31日（10月1日～7日の間は全区域禁漁）
●遊漁料　日釣券1500円・年券8000円
●管轄漁協　久慈川漁業協同組合（Tel0295-52-0038）
●最寄の遊漁券取扱所　菊池商店（Tel0295-72-3037）、大子観光やな（Tel0295-72-3487）
●交通　常磐自動車道・那珂ICを降り国道118号を右折、大子方面へ進み上流部へ

ザラ、トロ、急瀬のポイントもあり、いろいろな釣り方で楽しめるはず。

下流域ということもあるのか初期はアユが居着かず、中期以降の梅雨明け7月から本格的に釣れ始める。この頃になると型も揃い18～24cmがアベレージサイズ。

川床には大小さまざまの石が敷き詰められ、見た目以上に底流れが強い。深い所もあるので自分の体力、経験と相談して流れに臨んでほしい。

少し強めのタックルを選択し、駐車場所付近の二股のザラ瀬や早瀬でオトリを確保。下流の早瀬から急瀬で仕上げるというのが私なりの楽しみ方だ。特に下流の瀬では、左岸ぎりぎりはサオが入っていないことが多い。少し流れが強いので、体力に自信のある方にはぜひサオを伸ばしてもらいたい。最盛期の元気アユが目印を吹き飛ばしてくれるはずだ。

昭和橋の上下流付近も魅力的な流れ

だ。ここは増水後でもアカが飛びにくいことが多く、私自身そのような状況でサオをだすことが多い。駐車スペースと近くにオトリ店（菊池商店）もあり、流れも緩やかで体力がない方でも楽しめる。

　橋上流右岸側は、ていねいに泳がせ釣りをすると数が楽しめる。橋下流に1ヵ所だけ急瀬があり、型をねらうならオモリなどを使用して石周りにしっかりオトリアユを止めれば、思い出に残るような1尾との出会いもある。

●解禁当初から数釣れる中流域

　中流域となる大子観光やなから消防署前は、久慈川でも一番の釣り銀座。解禁時の放流量も多く、駐車場やオトリ店、トイレも完備され初期から好釣果が望める。メーカーなどの競技会や大会なども行なわれる。

　ヤナ場下流の久慈川橋付近は、橋下流に岩盤層が多く、初めて訪れる場合は急に掘れた所もあるので注意が必要。そのぶんサオ抜けのポイントが多いのも特徴だ。

　慣れていない方は、橋上流から押川との出合の間を釣るのがおすすめ。岩盤と玉石で形成された流れは穏やかで、数をねらうのであれば泳がせ釣りか、引き泳がせ気味に誘いをかけて野アユを挑発するのも手だ。

　押川出合から上には瀬から落ち込ん

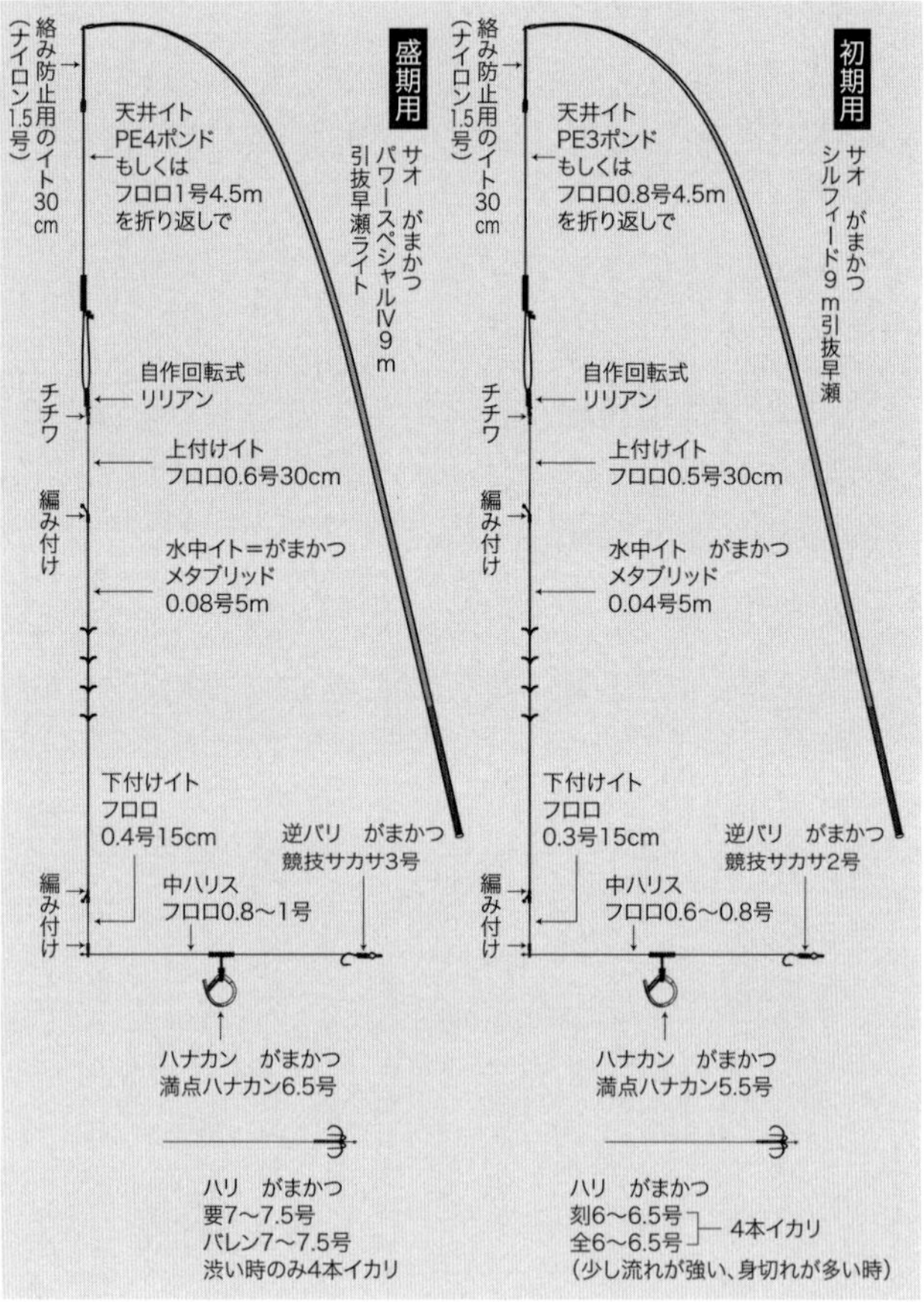

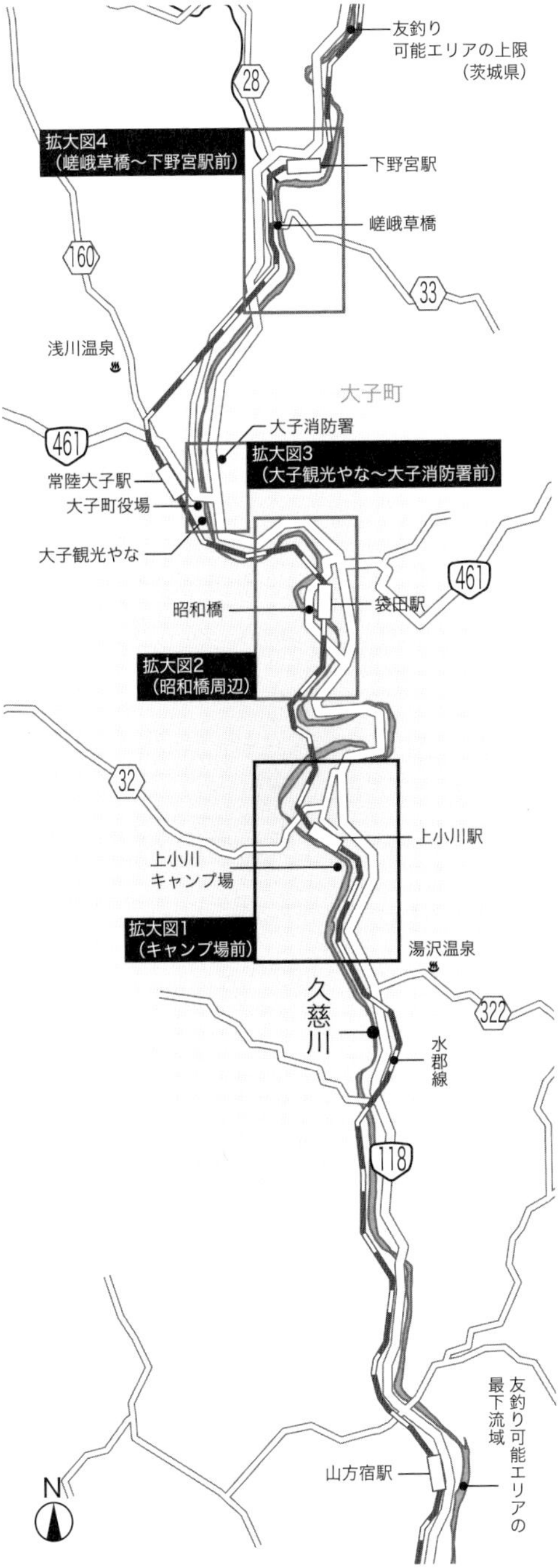

増水後でもアカが飛びにくい昭和橋下流の川相。流れも緩やかで釣りやすい

久慈川でも一番の釣り銀座となる中流域・消防署前の流れ

だ緩いトロ場があり、アユの供給場所と思われる。その上の瀬は一抱え大の石が点在する早瀬があり、好釣果が望める人気のポイント。ここから上流の消防署までは平坦な平瀬が続き、泳がせ釣りを楽しむ人で賑わっている。

消防署前にも駐車場があり、全体的に浅い平瀬の川相で、解禁からアユがアカを食む姿が目視できる。２０１４年の解禁日、私もここでサオをだしたが、ほとんど移動できない状態ながら、午前中の3時間で30尾超をマーク。天然ソ上の小型から19cmまでの放流アユを手にできた。

釣り方としては、川全体が浅いためあまり早くオトリを差し替えるのではなく、静かにある程度自由に泳がせるほうが数を伸ばせるようだ。

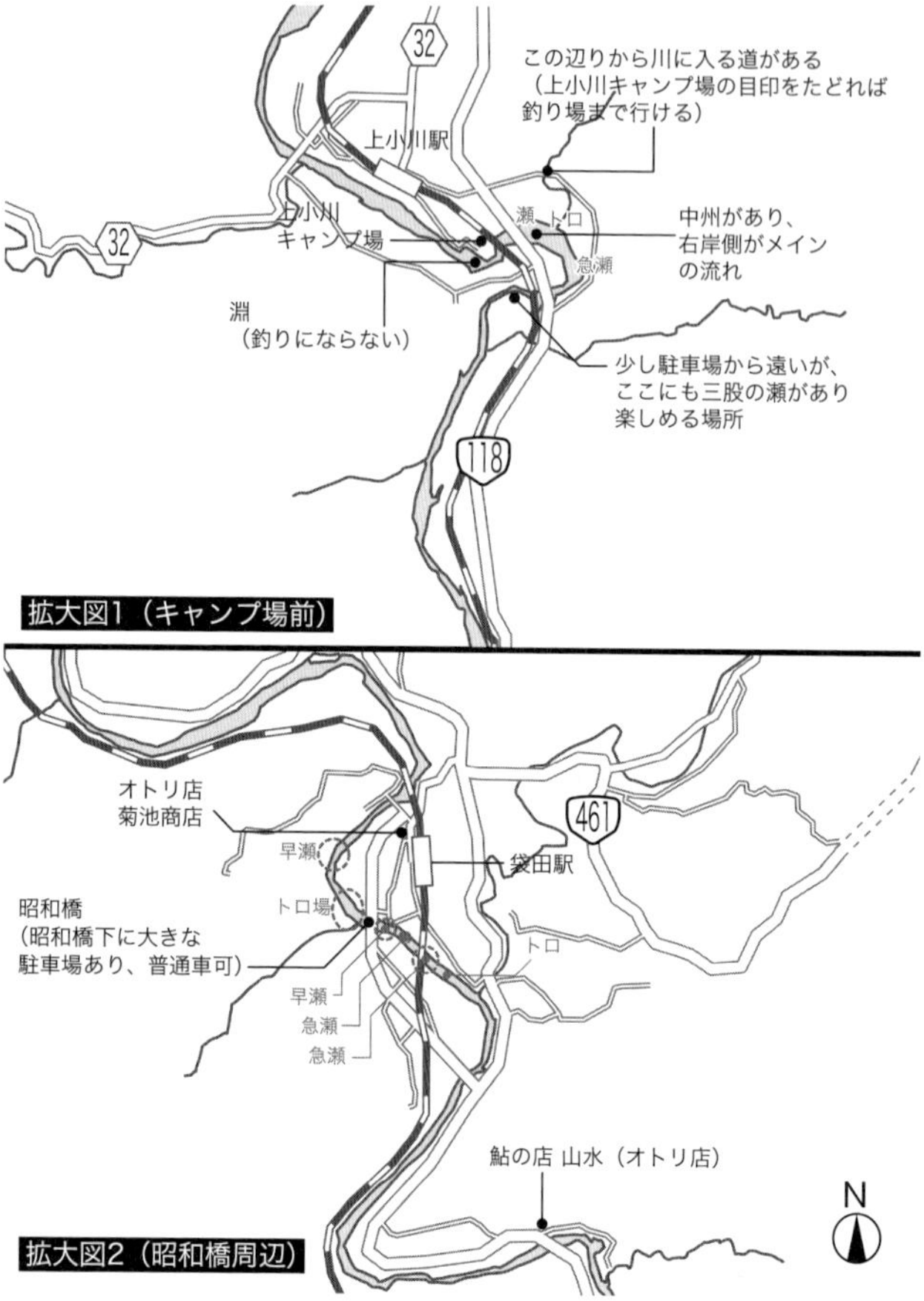

●平均して釣れる上流域

上流域のおすすめは嵯峨草橋の上下流。橋下流は瀬、トロ、瀬、さらに下流に長いトロ場が続き、ここがアユの供給源となり例年平均してよい釣果が聞かれる。駐車スペースは川沿いの土手に停めるるしかないが、組合でトイレは設置してある。

橋上流はトロ場が約１００m続き、アユのハネも多く魚影の多さがうかがえる。問題はここから上の流れ。アユは岩盤層の溝に入った石に付いているので攻略が難しい。

水深は膝ほどで、岩盤に50cmくらいの溝が無数にあり、ノベザオではアユを止めるのに苦労を強いられる。ここでは、中通しザオにリールを付け水中イトを自在に短くして釣る、久慈川の伝統的な仕掛けでねらう地元の釣り人を見かける。久慈川の独特の文化なのかもしれない。

下野宮駅裏側も好釣り場。入川口が

大変分かりづらいが、オトリ店が川沿いにあり、かなり大きな石が無数に入る流れを見せる。初期から好釣果がねらえ、空いていることが多い穴場。

川相は急瀬、平瀬が200mあり、早瀬と続き全体がアユの付き場。大石周りを大胆にねらい、久慈川のアユ釣りを楽しんでもらいたい（根本）。

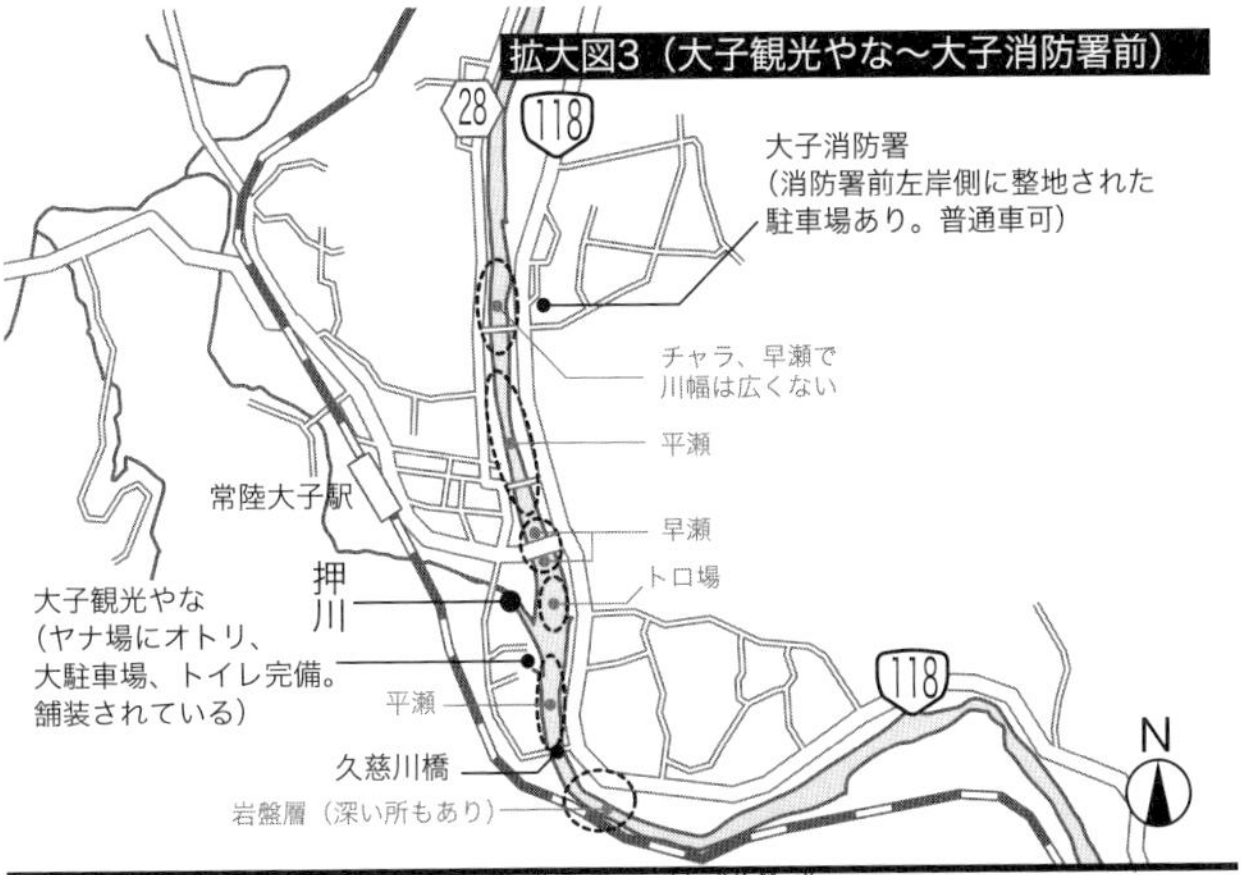

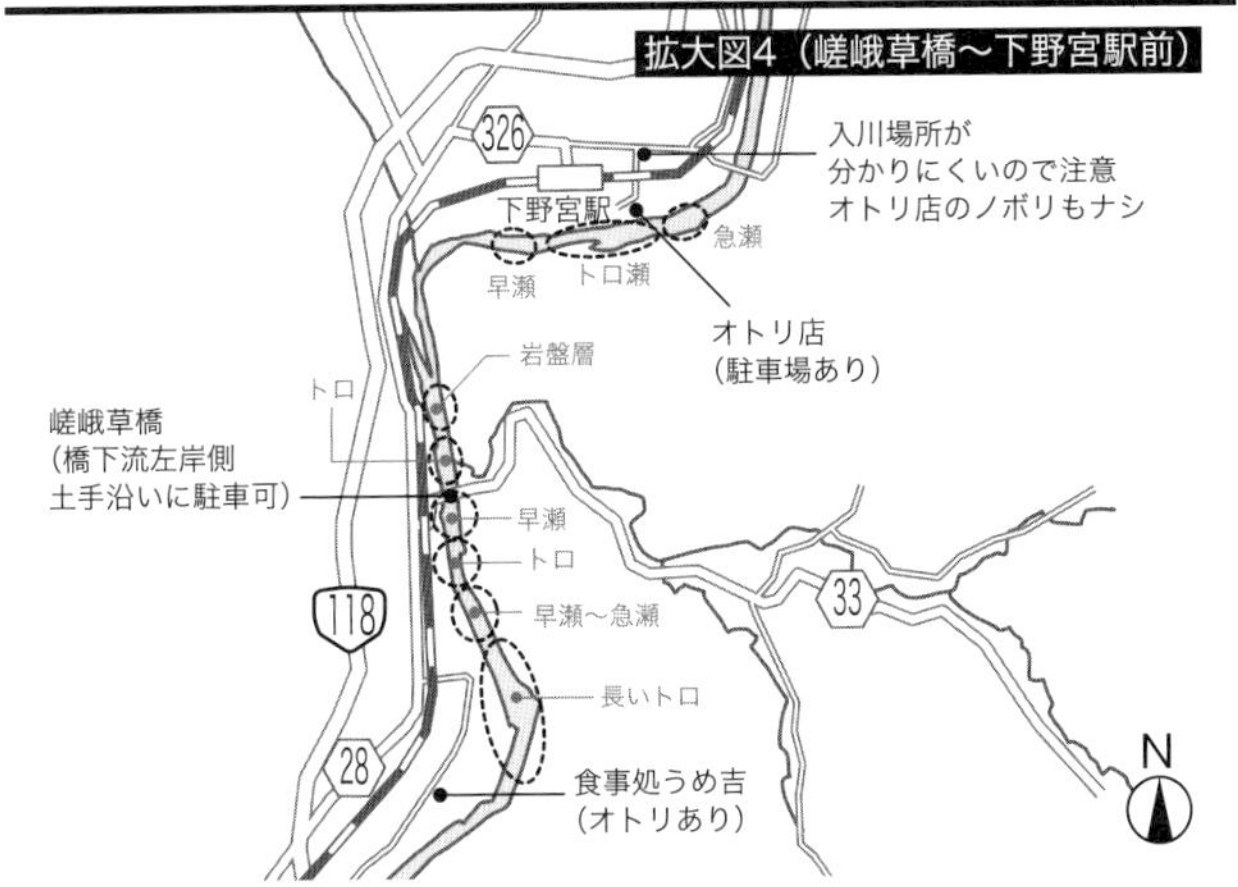

久慈川の大アユ

嵯峨草橋より下流を望む。上流域
でもおすすめのポイントだ

烏山大橋より下流を望む。放流量も多く
解禁からよい釣果が出る人気ポイント

●栃木県

那《な》珂《か》川

関東第3の大河にして大アユを育む天然ソ上河川
栃木県内4漁協の遊漁券が共通。幅広いエリアで楽しめる

関東の清流として知られる那珂川は栃木県那須岳から源を発し、支流の余笹川、箒川、武茂《むも》川、荒川などを合わせ、茨城県ひたちなか市で太平洋に流れ出る。栃木県内には那珂川北部漁協、那珂川中央漁協、那珂川南部漁協、茂木町漁協と4つの漁協があるが、遊漁券はどこの漁協でも栃木県内は共通で、支流もカバーしている。ただし茂木町の新那珂橋から下流は茨城県となり遊漁券は別になるので注意したい。

豊富な水量と、天然ソ上アユのアタリと引きが楽しめる那珂川のおすすめポイントを下流より順に紹介したい。

●茂木町・小深

国道123号から県道338号に入り、下平工業団地、MPMと書いてある工場と駐車場の間から入川すると、坂の途中に養魚場の安川屋があり、オトリも調達できる。河川までは悪路もあるので4WD車であれば入川可能だ

information

●河川名　那珂川
●釣り場位置　栃木県那珂烏山市～那珂郡那珂川町
●解禁期間　6月1日～11月10日
●遊漁料　日釣券2500円・年券1万1500円
●管轄漁協　那珂川北部漁業協同組合（Tel0287-54-0002）、那珂川中央漁業協同組合（Tel0287-83-0120）、那珂川南部漁業協同組合（Tel0287-84-1501）、茂木町漁業協同組合（Tel 0285-63-0570）
●最寄の遊漁券取扱所　高瀬オトリ店（Tel0287-54-1960・黒羽地区）、久那瀬水産（Tel0287-92-2791・八溝地区）、たけやオトリ店（Tel0287-84-0436・烏山地区）、安川屋商店（Tel0285-62-0453・茂木地区）
●交通　東北自動車道・西那須野塩原ICより国道400号で大田原市内を抜け、国道294号で各釣り場へ

が、普通車は注意。

ここは上流の瀬から約300mのトロ、瀬となり右岸側崖の淵へと流れ込む。底石は小さく底流れが速いためオモリや背バリが有効だ。川底の変化、石の大きさや根石がポイントになる。例年8月頃からがよい。流れの押しが強いので立ち込みには注意。

●茂木町・大瀬

国道123号から県道338号に入り大瀬観光やなを目差す。ヤナでオトリも販売している。ヤナ手前に駐車場とトイレもある。大きなトロからヤナ下の瀬になり、橋上で二股に分かれ橋下右岸側の岩盤前で合流する。ここは後半アユが下り始めると溜まるポイントだ。ヤナ上のトロや左岸側の大石周りで実績がある。

●烏山地区・舟戸

国道294号の那珂烏山市野上でコ

ンビニのある交差点を下野大橋方面に曲がり、T字路を右折し橋の手前で左の道に進むと入川できる。

川相はヤナ跡のヒラキから二股に分かれ瀬になり、左岸側の岩盤前で合流し下野大橋下までの大きなトロとなり、右岸側テトラに落ち込む瀬となる。ここは上下にアユの補給源となる大きなトロ場があり、シーズンを通して楽しめる。

●烏山地区・烏山大橋

放流量も多く解禁から好釣果が出る人気ポイントで釣り人も多い。烏山大橋上流右岸側に、たけやオトリ店があり、そこから入川して橋まで行ける。

オトリ店横は大きなトロ場で下に堰堤があり、その下で二股に分かれ瀬になる。右岸側が広大な平瀬で、平水時であれば広範囲を足を使っての拾い釣りがおすすめだ。左岸側の流れは川幅は狭いが石組みがよく実績もある。

下野大橋より上流を望む。左岸岩盤前で合流した流れが大きなトロを形成する

キャンプ場前の流れ。終盤には良型の実績のあるポイント

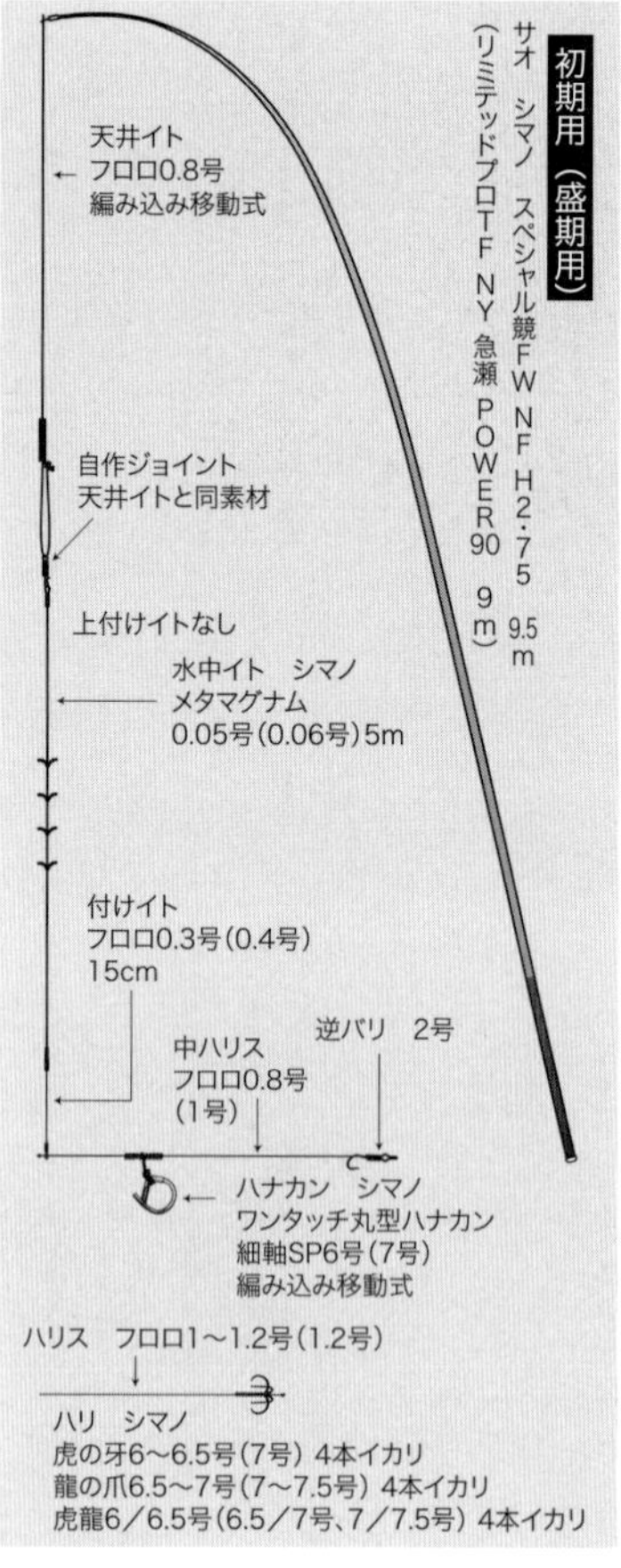

増水時は危険なので川を渡らないように注意。橋下でザラ瀬になり、そこから川幅が狭まり荒瀬になる。

●**烏山地区・キャンプ場前**

釣り場は境橋右岸側の手前を上流側に入る。左手にキャンプ場があり、河原までは4WD車が必要。上流には数100m続く深トロ、急瀬、そして平瀬と続き、左岸側の岩盤にぶつかり右にカーブし急瀬となり、境橋までの岩盤と石の深瀬となる。後半には良型の実績のあるポイントだ。

●**八溝地区**

八溝大橋右岸側から入川すると橋の下に駐車スペースがある。上流側の河原までは悪路のため4WD車が必要。上流から岩盤交じりの深瀬と急瀬が続く。左岸側から武茂川が合流し、平瀬から急瀬になり左岸側の岩盤に落ち込み深瀬となり、橋下までの長いトロ場

まほろばの湯上流の荒瀬。かなり押しが強いのでオモリは必需品だ

八溝大橋より上流を望む。岩盤交じりの深瀬と急瀬が続く

通称・一本松の瀬と呼ばれる川幅のある流れは、解禁当初から期待大だ

黒羽地区の歩道橋から上流を望む。護岸へと落ちる瀬がヒラキとなる流れ

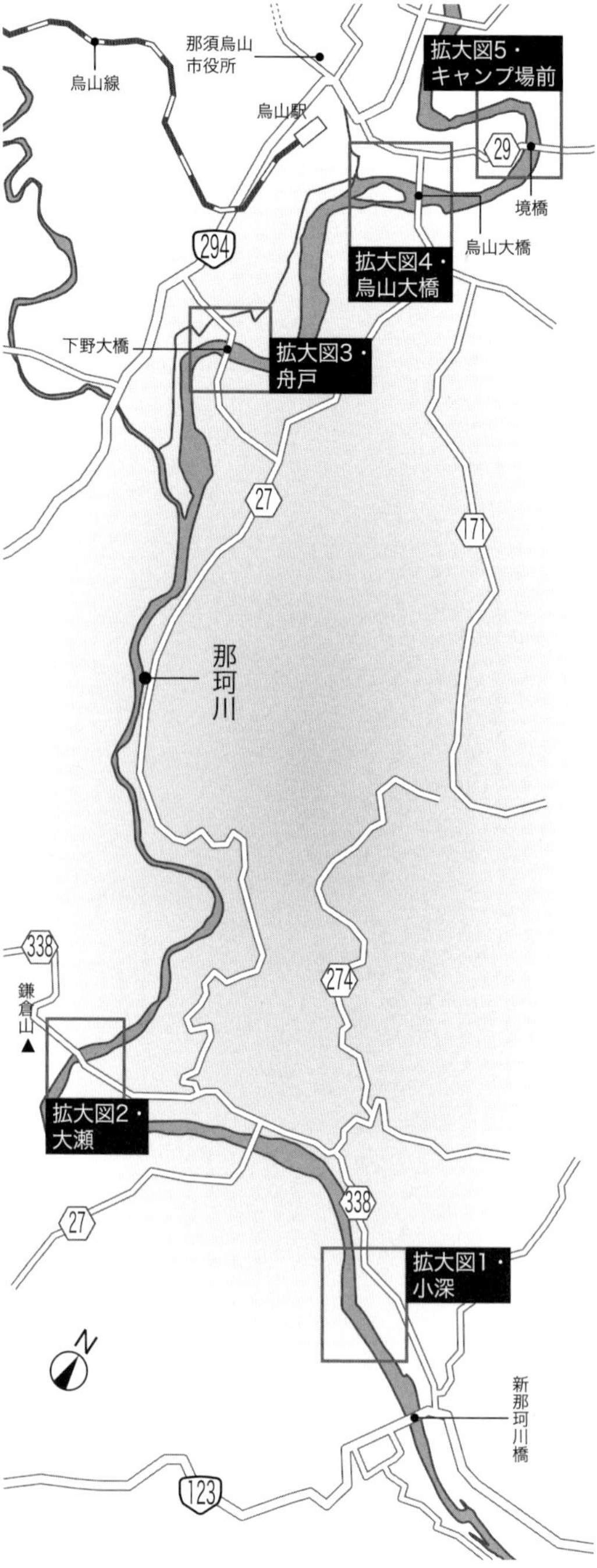

となる。例年7月頃から良型が掛かる実績のある釣り場だ。

●小川地区

新那珂橋跡の両側から入川可能。右岸側から入川すると上流の三川又堰付近、下流は若鮎大橋付近まで行ける。河原にオトリ店もあり、駐車スペースも広く、放流量も多いため大会なども行なわれる人気ポイントだ。

三川又堰下の淵から長いトロ場が続き、平瀬から、まほろばの湯前の護岸に落ちる絞られた岩盤混じりの荒瀬となる。例年良型が出るポイントだが、落差があり押しも強いので立ち込みには充分注意が必要。

まほろばの湯の護岸前は岩盤混じりの長い深瀬が続く。オトリ店上のトロ場から新那珂橋跡の広い瀬となり、連日両側からサオが並ぶ。橋跡から流れは左岸側のテトラに落ち込み、岩盤混じりの深瀬、平瀬が若鮎大橋まで続く。橋下では絞られた岩盤の荒瀬、赤岩の瀬があり良型が出る。かなり押しが強

N
テトラ帯
トロ
瀬
トロ
トロ
淵
瀬
瀬
ヒラキ
下野大橋
拡大図3・舟戸

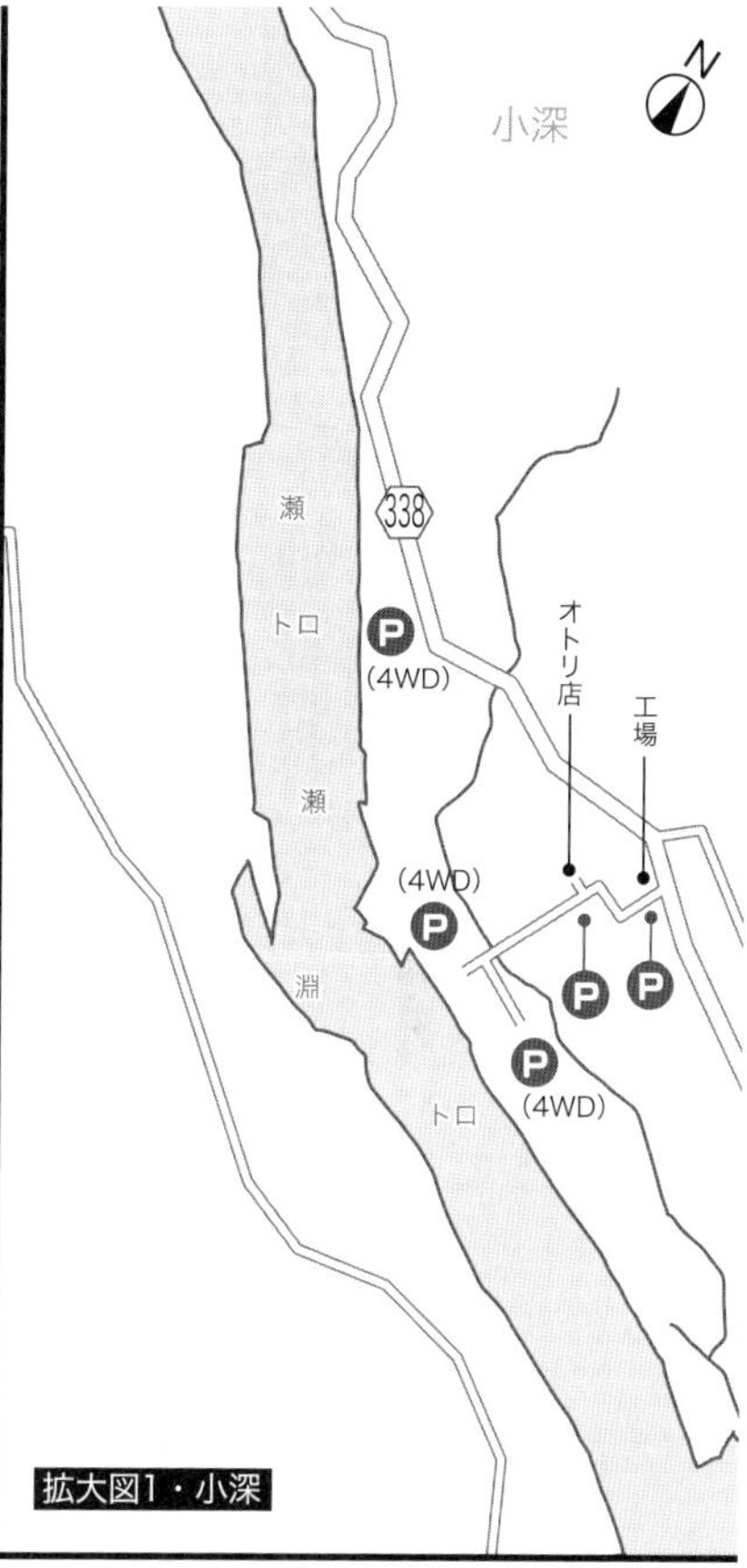
N
小深
338
瀬
トロ
(4WD)
瀬
(4WD)
淵
トロ
(4WD)
オトリ店
工場
拡大図1・小深

N
12
烏山大橋北
烏山大橋
たけや
オトリ店
荒瀬
瀬
トロ
瀬
堰堤
12
G.S
那須烏山市
国民健康保険境診療所
拡大図4・烏山大橋

N
4WD
慈光山宝照寺
トロ
瀬
瀬
岩盤
浅間神社
キャンプ場
4WD
宮原保育園
トロ
瀬
29
トロ
佛行寺
境橋
トレーニング
センターアスコット
拡大図5・キャンプ場前

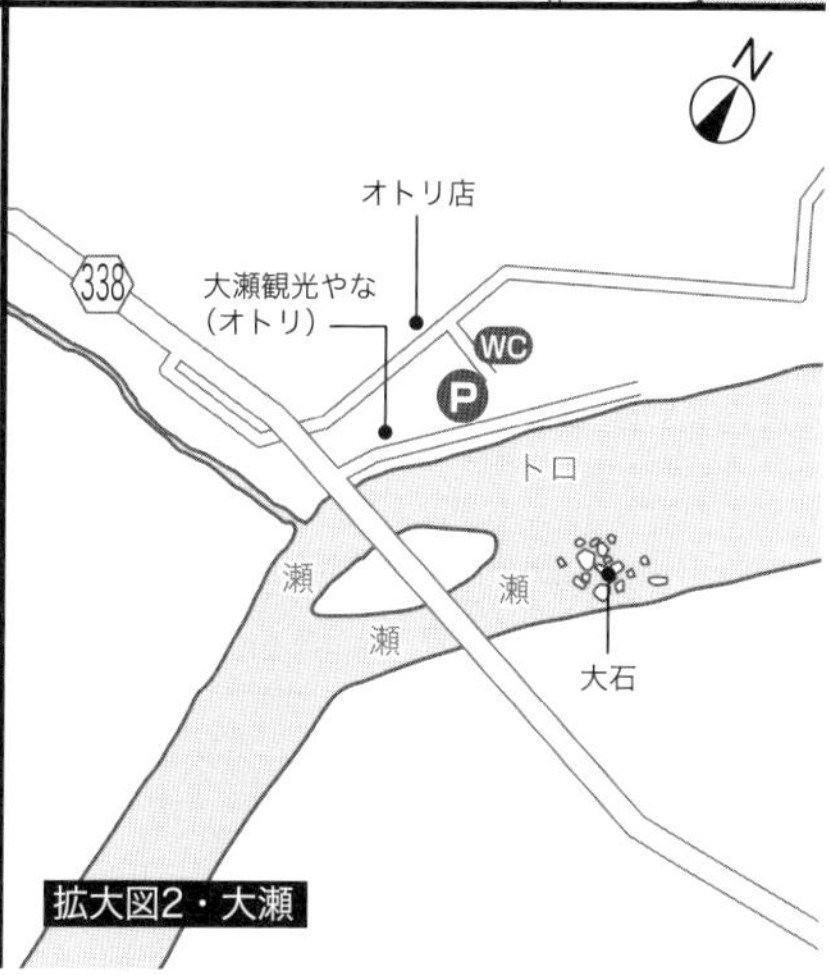
N
オトリ店
338
大瀬観光やな
(オトリ)
WC
トロ
瀬
瀬
瀬
大石
拡大図2・大瀬

いのでオモリは必需品。

●黒羽地区・町裏

放流量も多く解禁当初から数釣りが期待できる。入川口にもノボリ旗が立っているので分かりやすくオトリ店も多い。高岩大橋から二股に分かれた瀬が、右岸側の高岩の淵に流れ込み1つになる。通称・馬洗から高岩と呼ばれる流れだ。そこから歩道橋上の左岸にある護岸へと落ちる瀬は、歩道橋付近で浅いヒラキになっている。

歩道橋下流右岸側には高瀬オトリ店がある。歩道橋下からオトリ店前までは瀬となり、那珂橋付近で二股に分かれ湯坂川合流付近で1つになる。通称・町裏のポイントで、数多くの大会も開催され、河原も整備され駐車スペースも広くトイレも設置されている。

湯坂川合流下から右岸側の崖へとぶつかる瀬となり、松葉川合流までトロ場が続く。川幅の広い瀬は通称・一本松の瀬と呼ばれている。石も大きく解禁から実績が高い人気場所だ（坂本）。

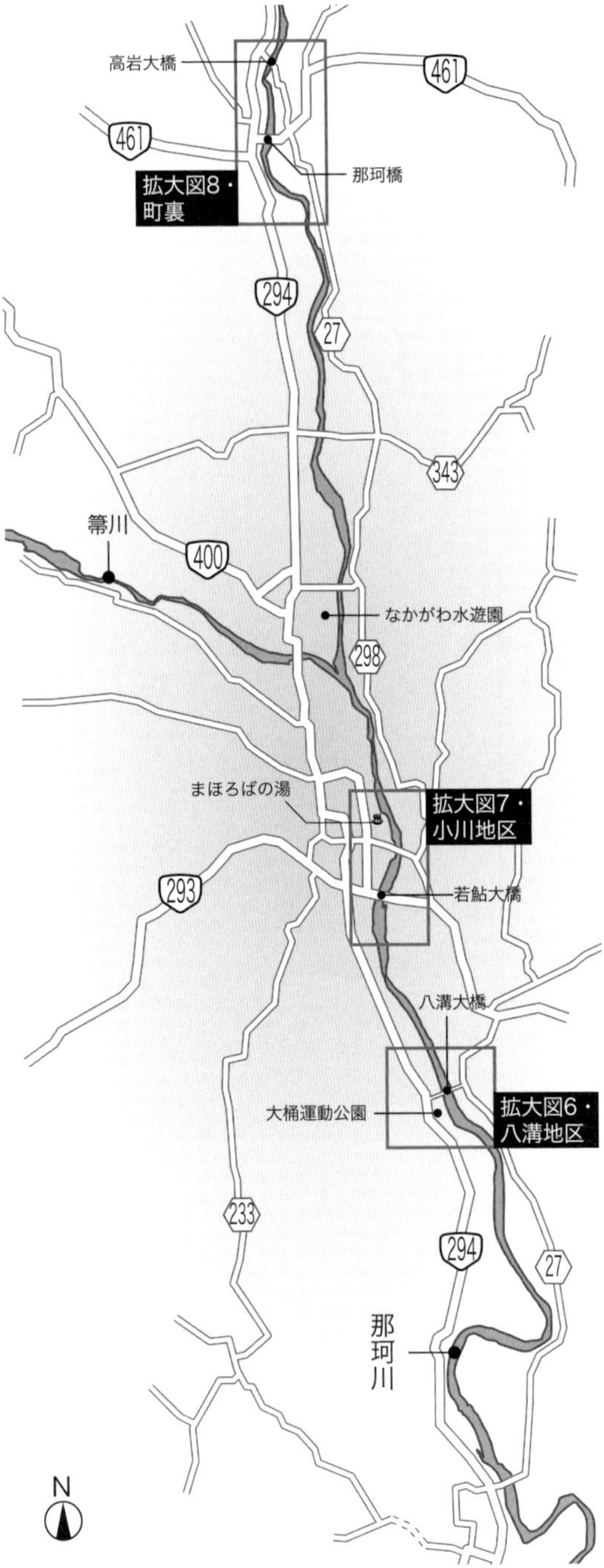

拡大図6・八溝地区

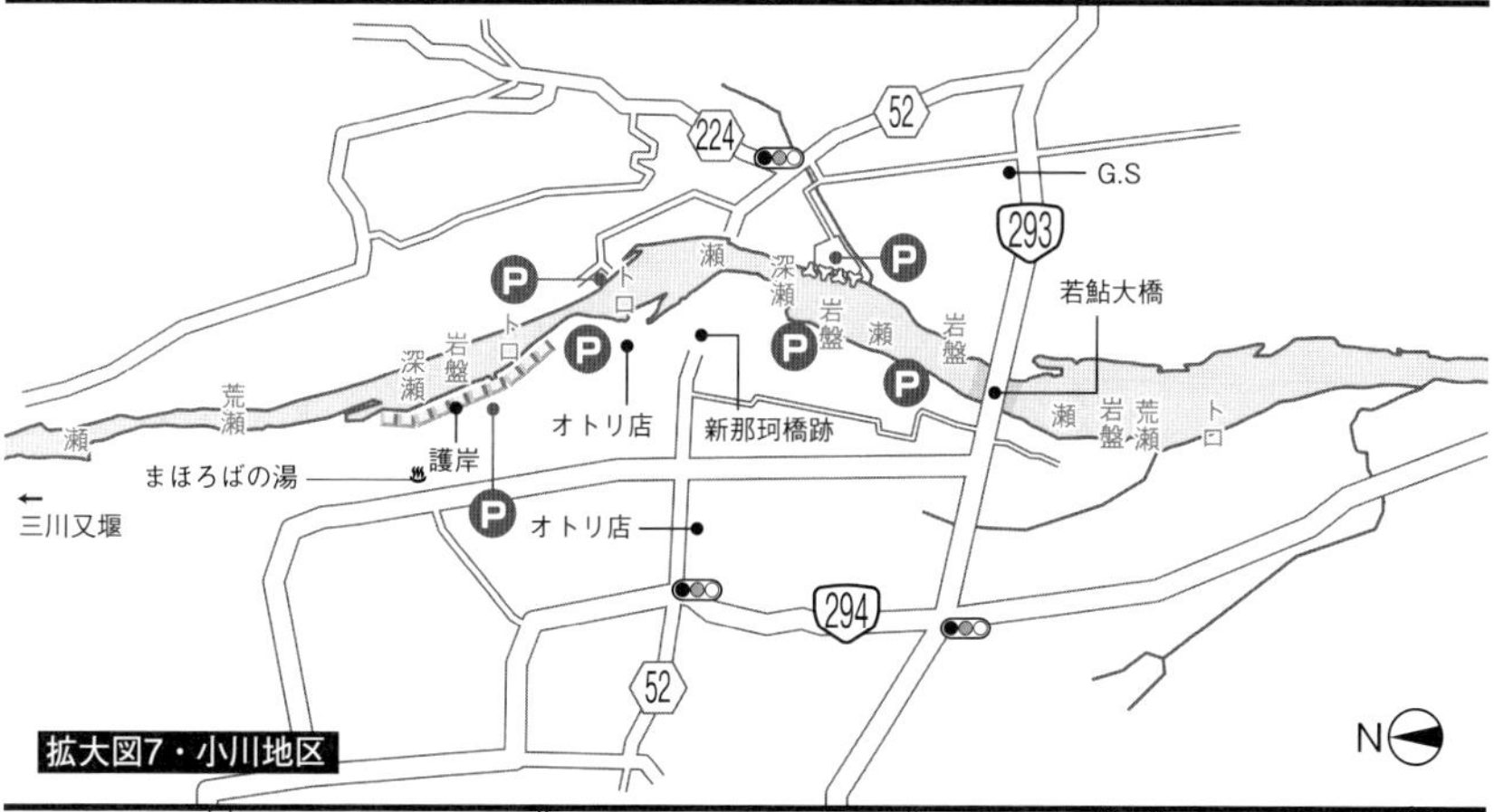

拡大図7・小川地区

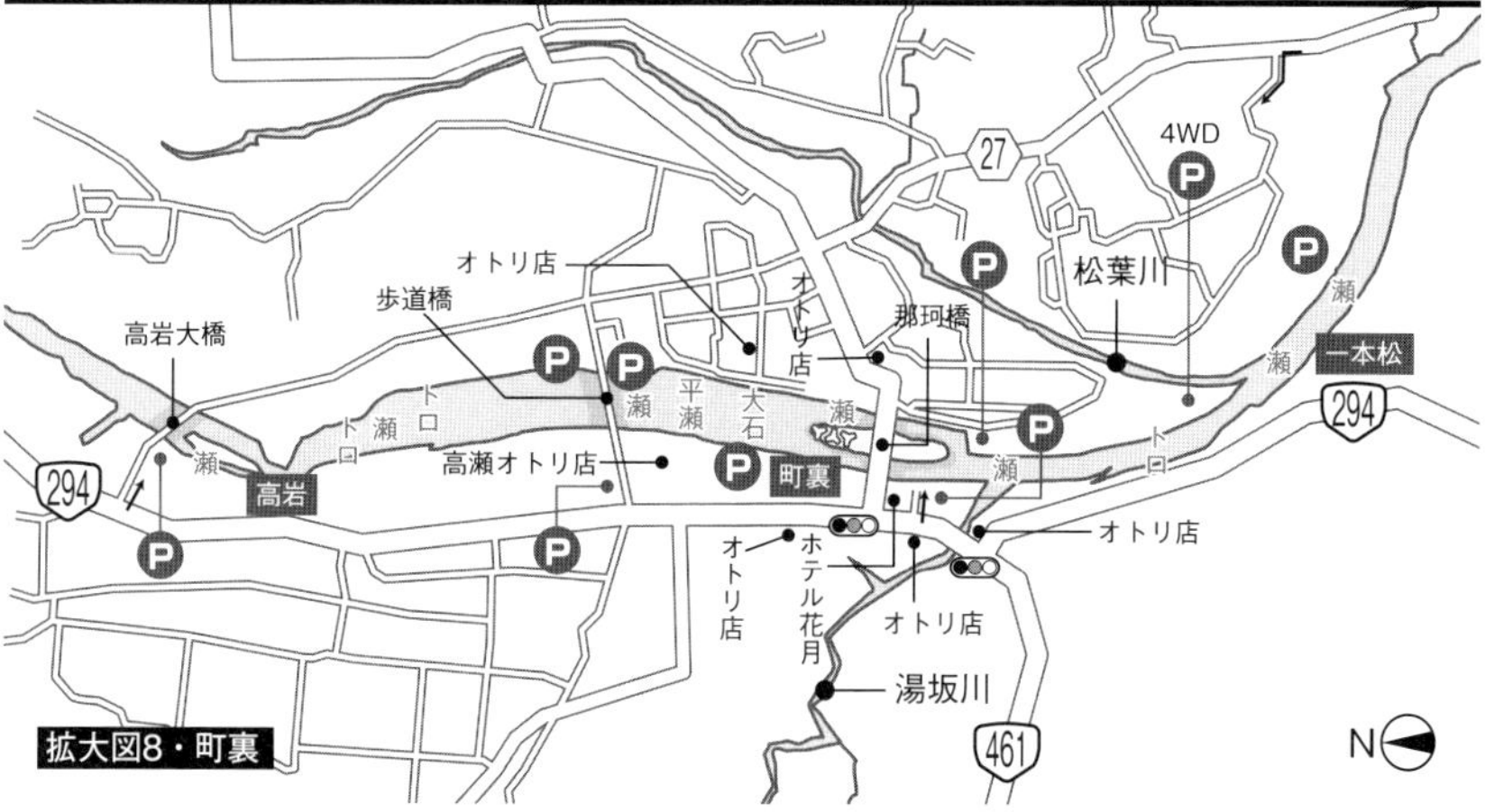

拡大図8・町裏

箒《ほうき》川

那珂川水系最大の支流。天然ソ上も多く安定した実績
塩原ダム下流の那珂川北部漁協管轄エリアを紹介

下流域となる浄法寺橋下流の流れ。変化に富んだ川相で１日釣っていても飽きない流れが続く

八方ヶ原を水源に那珂川へと流れ込む箒川は、那珂川水系最大の支流。約47㎞の流程でアユ釣りが楽しめるのは、最下流となる那珂川出合から上塩原温泉までの流れだ。管轄する漁協は２つ。塩原ダムを境に上流は塩原漁協、下流は那珂川北部漁協の管理となる。

川の特徴としては、上流は多少石が大きくなる。中下流域はあまり大きな石もなく、水の透明度もあり川底が確認しやすくポイントも絞りやすい。昔と比べて深場はめっきり減少したが、それでも天然ソ上は多く、年によりムラはあるものの魚影の多さから釣果は安定している。

大雨などで上流の塩原ダムが放水しない限り、多少の増水や濁りに強く、那珂川が釣りにならない時でもサオをだせることが多いのも箒川の魅力だ。水量や底流れはそれほどでもないが、掛かったアユの引きは格別で、食べても味がよい。

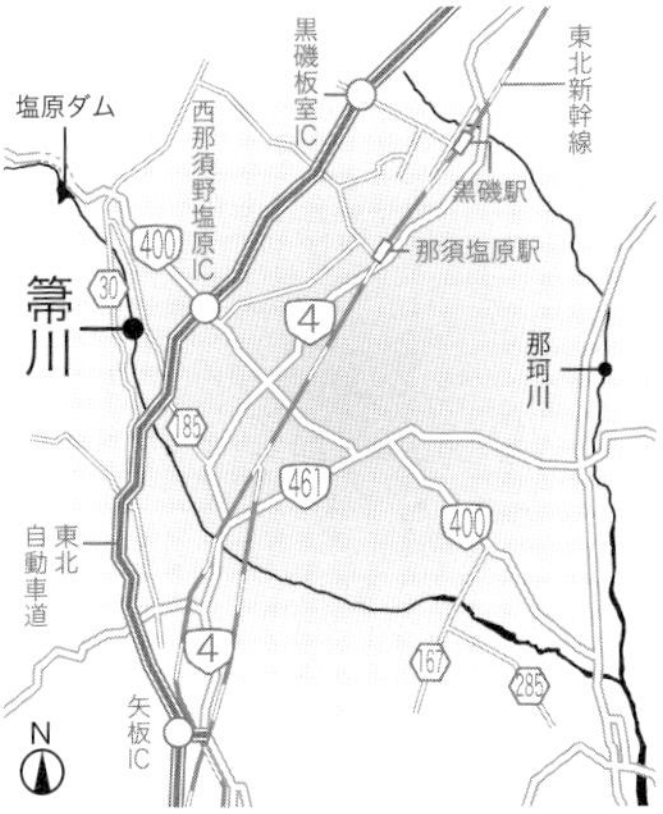

information

●河川名　那珂川水系箒川
●釣り場位置　栃木県大田原市～那須塩原市
●解禁期間　6月1日（下大貫、東北自動車道から上流の区域は7月第1日曜日解禁）～11月10日
●遊漁料　日釣券2500円・年券1万500円
●管轄漁協　那珂川北部漁業協同組合（Tel0287-54-0002）
●最寄の遊漁券取扱所　小種島オトリ店（Tel090-2321-6648）
●交通　東北自動車道・矢板ICを降り国道4号、県道52号で中下流域へ。上流域へは西那須野塩原ICを降り国道400号、県道30号、185号利用

解禁当初は放流魚が主体で15～18㎝前後が多い。本格的なシーズンは7月中旬から。天然ソ上が掛かり始め、8月に入ると20㎝前後に成長した魚体を楽しめるはずだ。場所によっては15㎝前後の小型ばかりが掛かったり、数は少ないが23㎝クラスが釣れたりするが、条件さえ揃えば初心者から女性、ベテランまで楽しめる流れとなっている。ここでは下流域、那珂川北部漁協の管理区を3ヵ所に分け、下流から紹介したい。

●下流域・浄法寺橋下流

浄法寺橋付近は昔から人気のポイント。那珂川本流から移動してくる釣り人もいるので、休日の午後ともなると満員ということもしばしば。メインは橋から約300m下った付近からがよい。瀬、トロ瀬、ザラ瀬、チャラ瀬、岩盤帯など変化に富んだ流れで、1日を通して飽きることなく釣れる。

釣れるサイズも15～20cmがアベレージで、8月のお盆過ぎから岩盤帯をねらうと23cm前後の良型も掛かる。時には27cmという大アユもサオを絞り込む。釣り方のコツとしては水深、流れがある所では背バリやオモリなどを付けて、引き釣りでねらうとよい。逆に浅場や流れが緩い場所では、サオを立て気味でゆっくり泳がせると反応がよい。

ハナカン周りや掛けバリなどを工夫してみるのも面白い。たとえばハリの号数を下げたり、逆バリを小さくしたりなど、ちょっとしたことでアユの反応に変化が出る。実際、私もマルトの小さな逆バリに替えただけでオトリの泳ぎがよくなり、40尾以上釣れた日も結構あった。

このエリアは深場や岩盤で滑りやすい所も多少ながらあるので、過信せず根掛かりしたらラインを切る気持ちで安全に釣りを楽しんでいただきたい。

9月1日から投網が入るが、釣果にはあまり影響はない。10月中旬までがよく掛かる。

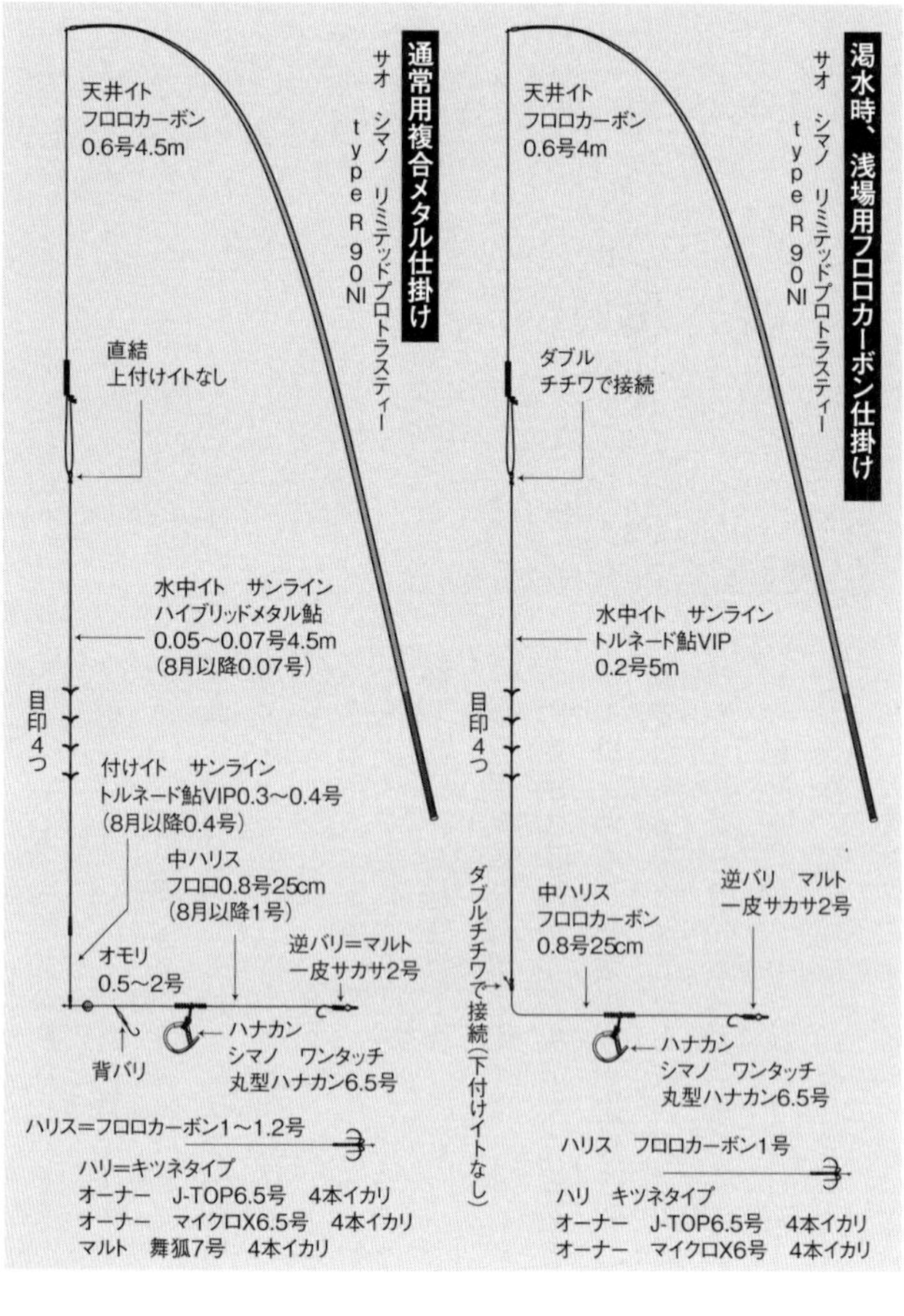

●中流域・小種島大橋付近～福原橋

シーズンを通して最も釣り人が多いエリアだ。アクセスもよく、河原にオトリ店があるなど入川もしやすい。

主なポイントは友釣り専用区域内にある小種島大橋付近から福原橋にかけて。放流もしっかり行なわれており、

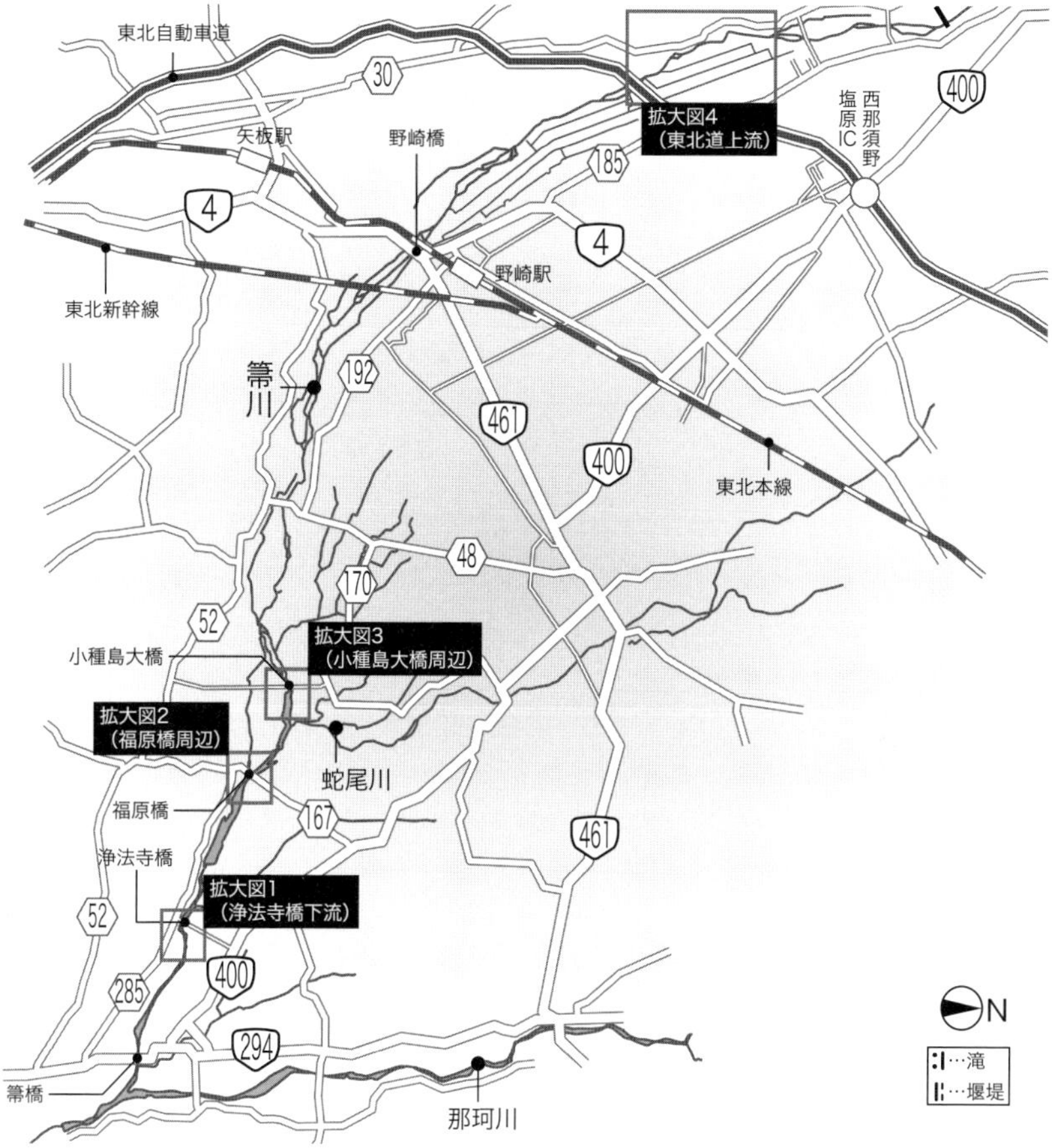

初期から盛期まで、天然ソ上を含めて15～20㎝サイズが掛かる。15㎝以下の小型も多く、橋上からのぞくとアユの食む姿が確認できる。

底石は拳大からスイカほどの大きさがほとんどで、川底もしっかりしているせいかアユが溜まりやすい。瀬やザラ瀬が連続する浅い流れだが、1ヵ所で数が釣れることも多い。

好みにもよるが、多少流れがある所か、少しでも深い所をまずは探ってみたい。反応が悪くても、初期、盛期にこだわらず釣れそうな流れでじっくり粘ってみるのもよい。

水温が上がり反応がよくなってきたらザラ瀬や浅場にもアユが出てくるので、複合ラインや金属イト仕掛けばかりでなく、ナイロンやフロロで泳がせてみるのも手だ。

小種島大橋すぐ上にある竹ヤブ前の瀬は人気が高く朝イチでねらいたい。小種島大橋右岸の土手を1㎞ほど下っ

中流域に架かる小種島大橋から下流を望む。瀬やザラ瀬が連続する浅い流れだが１ヵ所でも数が出る

盛期から終盤にかけては24cmほどの良型もサオを絞り込む

上流域となる東北自動車道上流の護岸から上の瀬。ベストシーズンは９月中旬まで

た福原橋上流は、シーズンを通して釣れるが、特に終盤９〜10月以降がねらいめとなる。福原橋下流にある頭首工で落ちてきたアユが溜まるからだと思われる。週末になると混雑するため平日の釣行がおすすめだ。

終盤になっても小型が多いものの、上流から落ちてきた23〜25㎝の良型も混じるので、仕掛けはワンランク上げるとトラブルも少なくなる。台風などで大水が出ない限り11月上旬まで楽しめる。

●上流域・下大貫　東北自動車道上流

那珂川の合流点から約20㎞上流に当たるこの区域は、７月第１日曜日の午前４時からの解禁になるので注意されたい。オトリ店が付近にないので、中流域で購入してから入川するか、移動場所として考慮したい。

那珂川北部漁協管轄で最上流域にあたり、川も蛇行して変化が多くなる。

中下流よりも石が大きくなり、1ヵ所で粘るよりも足で稼いだほうが数が伸びる。釣り方としては大きな石周りや流れの筋などを、手前から奥へと探りながら釣り下ったほうが効率がよい。

動くのが苦手な方はコンクリート護岸付近で1日粘ってみてもいい。アユが溜まりやすく、そこそこ楽しめる。

上流域は放流魚が主体となるが天然ソ上も多少あり、7月中旬～8月にかけては15～20㎝に育って追いもよくなる。放流魚も23㎝前後に育った大型混じりで、条件さえ揃えば満足する釣果が期待できる。ベストシーズンは9月中旬までとなる（八木沢）。

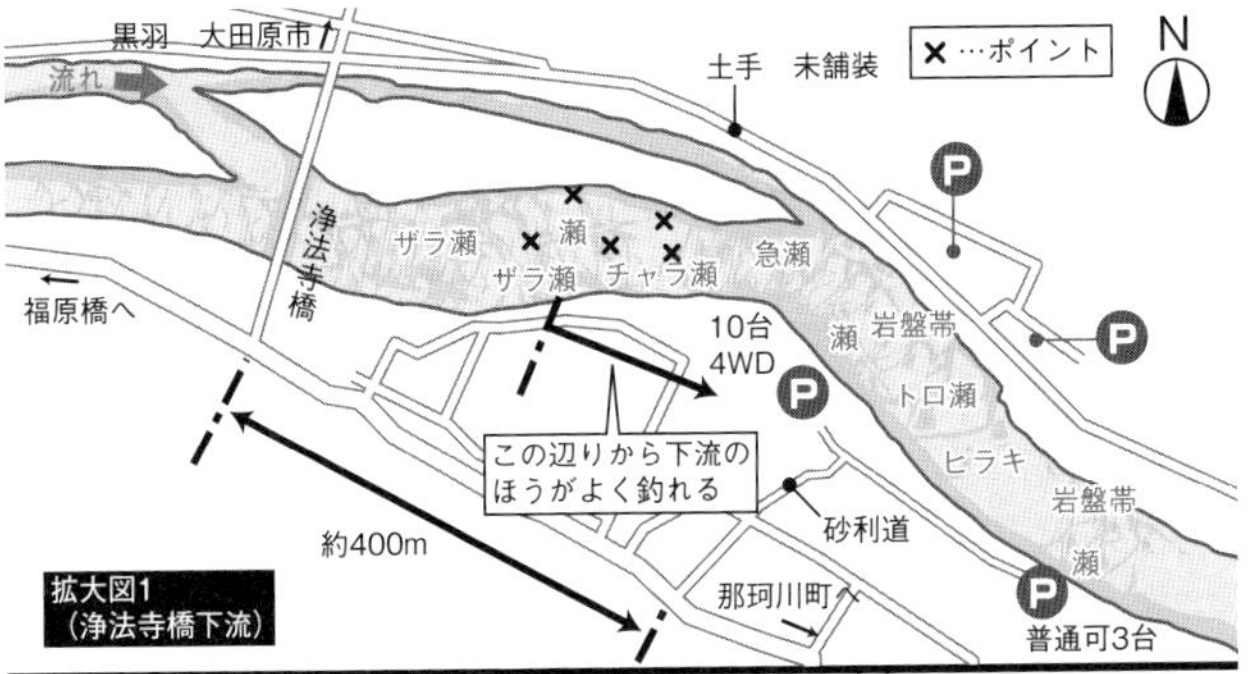

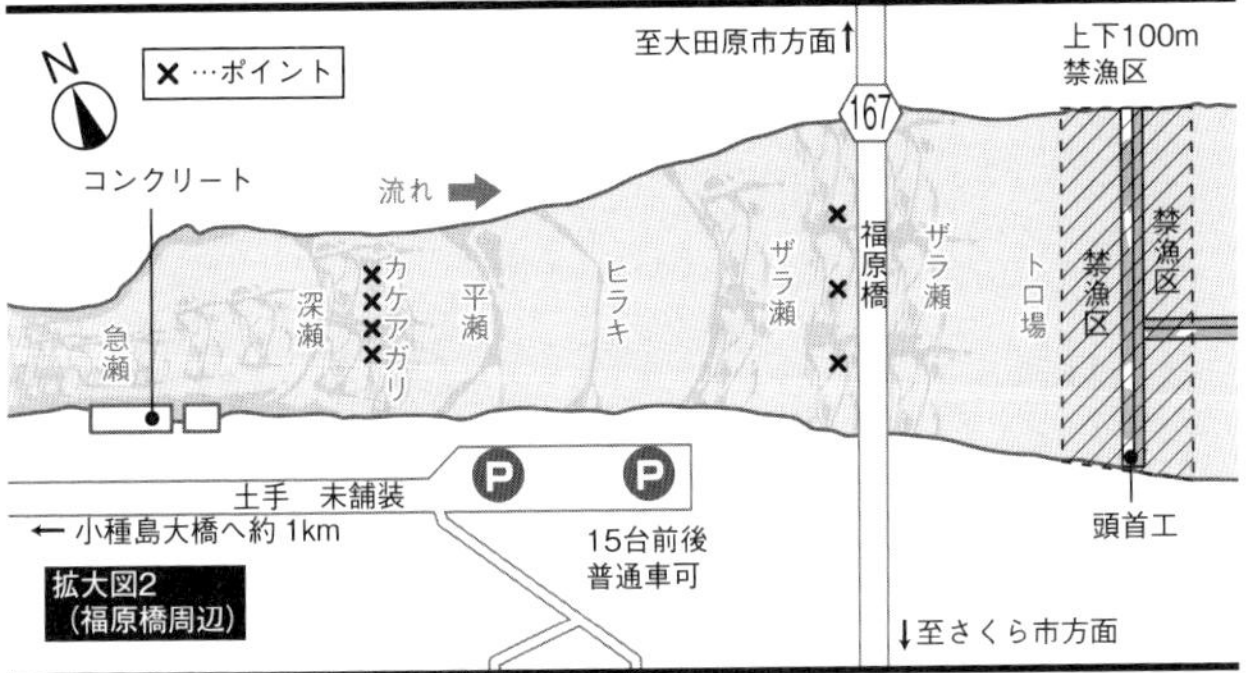

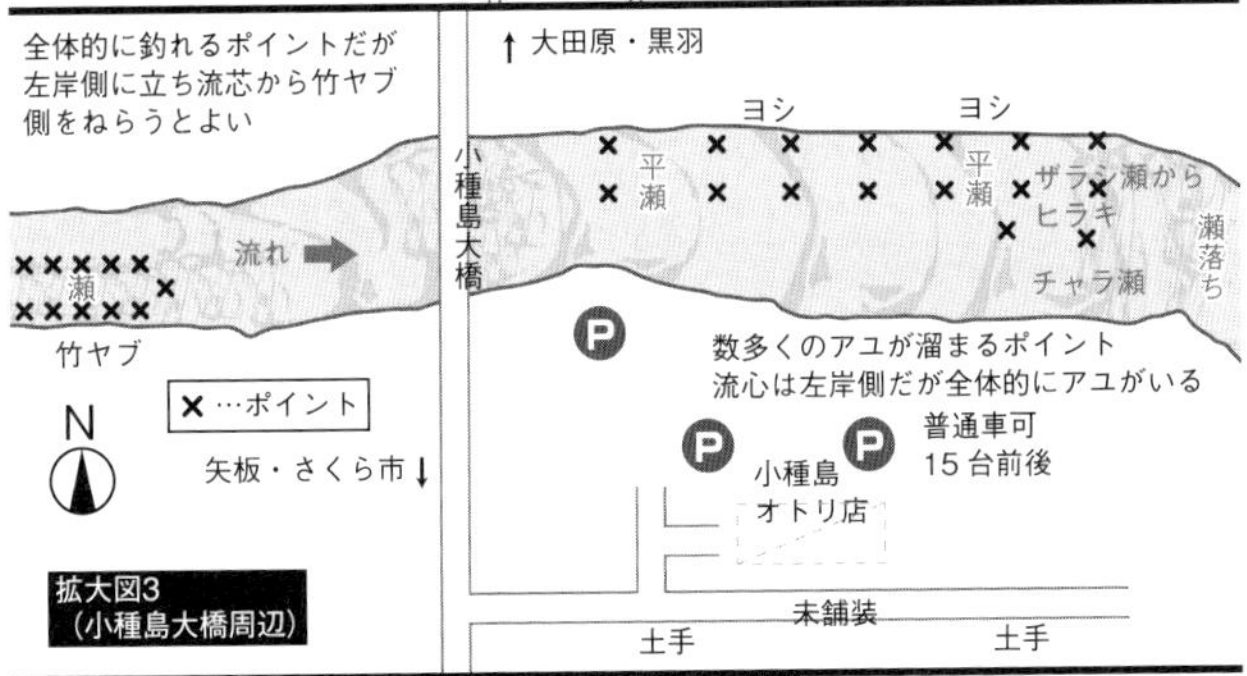

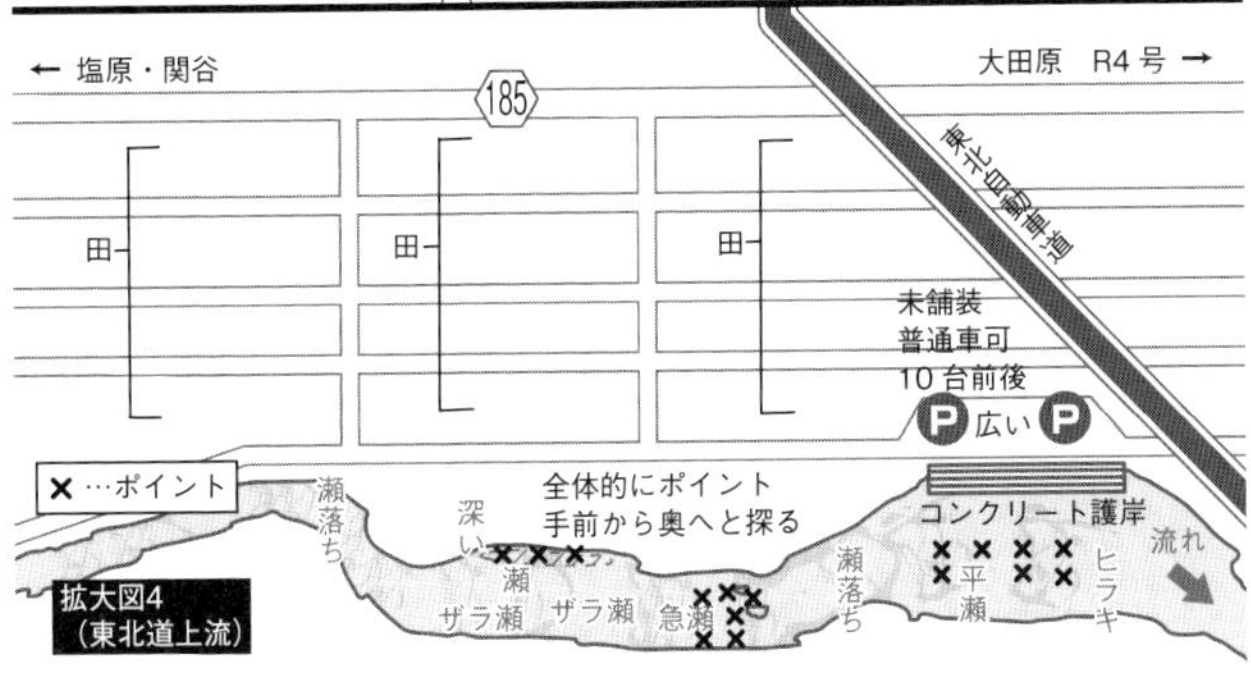

新鬼怒橋下流の川相。瀬の上下のトロ場はアユの補給庫となる

●栃木県

鬼《き》怒《ぬ》川

**北関東屈指の大アユ河川。宇都宮市からさくら市近辺を紹介
初心者からベテランまで技術に合わせて楽しめる流れが魅力**

北関東屈指の大アユ河川として有名な鬼怒川は、日光連山を水源として、栃木県中央部を流れ、利根川に合流する大河川である。近年は解禁初期の数釣り、中盤から終盤の大アユねらいに県内外から大勢の釣り人が訪れる。

川相は全体的に穏やかで平瀬が多く、川底の石も比較的小さめ。それが足場のよさにもつながり、初心者や年配の方にも釣りやすい川となっている。また、多くのポイントは車の乗り入れが可能で、4駆車なら川に横付けで釣りができるのも魅力の1つだろう。

堰の魚道整備などにより、天然ソ上も復活してきてはいるが、全体的には放流魚が主体。ここ数年、漁協の放流量は毎年190万尾前後で安定している。放流アユは荒瀬よりは流れの緩やかな場所を好むようで、平瀬や瀬落ち、トロ場などの掘れ込みやヨレなど、川底に変化のある水通しのよいポイントをねらうのが鬼怒川のセオリーだと私は思っている。また、放流地点からは大きく動かないため、放流量の多いポイントをねらうのもコツであろう。

もう1つ、鬼怒川は朝の水温が低く、上昇しだす10時過ぎくらいから釣果が伸びる傾向がある。特に午後3時過ぎから夕マヅメまでがゴールデンタイム！　あきらめずに少し遅い時間までサオをだしてもらえれば、最終的には充分な釣果を得られるだろう。

鬼怒川漁協管内は、流域が約65㎞あり、全ポイントを紹介するのは不可能。ここでは放流量が多く、シーズンを通して安定した釣果が望める宇都宮市か

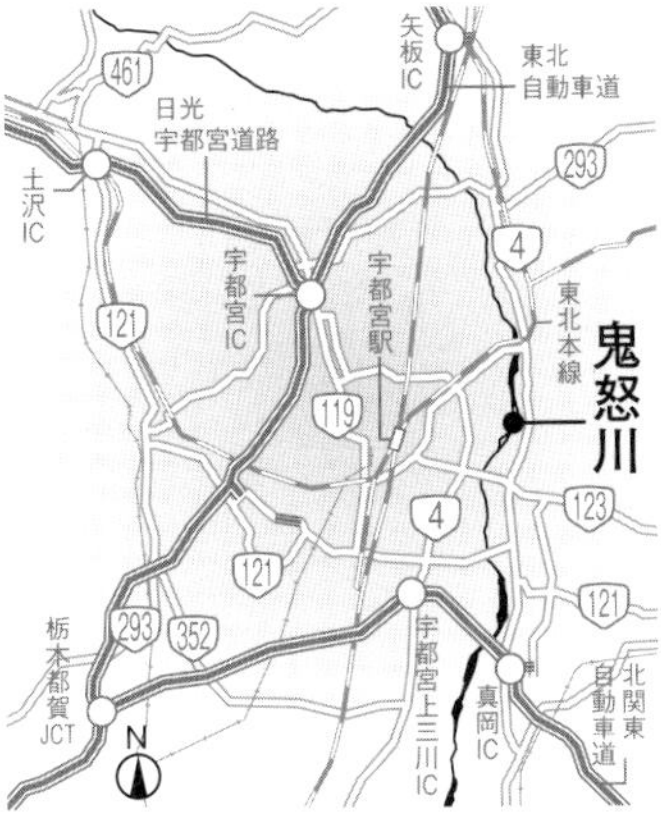

鬼怒橋上流の流れを見る。深さも押しの強さもある流れは、瀬釣りファンに人気が高い

らさくら市近辺を紹介したい。

●宇都宮地区管内

まずは国道4号の新鬼怒川橋を境に下流域の宇都宮地区管内。このエリアは全体的に放流量も多く、河原へのアクセスも容易。そして何よりも、放流後から毎日カワウを追ってくれている漁協の方がいるので食害も少なく、安定した釣果が望めるエリアである。

【佐幸】

右岸側にある「水辺の楽校」という河川敷広場を目印に入川するとよい。広い駐車スペースがあり、普通車でもポイントまで乗り入れが可能だ。また放流地点でもあり、川相にさほどの変化はないが非常に魚影は多い。

水辺の楽校前の上下の瀬、それより300mほど上流にある渡辺オトリ店前の上下流もねらいめだ。

【新鬼怒橋下流】

国道123号に架かる橋で、下流のいくつかの大きなトロ場がアユの補給庫になり、間の瀬には絶えずアユが付いているようだ。一番のおすすめは、橋下の瀬頭からザラ瀬が集まり変化のあるトロ瀬につながる流れ。ここは比較的右岸側のほうが石組みがよい。

そこから広がるトロ場の下流は、左岸側に絞り込まれる急瀬となり深さもある。この瀬は左岸側が崖で釣りにくく、探る人も少ないのか他の場所よりもひと回り良型が掛かる。増水後はサオ抜けにもなりやすい。流量にもよる

information

●河川名　利根川水系鬼怒川
●釣り場位置　栃木県宇都宮市～さくら市
●解禁期間　6月第1日曜日～10月31日
●遊漁料　日釣券2700円・年券1万3200円
●管轄漁協　鬼怒川漁業協同組合(Tel028-662-6211)
●最寄の遊漁券取扱所　食事処たつ味(Tel028-661-6970)、加藤釣具店(Tel028-661-4033)、
●交通　北関東自動車道・宇都宮上三川ICを降り、国道4号経由で鬼怒川へ

が、オモリなどを使って、しっかりとオトリを底に入れて釣ってほしい。
　この瀬からさらに下流に大きなトロ場があり、そこから川は二股に分かれる。通称「サッカー場前」と呼ばれるポイントで、右岸側に流れる本流筋をねらう。川底に変化もあるため、安定した釣果が望める。

【鬼怒橋上流】

　鬼怒橋上流の左岸側にある増渕オトリ店からの入川が分かりやすい。店前の大きなトロ場は、立ち込まずサオをだせる泳がせポイント。アユの溜まり場でもあり、静かにていねいに泳がせると釣果が伸びる。
　下流は岩盤の荒瀬が崖にぶつかる通称「ガケ下」。左岸は4駆車なら川のすぐそばまで乗り入れられる。深さも押しの強さもある流れは、瀬釣りファンに人気が高い。その下流の護岸前から鬼怒橋までの間も、橋周辺に放流され、差してくるアユをねらえる流れだ。

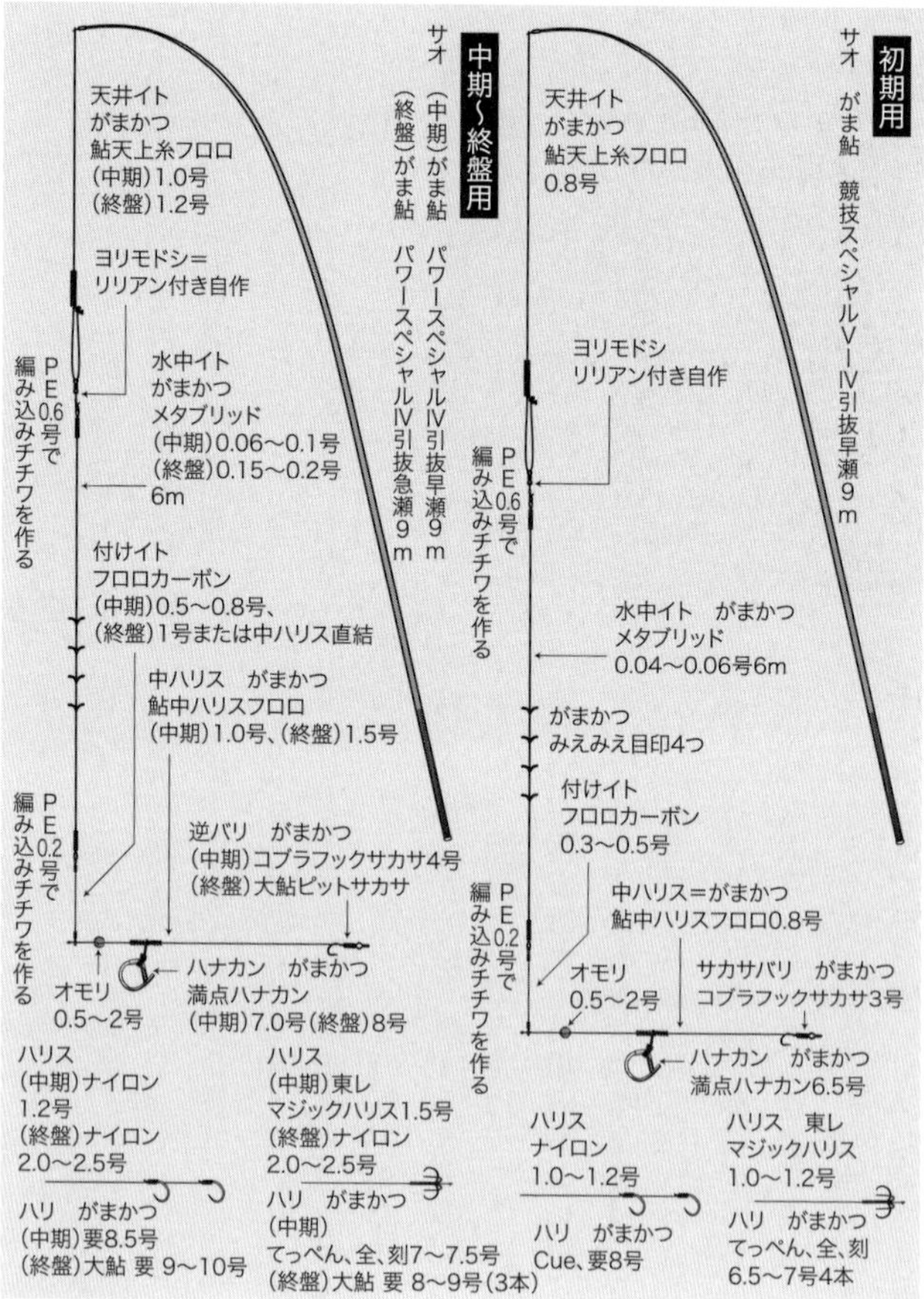

【飛山～竹ヤブ】

　鬼怒橋の左岸側の堤防を上流に上がっていくと、通称「飛山」の階段（護岸）前に出る。ここに車を停めて上下流の瀬に入川できる。上流の瀬は分流を渡って入るため増水時には注意したい。下流の瀬は少し歩いての入川となる。右岸側から入川する方法もあるが、堤防からかなりの距離を車で走らなければならない。階段前の大きなトロ場がアユの補給庫となっているのか、変化に富んだ上下の瀬では比較的大型が出る。

　飛山の下の瀬から右岸側にぶつかる長い一本瀬が通称「竹ヤブ」。左岸側に広い駐車スペースがあり、人気ポイントとなっていたが、2014年の大水で入川ルートがかなりのガレ場になってしまい、車の傷を気にする方には入りにくくなってしまった。

通称「竹ヤブ」と呼ばれる長い一本瀬。石組みもよく流れに変化がある

板戸大橋下流の流れ。瀬にもトロ場にも岩盤が点在し、川底も変化に富んでいる

　魅力的な川相は変わらず、石組みもよく長い瀬の中に変化があり、瀬釣りファンにはおすすめだ。このエリアは大増水でも割りに石アカが残りやすく、釣果の出るポイントが多いのも特徴。

【柳田大橋周辺】

　柳田大橋周辺は、以前から比較すると川相がフラットになってしまった。それでも車のアクセスのよさなどから釣り人は多く、また放流量も多い。ポイントは橋周りで、橋上の瀬落ちや橋下のヒラキに溜まっているアユをていねいに泳がせて釣りたい。

【板戸大橋周辺】

　終盤に大アユがねらえる名ポイントとして知られる。過去には毎日のように誰かが尺アユを釣りあげていた年もある。橋の上流1㎞ほどは岩盤中心の川相で、そこで大きく育まれたアユが8月中旬を過ぎた頃から少しずつ下ってきてこの近辺に溜まりだす。

　瀬にもトロ場にも岩盤が点在し、川底も変化に富んでいるので、状況が合えば大釣りも可能。盛期は橋周りの岩盤が入った瀬でよく釣れるが、終盤の大アユは橋下流のトロ場がねらいめになる。少し太めの仕掛けで泳がせて尺アユにチャレンジしてもらいたい。

●岡本地区管内

　国道4号が渡る新鬼怒川橋の上流に位置する岡本地区管内で、最大の特徴

鬼怒川らしい体高のある尺アユ。梅雨明け、終盤が手にするチャンスだ

岡本地区にある JR 鉄橋付近の流れ。初期に数、終盤は大アユ釣りが楽しめる

西鬼怒川合流付近を望む。川床に岩盤が多く大アユポイントの１つ

は川床に岩盤が多いことだ。その岩盤のアカを食んで育った、パワーのある大アユとのやり取りが一番の魅力である。また、比較的河原への車の乗り入れがしやすいのも特徴だ。

【JR鉄橋（岡本鉄橋）上流】

岡本地区でも放流量の多いポイントで、初期の数釣り、終盤の大アユ釣りが楽しめる。鉄橋の上流に瀬があり、橋下の岡本頭首工堰上の大トロへ流れ込む。ねらいめはこの大トロからアユが差し込んでくる橋上の瀬。岩盤が点在し、深さも変化もある。

場所や状況によって、泳がせたりオモリで引いてみたりと、釣り方を変えて探りたい。終盤は産卵のために上流から下りてきたアユが堰上のトロに溜まるので、尺アユのチャンスも高まる。右岸側は普通乗用車でも川のそばまで乗り入れられる。左岸側は4駆車ならば河川敷に入れる。

【西鬼怒川合流付近】

終盤の大アユポイントの1つで、全体的に川床に岩盤の多い場所である。特に西鬼怒川合流付近はスリット状の岩盤で形成された強い瀬で、慣れないと釣りにくい。岩盤の隙間の筋にオトリを入れて引くように釣るのがコツ。

足場が悪く、掛かりアユをその場で無理しても取り込むため、岩盤による根ズレのライントラブルに対処するためにも、ワンランク太めの仕掛けとハリを用意して臨みたい。
西鬼怒川合流から下流、鬼怒グリーンパークへと流れる落差のある岩盤瀬も、終盤に大アユが期待できる。落差もあり釣りづらく取り込みにくいが、腕に自信のある人はぜひ勝負してほしい。ただ、いずれにしてもこのエリアでは岩盤用のスパイクが必要。通常のタビで川に入ると、間違いなく滑って流されてしまうので注意されたい。
最後に、さくら市周辺の釣り場を少し紹介する。

【阿久津大橋周辺】

放流量が多いので、解禁当初には大釣りの声も聞こえる。橋を中心に上下がねらいめ。また、橋上は分流が多いので、台風などの増水後は残りアカねらいで好釣果が期待できる。左岸側は普通車でも川を見ながら走れる。

【勝山～氏家大橋下流】

橋の左岸側の堤防を下流に入り、そ

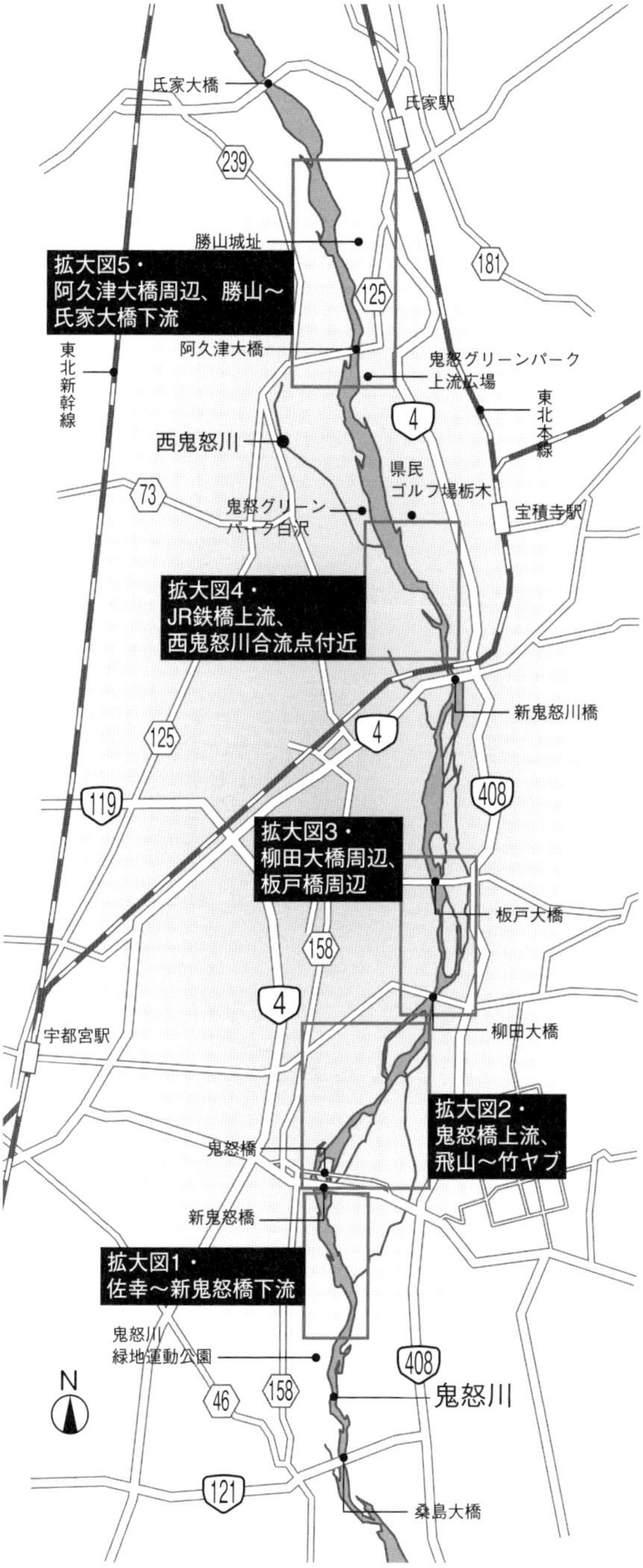

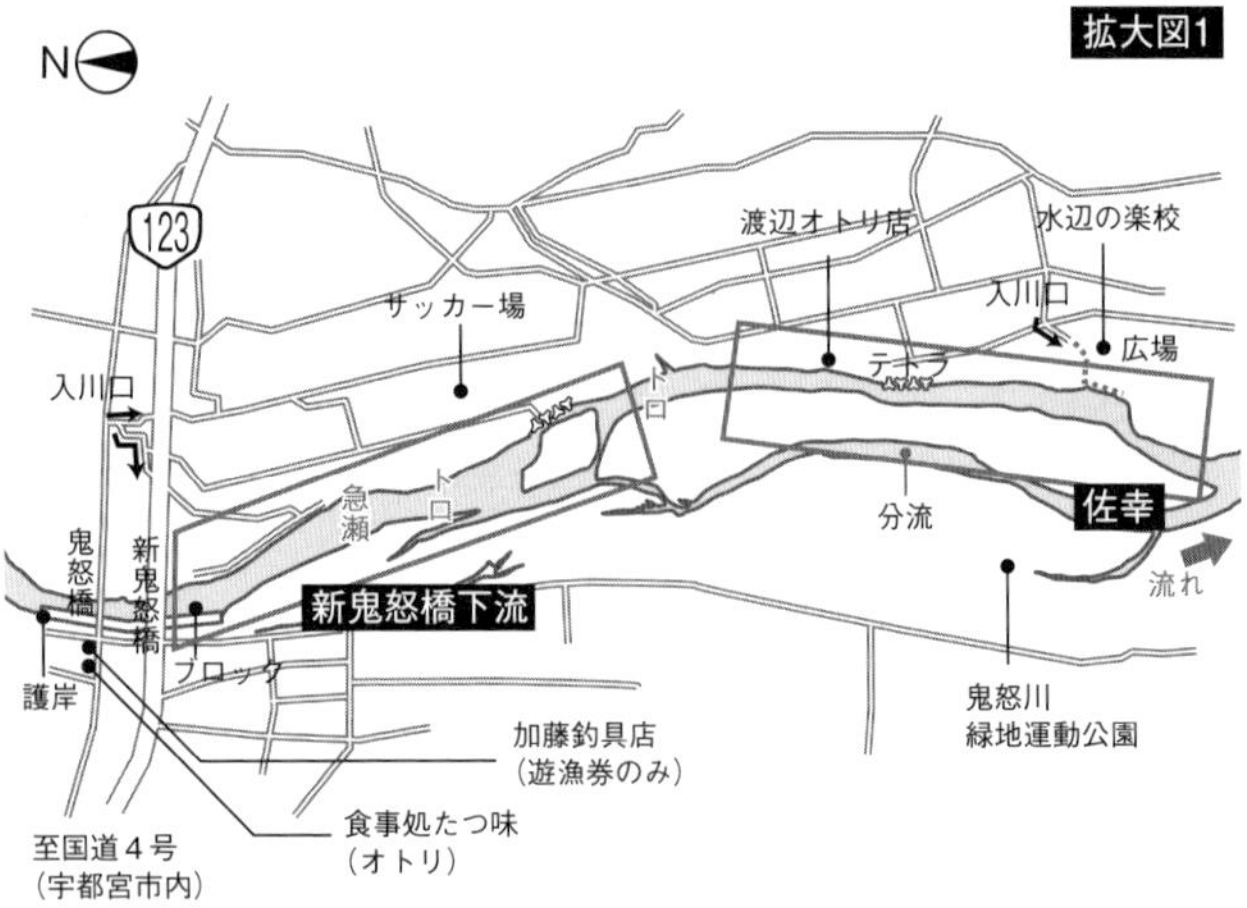

のまま河川敷を普通車で走行が可能。

下流部の勝山は２０１３年度に鬼怒川で最もよく釣れた場所である。ここも放流量が多いうえ、漁協の方々が毎朝カワウを追ってくれているので、比較的安定した釣果が望める。

大漁オトリ店上下流もポイントだが、２０１５年1月時点で護岸工事中である。工事が終了して川が馴染めば、放流量は多いので期待が持てる。特に終盤は板戸、岡本地区と並ぶ大アユのポイントだ。

以上、簡単にポイントを紹介したが、共通していえることは、鬼怒川はとにかく釣り人の多い川であること。流れにほぼサオ抜けはないと思ったほうがよい。そんなエリアであるから、まずは一筋一筋をていねいに探ることが優先される。自分がサオをだしている前後左右すべてにオトリを通すくらいの気持ちで、広範囲にねらってほしい。

またほかの河川より平均して良型の掛かる川でもあり、時期にかかわらず仕掛けもハリもワンランク太めのものを使用されたい。

特に終盤の大アユ時期はハリが伸ばされたり、ハリスが切られたりと、せっかくの記録更新のチャンスを逃している釣り人も多い。

掛かりアユは比較的皮が硬いので、こまめなハリ交換も必要。ケラレやバレが生じた後は、面倒でもハリを替え

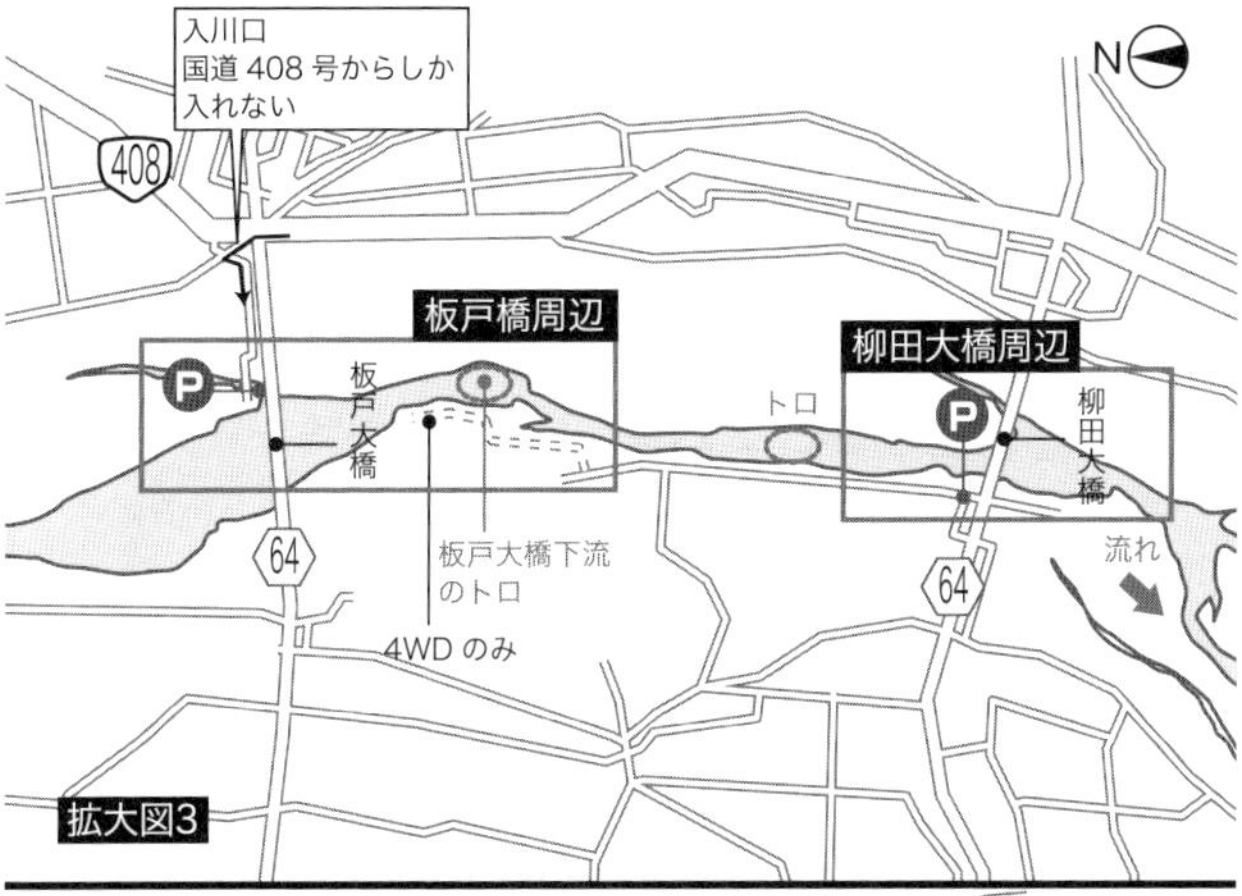

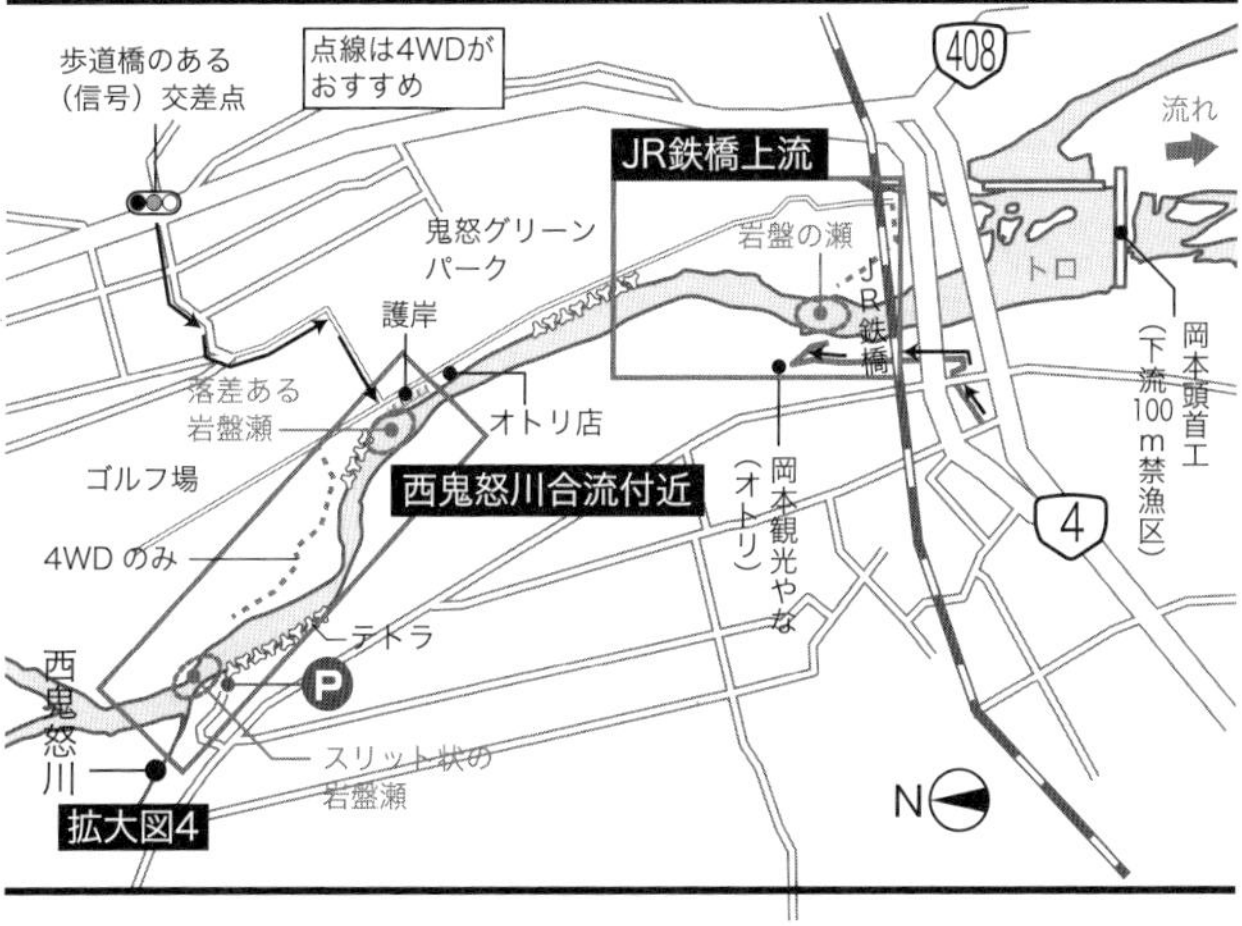

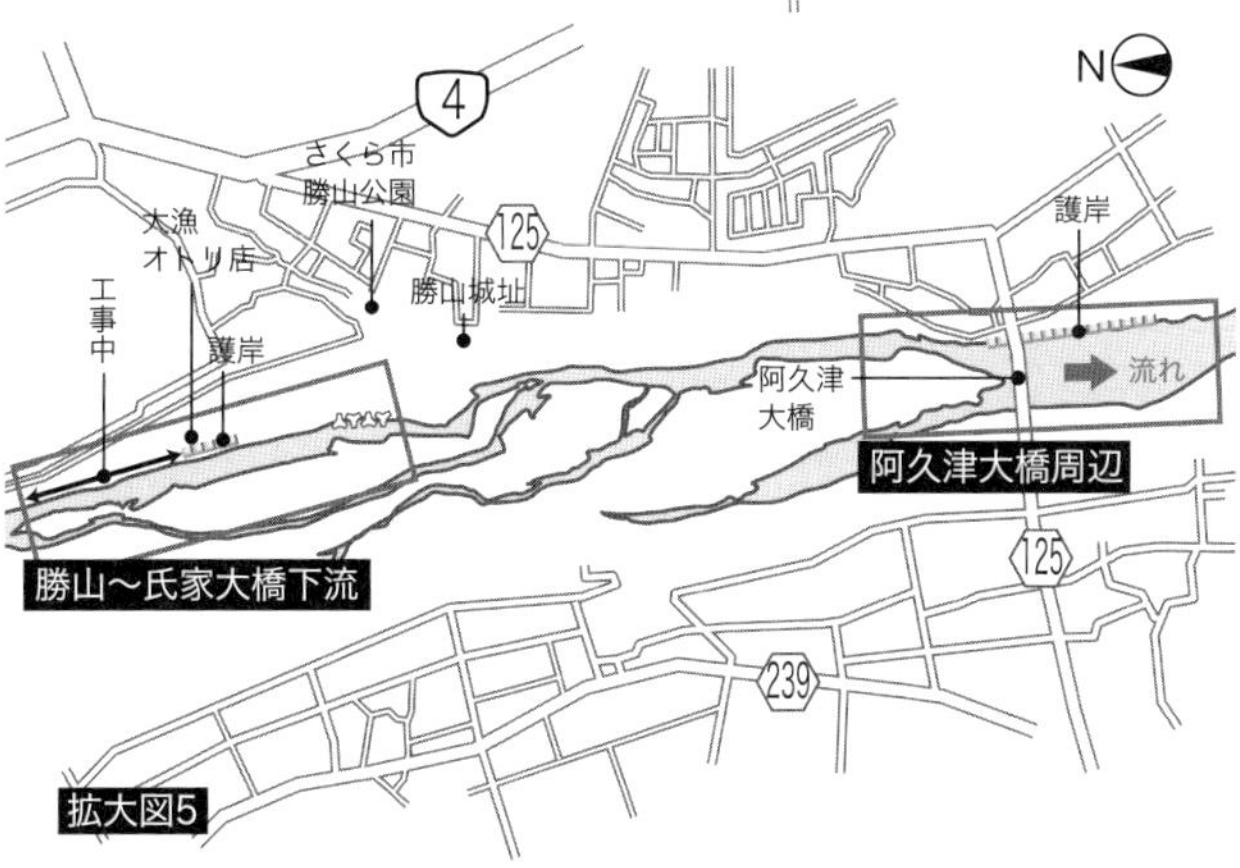

てほしい。1尾のバラシが1日の釣果を大きく左右することもある。

最後に、ポイントに入る際には、ぜひ周りの方にひと声かけることをお願いする。声をかけることによって、お互いに楽しく釣りができると思うし、遠方から来てその場所に精通していない方も、地元の方から貴重な情報を得ることがあるかもしれない。

鬼怒川は初心者から熟練者まで、自分の体力や技術に合わせて、無理せずにアユ釣りが楽しめる数少ない川だと思う。釣果も大切だが、1日を気持ちよく楽しむことが一番の遊び方だと私は思う（小林）。

●栃木県

大芦川《おおあし》

県内屈指の清流に香り高きアユがひしめく
密度の高い放流河川。入門者からベテランまで楽しめる流れ

大芦川は鹿沼市を流下して思川へと流れを合わせる
県内屈指の清流。多くの人が川遊びに訪れる

大芦川は、鹿沼市と日光市の境に位置する薬師岳付近の山々を源に流下し、思川へと流れを合わせる県内屈指の清流として知られている。春はヤマメ釣り、夏は川遊び、秋は紅葉の山々と、四季折々のシーンを楽しみに訪れる人も多い。

都内から車で2時間ほどとアクセスもよく、県道14号が流れに沿うように走るため入川もしやすく、アユを求める釣り人も絶えない。危険な流れもなく、駐車スペースと入川口も多いので入門にも最適だ。

天然ソ上が望めないため、釣れるアユは１００%放流魚となるが、７㎞ほどのエリアに２０１５年度は13万尾が放流される。そのため魚影はいたって多く、エリア内のどこからサオをだしても数が期待できる。近年、釣れる型が小さくなっているようで、解禁当初のアベレージは12～15㎝。しかし、清流で育ったアユは香りも強く、食べても美味だ。

ここでは解禁から数釣りが楽しめるポイントを厳選して紹介したい。

●神舟神社周辺

神社前に5台ほどの駐車スペースと、川に降りられる階段がある。ポイントは上流にある木工工場前の流れ。深みから流れが2つに分かれ、左岸側は小さな段々瀬となる。その下流で左岸のコンクリート護岸前はやや深めの瀬となり、アユの供給源と思われるトロ場に流れ込んでいる。

神社前からサオをだして、上流の木

工場までを釣り上がるとよいだろう。トロ場以外は適度な水深でオトリも泳がせやすい。

　仕掛けはナイロン系0・15〜0・125号でOKだ。ツマミイトを付けるなら10㎝ほど。ハリは、前半は5・5〜6・5号と小型の4本イカリのキツネ型がおすすめだ。

　釣り方は泳がせがよく、あまりオバセをかけすぎず、ゆっくり止め置く感じで群れに入れ一緒に泳がせるようにしたい。

●塩沢橋上下流

　橋を渡る手前の廃校に20台ほどの駐車スペース。川へ降りる道は床屋前と橋下の2ヵ所。橋を渡った先にも4、5台の駐車スペースと入川口がある。

　上流から続く深瀬が橋上で緩やかな流れとなり、橋直下から下流にかけて少し続く岩盤へと注ぐ。橋下右岸から沢が流れ込む辺りは深トロで、広瀬へと続き流れが2つに分かれるが、左岸側のほうが水量はやや多い。橋下流に広がる瀬が穴場的なポイントだ。

　橋上下の深瀬やトロなど、やや深いポイントの仕掛けは下流用の仕掛け図を元に、ハリは6〜6・5号のキツネ型かダイワ・エアースピードがよい。広瀬など浅い場所では小型のハリにナイロン直結でもOKだ。

●鹿《か》ノ《の》入《いり》橋下流

　橋のたもとにオトリや遊漁券を扱う若田屋があり、名物のご主人にアドバイスをもらうのもよい。また、この街道筋にはコンビニがなく、弁当を忘れた時など、仕出しもやっているのでお店で作ってもらえる。

　川幅のある入川しやすい場所で人気も高く、橋上下にある深みに魚が溜まりやすく魚影も多い。橋下から続くヒラキと瀬はアユのエサ場。活性が上がると強い流れでオトリを追うようになる。下流はトロ、浅瀬、深瀬となる。

　全体的に浅い流れが多く、人気場所でアユもスレ気味。ハリはダイワ・ゼ

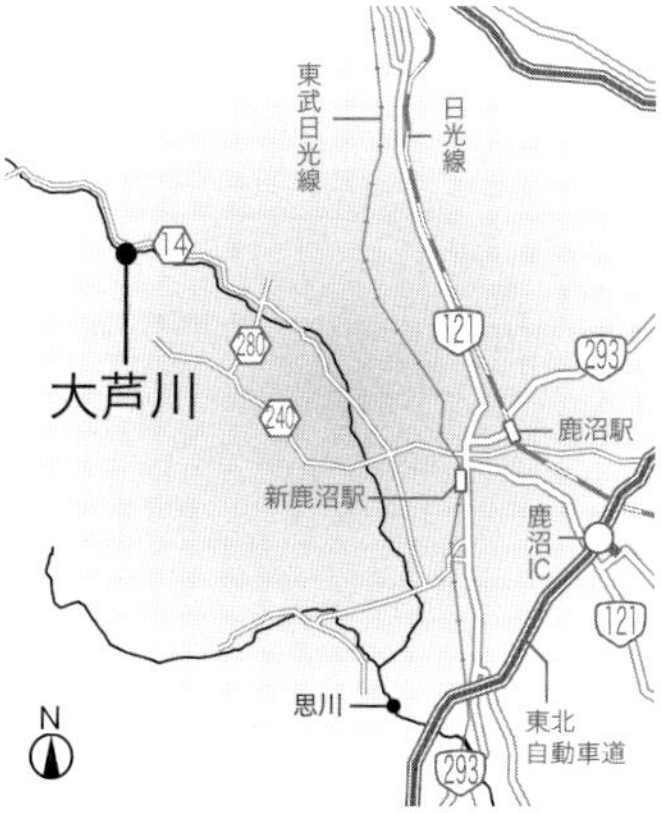

information

●河川名　利根川水系大芦川
●釣り場位置　栃木県鹿沼市
●解禁期間　6月28日〜10月31日
●遊漁料　日釣券2400円（解禁日のみ2700円）・年券1万円
●管轄漁協　西大芦漁業協同組合（Tel0289-74-2629）
●最寄の遊漁券取扱所　若田屋商店（Tel0289-74-2017）
●交通　東北自動車道・鹿沼ICを降り、国道121号、県道14号経由で大芦川へ

ロマルチなど小バリがおすすめだ。水中イトもナイロン直結でよいと思う。釣り方はヨレや波立ちのある所を中心に、警戒心の薄いアユをねらいたい。

●芦の子橋周辺

西大芦小学校へ続く道から大芦川を渡る橋で、その上下流がポイントとなる。入川口は橋下流にある階段を利用できる。

橋上の深瀬から浅い瀬へと続くが、橋下には強い流れの瀬と深みがあり、アユの付き場となっている。タイミングによっては入れ掛かりも期待できる。

階段前は岩盤底で流れが90度近くカーブして鹿ノ入橋へと続いている。この辺りは休日に川遊びを楽しむ人も多く、釣りづらい。しかし、天気が悪く人出がない時や、川遊びの人たちが帰った夕マヅメなどをねらうと思わぬ大釣りもある。

仕掛けは上流用の図を元に、水中イトは浅場ならナイロン系0・125号でよい。ハリや釣り方などは、前述の神舟神社周辺と同じでよい。

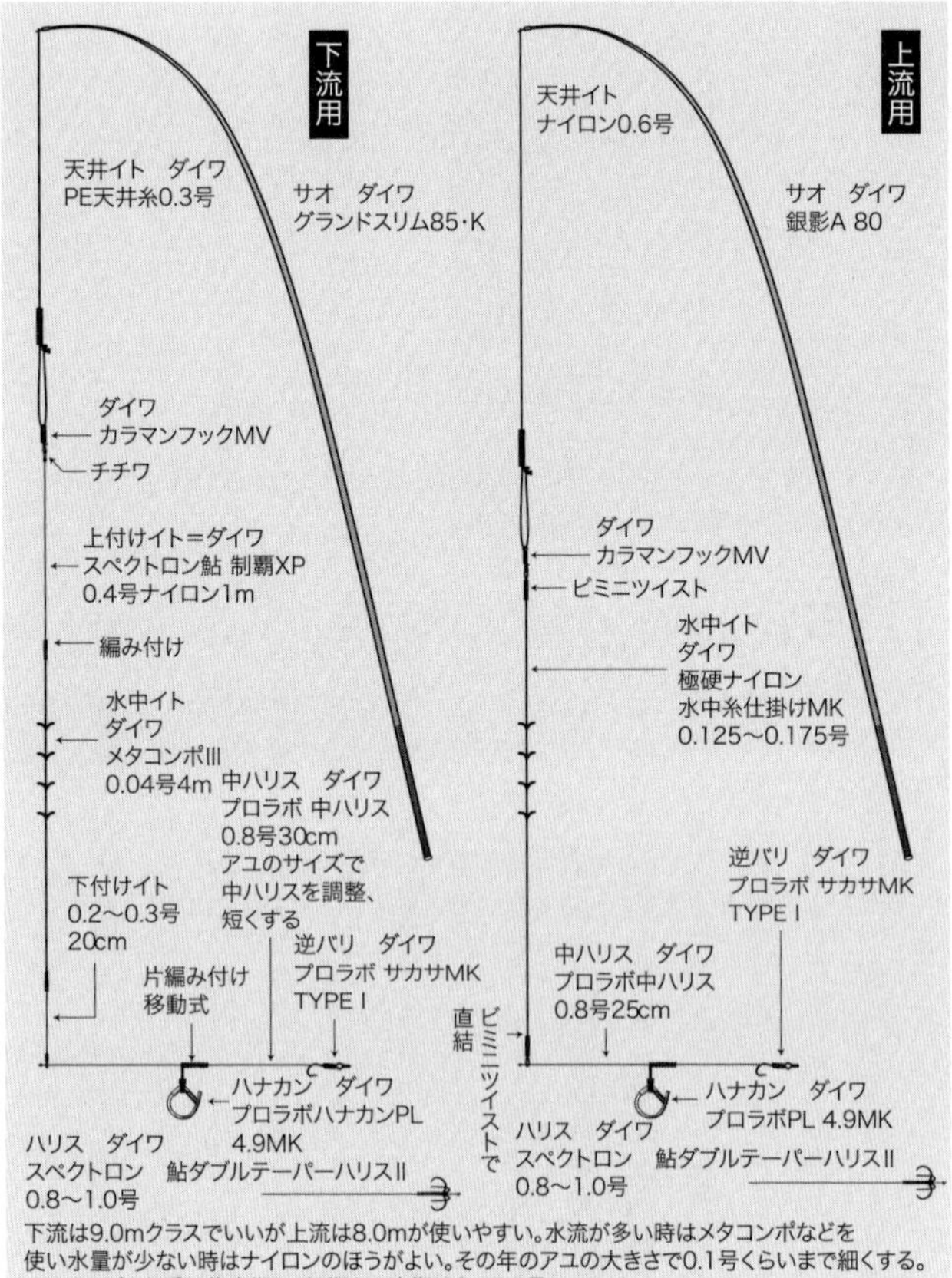

下流は9.0mクラスでいいが上流は8.0mが使いやすい。水流が多い時はメタコンポなどを使い水量が少ない時はナイロンのほうがよい。その年のアユの大きさで0.1号くらいまで細くする。ハリはスピード系は後半期に。初期から中期は6〜5.5号でマルチ。ミニマム本数はアユの活性で3本、4本を使い分ける。シーズンを通してこの仕掛けで対応できる

●草久《くさきゅう》郵便局前

放流量も多く解禁当初は流れのほぼすべてにアユが付いている。道路の片側へ駐車し、入川は川へと降りる階段が3ヵ所あるので利用できる。

川相は上流より岩盤、深瀬、ザラ瀬、

神舟神社周辺にある木工工場前の流れを望む。コンクリート護岸前はやや深めの瀬でねらいめ

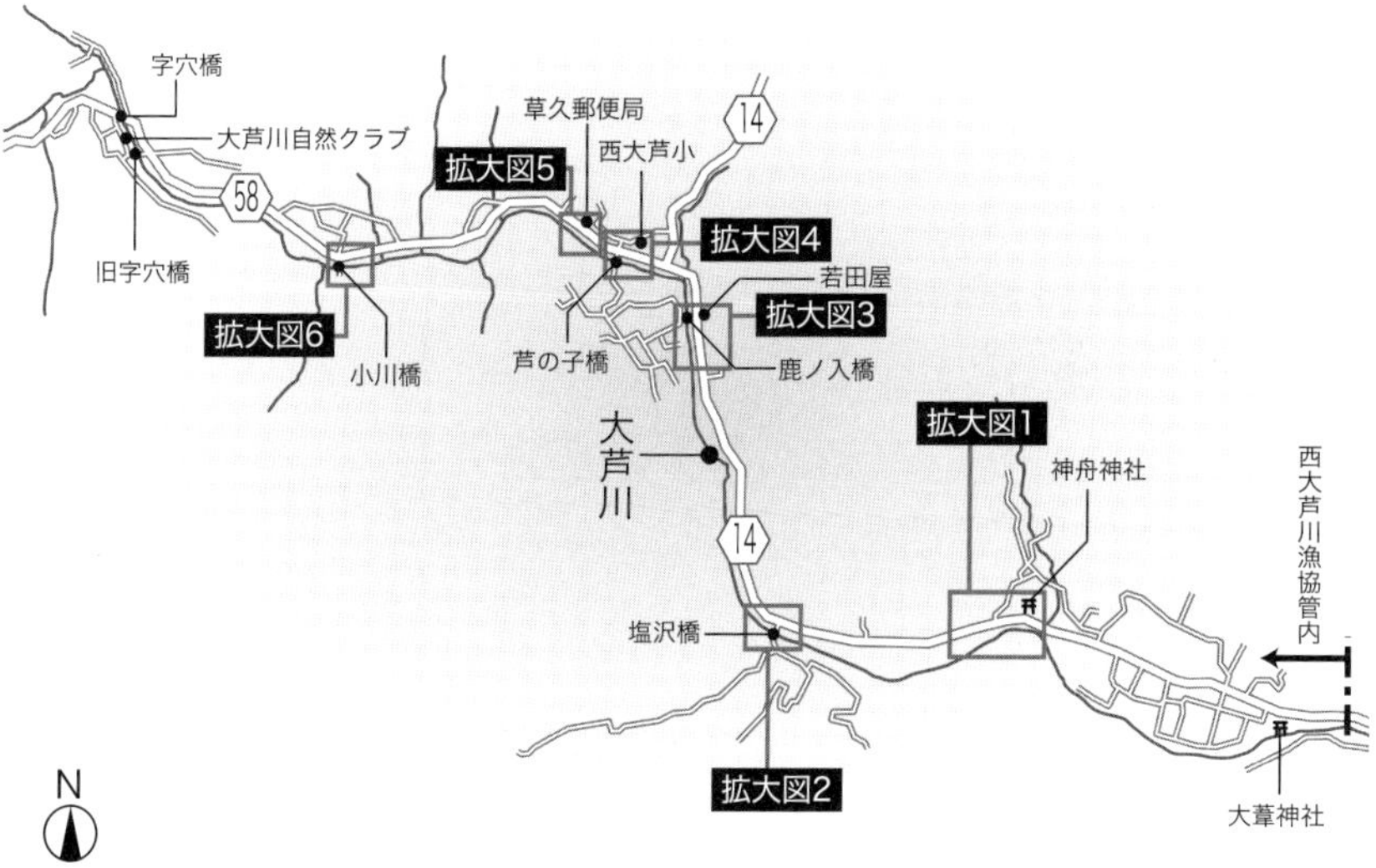

トロと続いている。ねらいめは深みの上下に石がある所。石の大きさは関係なく、こぶし大でもアユはナワバリを作っている。波立ちがある場所も底に変化があるので見逃せない。

釣り方はオトリを入れづらい所や、少しでも深い流れに泳がせでアプローチしたい。野アユの群れを見つけられれば数が釣れる。ハリはゼロマルチ、エアースピード6号、追いが悪い時は3本イカリで、ハリスも長めがよい。

●小川橋下流

橋下から下流にかけて瀬の連続するポイント。釣り堀跡は大石が点在し、釣れるアユも大型が期待できる。その下流にある大トロも魚影の多い場所だ。

釣り方は、流れのないトロは泳がせ釣りでオトリを群れに入れ、瀬では止めて待つ。白泡の中もねらいめ。ハリは瀬なら6・5号、トロなら5～6号を使い分けたい（福田）。

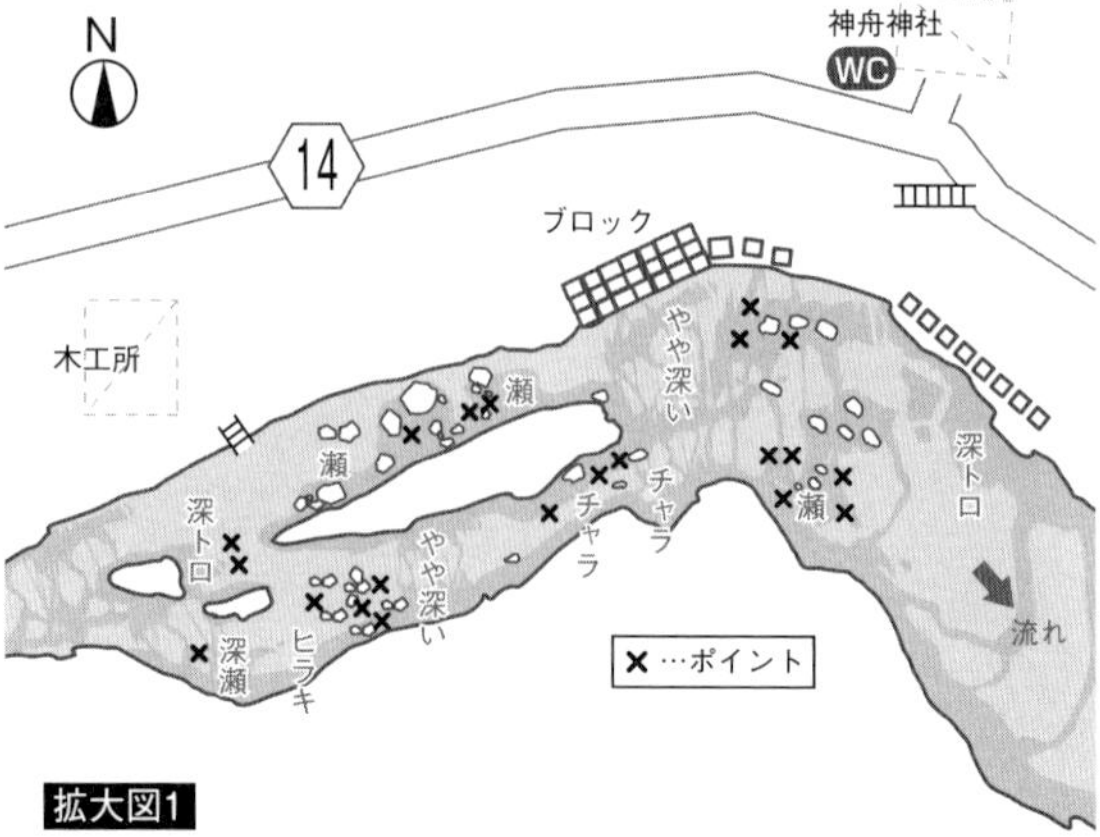

塩沢橋より下流を望む。広がる瀬が穴場的なポイント

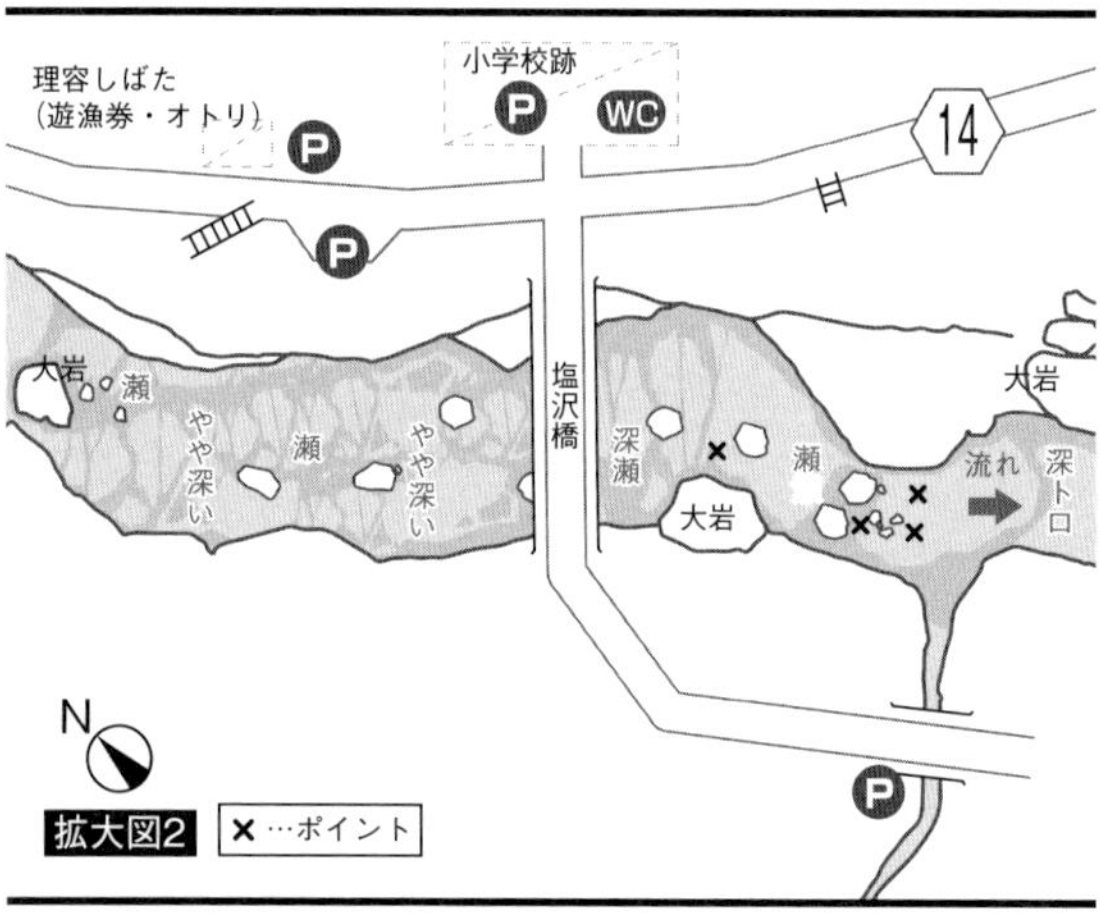

塩沢橋より上流を望む。上から続いた深瀬が橋上で緩やかな流れとなる

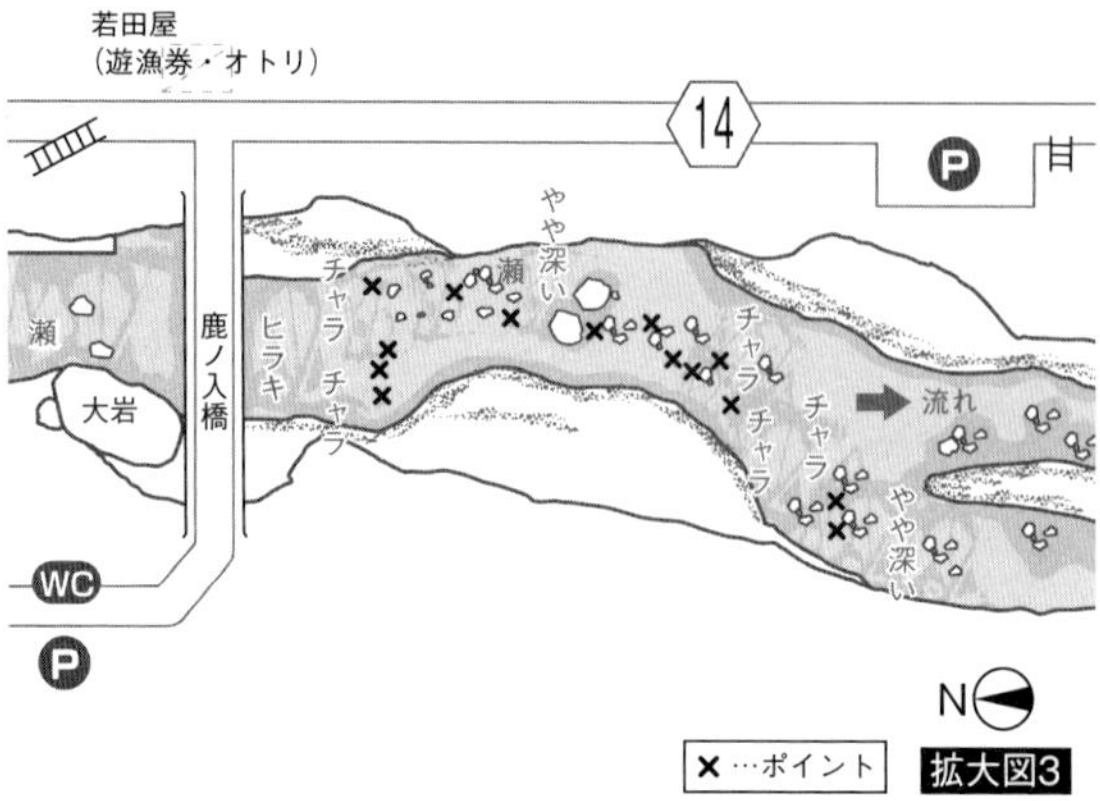

鹿ノ入橋下流の川相。川幅のある入川しやすい場所で人気も高い

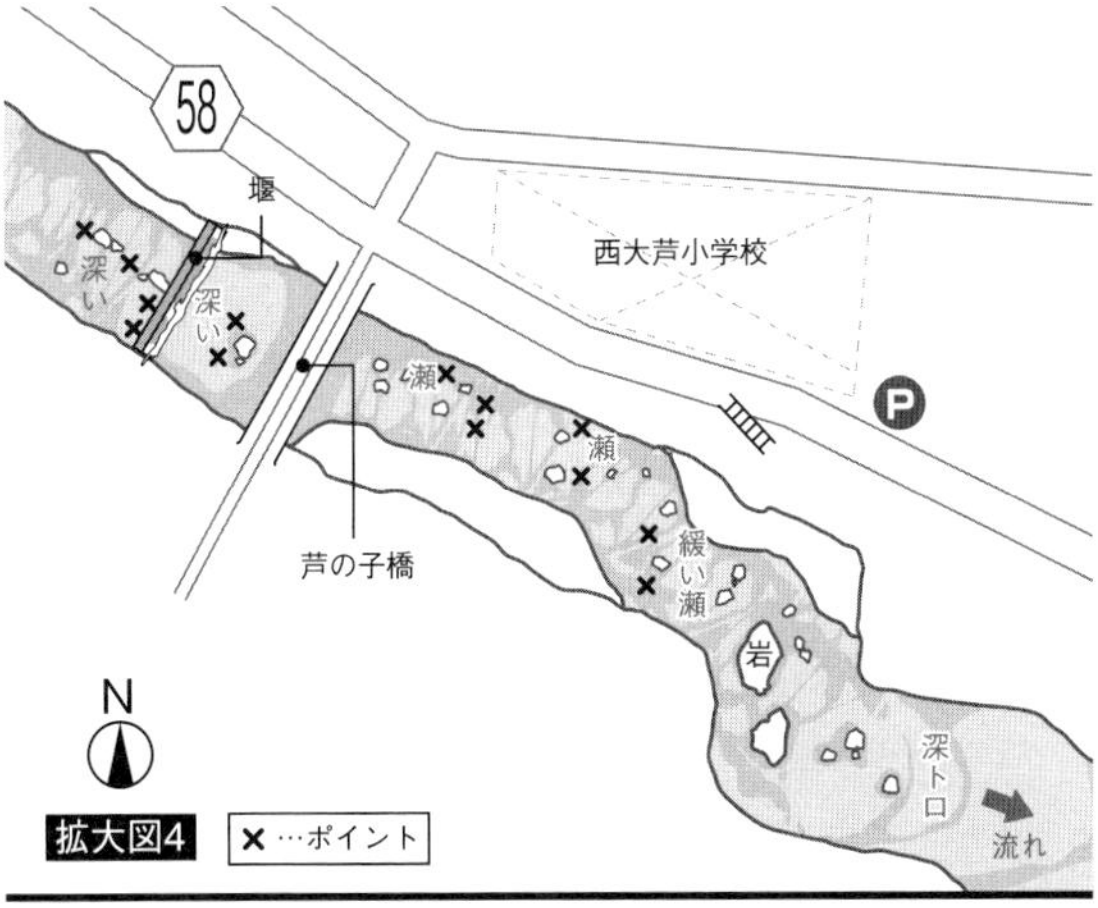

上流より芦の子橋を望む。川遊びを楽しむ人の多い場所だ

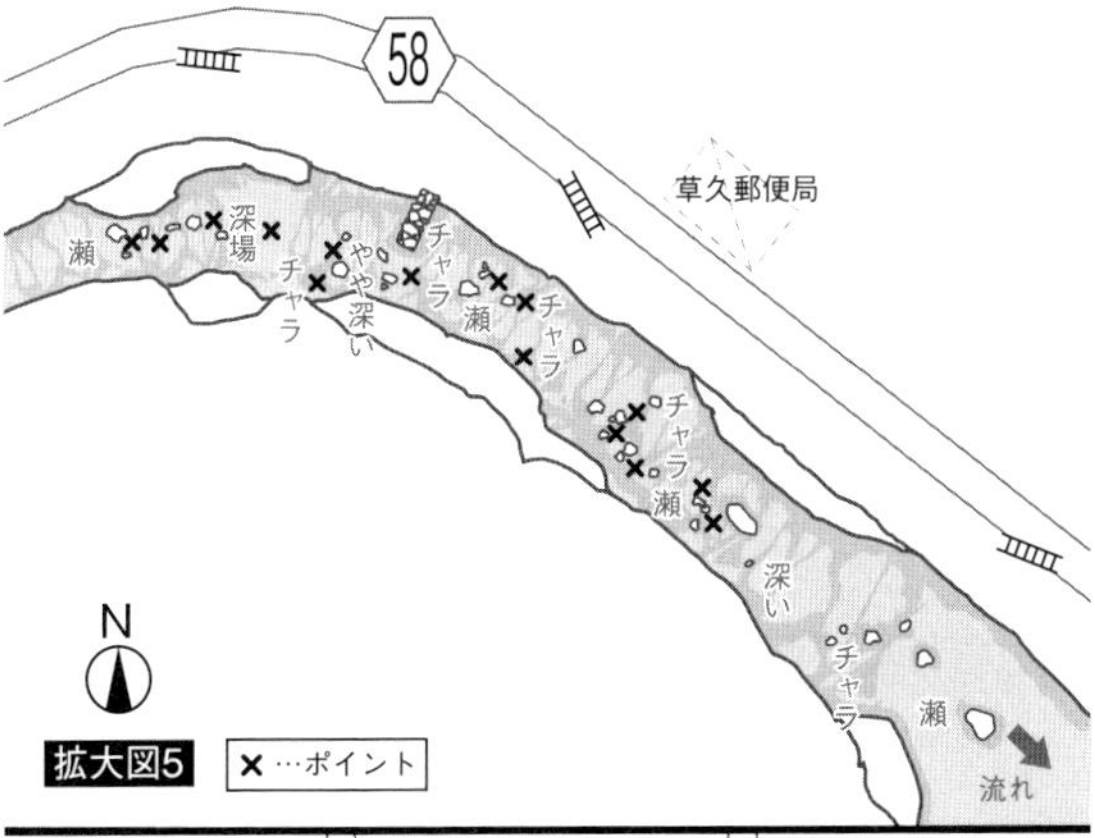

草久郵便局前の流れを望む。川へと降りる階段が３ヵ所ある

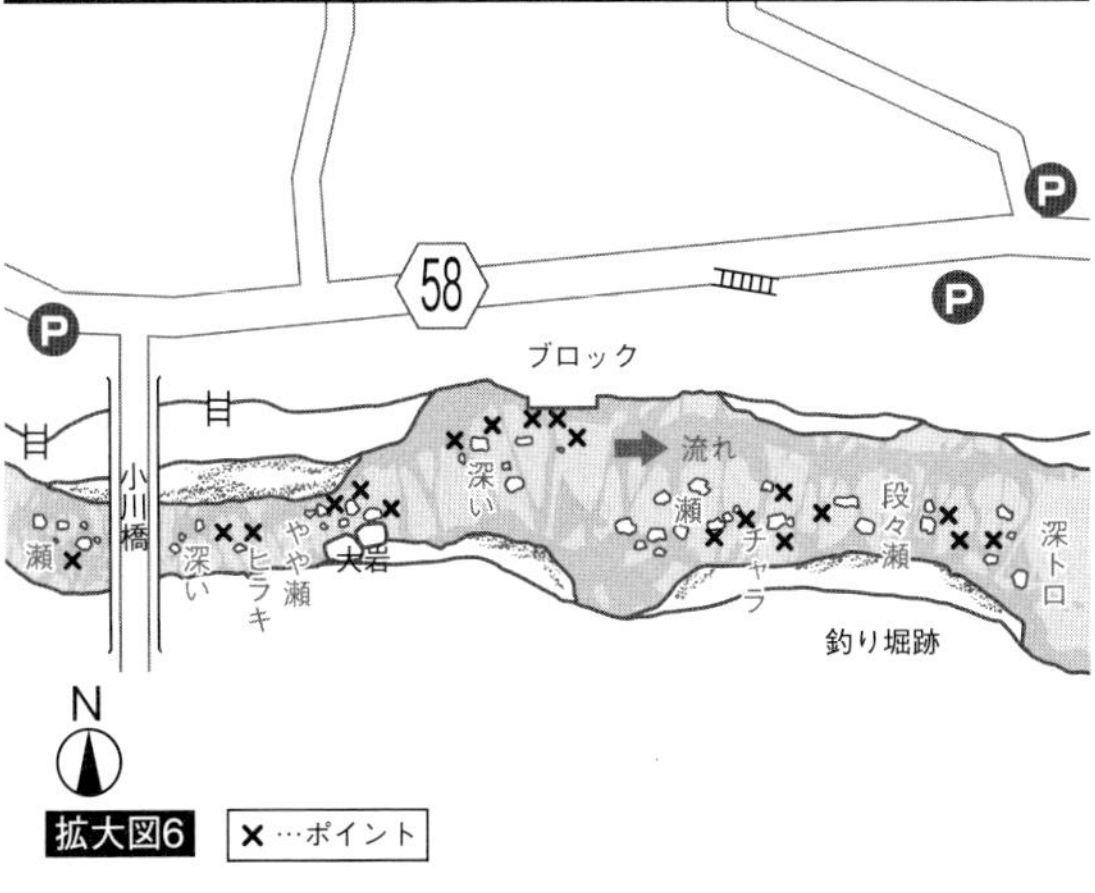

上流域に架かる字穴橋より上流を望む

●群馬県

烏《からす》川

大石が点在する川相でアカが飛びにくく増水にも強い
中流部を中心に紹介。数ねらいは解禁初期が最も有望

下流に見えるのが立志橋。この区間は烏川の中で一番放流量が多く、最も釣り人の姿が多い

烏川は長野県境・高崎市倉渕町に位置する鼻曲山に源を発し、群馬県西部を高崎市街地方向の南東に流下する利根川水系の河川だ。アユ釣り場となる中上流域は、国道406号がほぼ並行して走っている。

下流域にあたる高崎市街地付近は、利根川からの天然ソ上があるため、シーズン後期に釣れる場合もあるが、数はそれほど多くない。放流魚がメインの河川といってよい。

アユの釣り場としては、高崎市（旧榛名町地区）が近年最も実績が高い。

下流から昭和橋を望む。左岸側の道路沿いにオトリ店があり、駐車スペースもあり入川しやすい

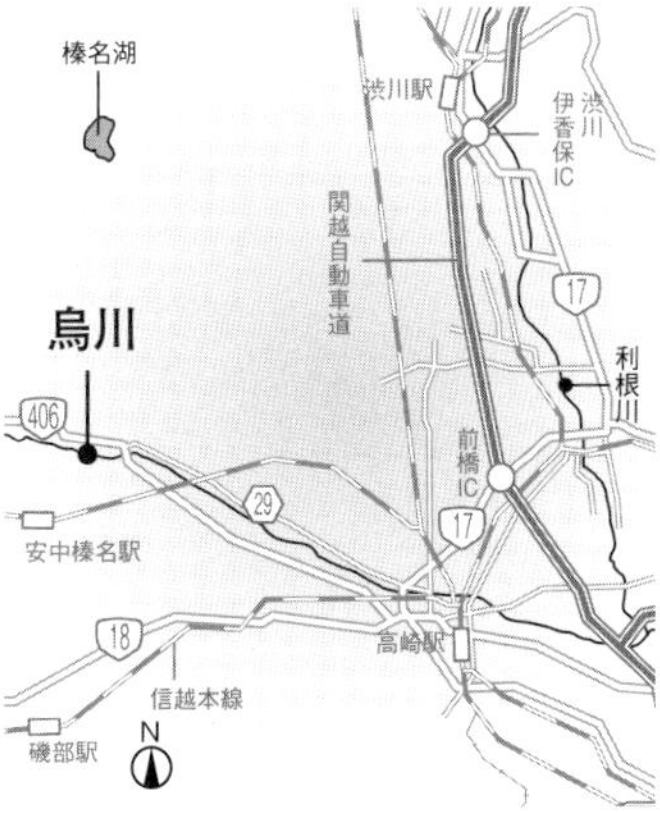

information
●河川名　利根川水系烏川
●釣り場位置　群馬県高崎市
●解禁期間　6月14日～12月31日
●遊漁料　日釣券3000円（解禁～6月末まで）、2500円（7月1日～）・年券1万1600円
●管轄漁協　上州漁業協同組合（Tel027-322-3041）
●最寄の遊漁券取扱所　柳澤つり具店（Tel027-374-1693）、つりピット！（Tel027-384-3390）
●交通　関越自動車道・前橋ICを降り、国道17、406号を榛名方面へ進み烏川へ

夏場は渇水になり、釣りにくい時期もあるが、大石が点在する川相のため、増水しても石アカが飛びにくい。濁りが取れるのも早いので、サオをだせる日も自然と多くなる。また、周辺の他の河川が増水していても釣りになる場合が多いので、逃げ場としてもおすすめだ。

　前記したように放流魚がメインで、解禁日から20㎝級が掛かるなど、比較的魚の成育はよいといえる。数釣りは解禁初期が最も期待できる。場荒れするに従って釣果が少なくなる傾向にあるのは否めない。しかし、7月中旬に比較的釣り人が少ない日が続くと、思わぬ釣果に恵まれることもある。ここでは、中流域のおすすめ釣り場を紹介してみたい。

●昭和橋下流～立志橋

　右岸に榛名中学校があり、そのすぐ下流に架かるのが昭和橋。この橋から

立志橋上流の流れ。毎年実績のあるポイント

下流約400mの区間が、放流されている榛名地区の最下流にあたる。昭和橋下流約300m左岸側の道路沿いにオトリ店と、駐車スペースがあり入川できる。放流量はそれほど多くないが、そのぶん釣り人も少なく穴場的なポイントといえる。

数はそれほど釣れないが、比較的良型が掛かる。石も大きく変化の多い川相で、駒寄川合流点下に淵があり、そこに落ち込む深瀬や淵尻を泳がせ釣りでねらうとよい。

昭和橋上流は右岸に樋口オトリ店の駐車場と、少し上流に榛名中央グラウンド横に駐車スペースがあって入川は楽。昭和橋直下は比較的水深のあるトロ場になっているが、砂底であまりよくない。榛名中央グラウンド前は大石が多く、流れに変化のあるポイントが点在している。ここは石の裏、頭、横などを細かく流すとよい。操作性に優れる8mクラスのサオでねらってみるのも得策だ。

立志橋下には小さな堰堤があり、堰

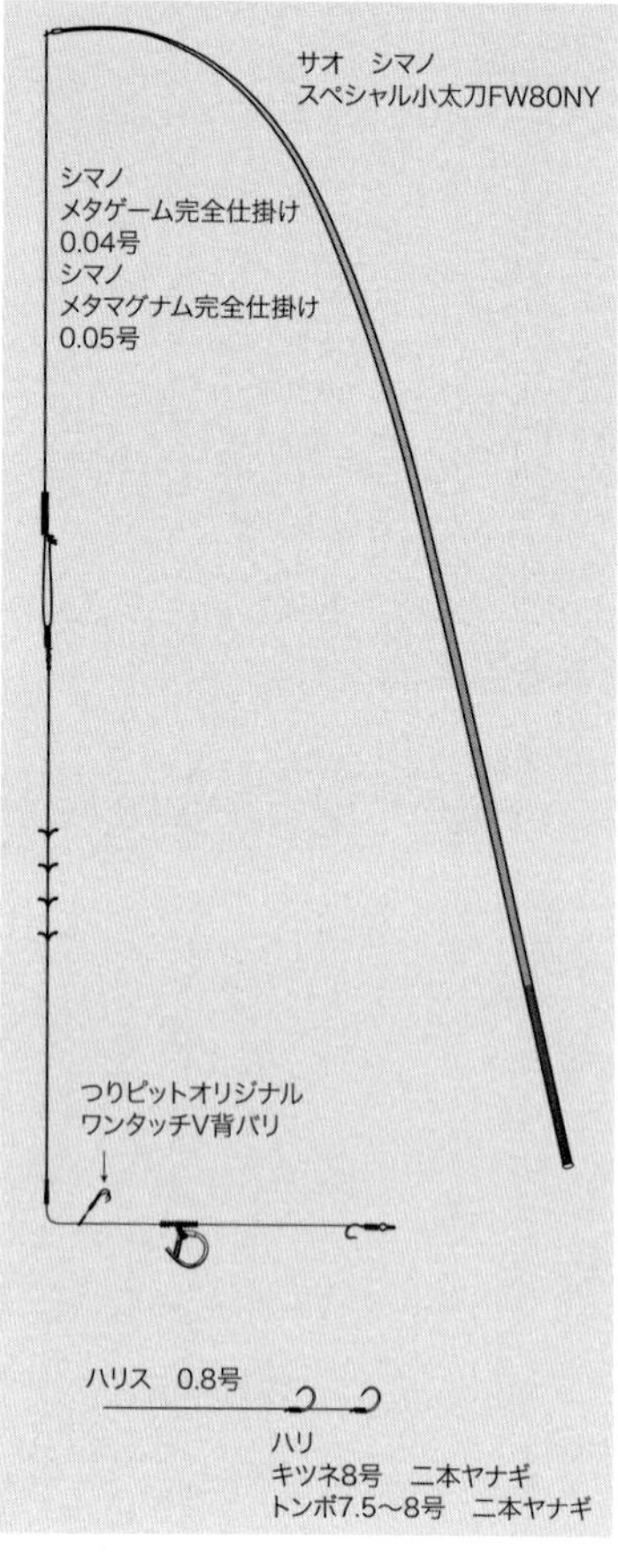

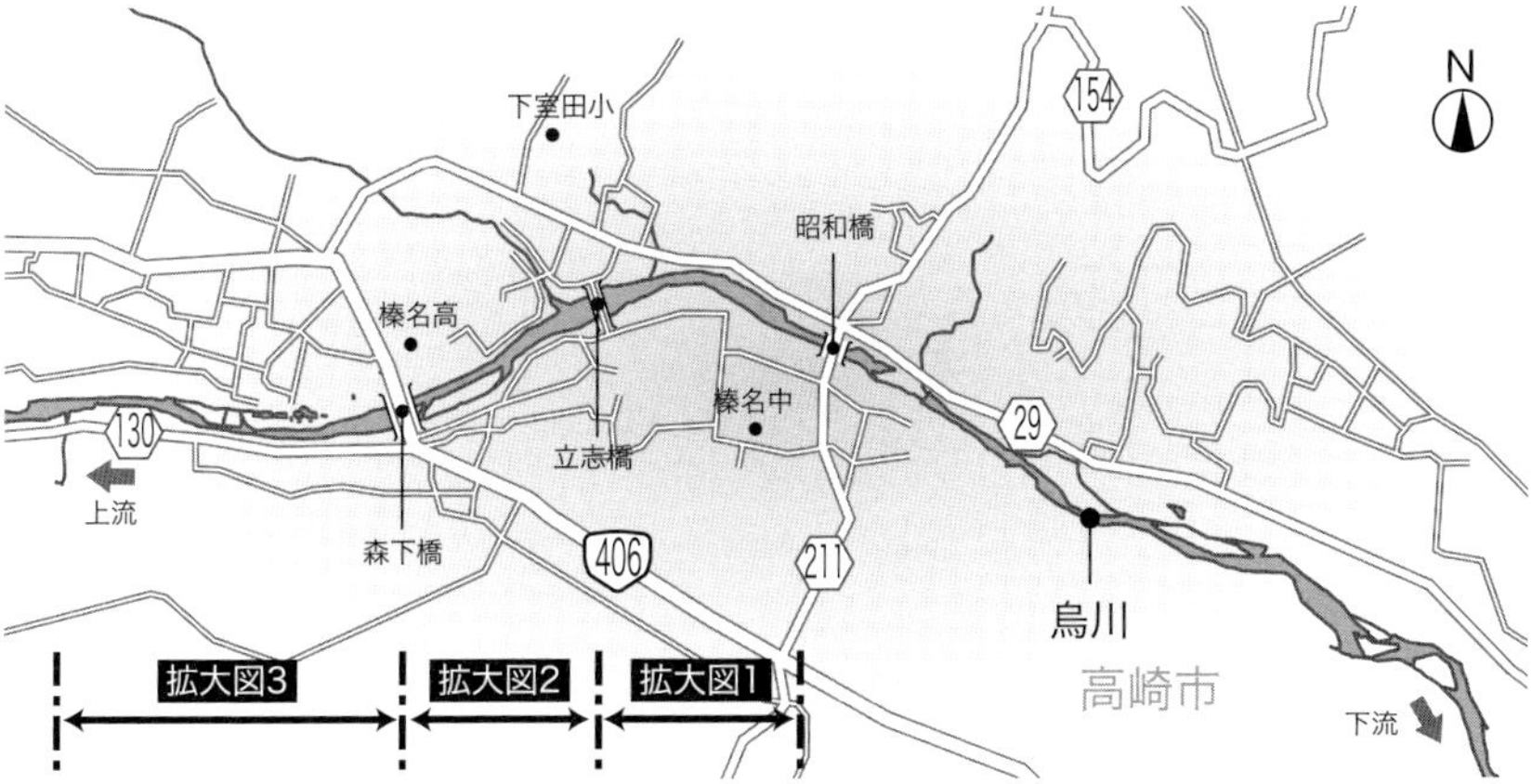

堤下のプールからのヒラキ、堰堤上のヒラキはともに好ポイント。

●立志橋～森下橋

この区間は烏川で一番放流量が多く、最も釣り人が入るポイント。立志橋真下から上流左岸の滑川合流付近は、毎年解禁当初は数が釣れる1級ポイントだ。右岸、左岸どちらからでもアプローチできる。流心の大石周りや、左岸側はヘチ寄りでもよく掛かる。滑川合流点のすぐ上に淵があり、その前後は流れのきつい瀬と平瀬、チャラ瀬の連続になる。

森下橋下は、右岸側が分流になっていて、水量がある時は見逃せないポイント。左岸側の本流も段々瀬になっていて、よく掛かる人気ポイントだが場荒れしやすい。森下橋の真下はしばしばサオ抜けになっていることがある。橋のすぐ上に堰堤（春日堰）があり、下流から上ってきた魚がたまりやすい。

数をねらうなら解禁初期がおすすめだが、7月中旬でも人出が少ない日が続くとチャンスが訪れることも

森下橋下流の左岸に榛名高校がある。その下手の公園前に駐車が可能。川岸が階段になっていて入川しやすい。

●春日堰～里見発電所排水口

春日堰より上流はおよそ２００mのトロ場になっている。右岸側の道路などの高い場所から見ると、魚影をかなり確認できることもあるが、群れアユになっていて、なかなか追わないケースが多い。

群れアユをねらうには静かに立ち込み、上流にオトリを泳がせるなどのテクニックが必要となる。

このトロ場から上流１００mくらいはトロ瀬、平瀬、荒瀬と流れに変化があり、この区間の本命ポイントといえる。さらに、上流は里見発電所の排水口までは水量があり穴場的なポイント。しかしここは入川しにくいのが難点なのと、魚の数もそれほど多くなくなるので、比較的魚影の多い初期ねらいか、後期は一発大ものねらいということになる（松田）。

森下橋から下流を望む。右岸側の分流は水量の多い時には見逃せないポイントと化す

上流から春日堰上のトロ場を望む。ここは上ってきた魚が溜まりやすい

里見発電所排水口下流の荒瀬。変化に富んだ流れを見せるエリアだ

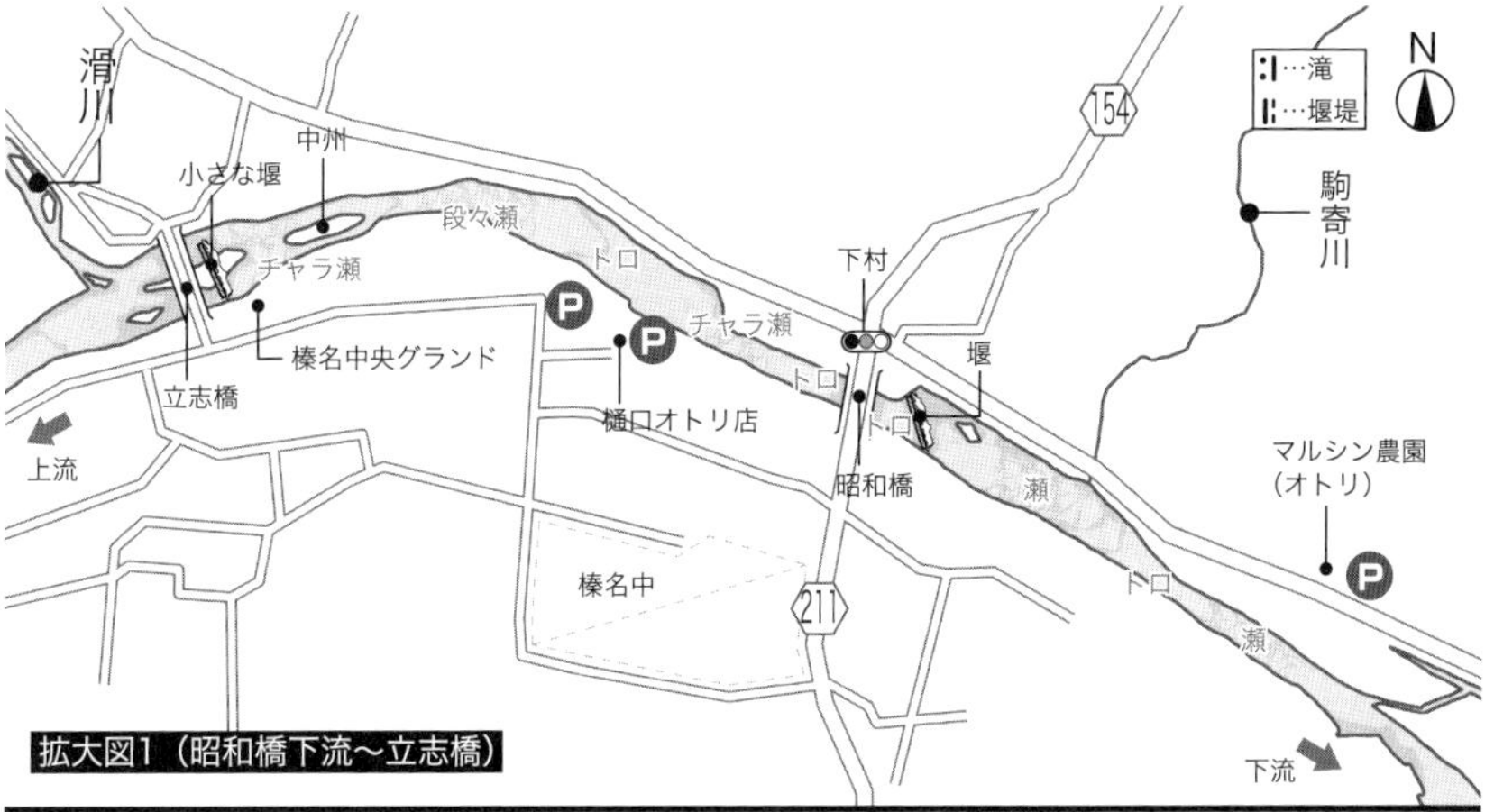
滑川
中州
小さな堰
段々瀬
チャラ瀬
トロ
棒名中央グランド
立志橋
上流
樋口オトリ店
チャラ瀬
下村
154
滝
堰堤
駒寄川
堰
トロ
昭和橋
マルシン農園
（オトリ）
瀬
棒名中
211
トロ
瀬
拡大図1（昭和橋下流～立志橋）
下流

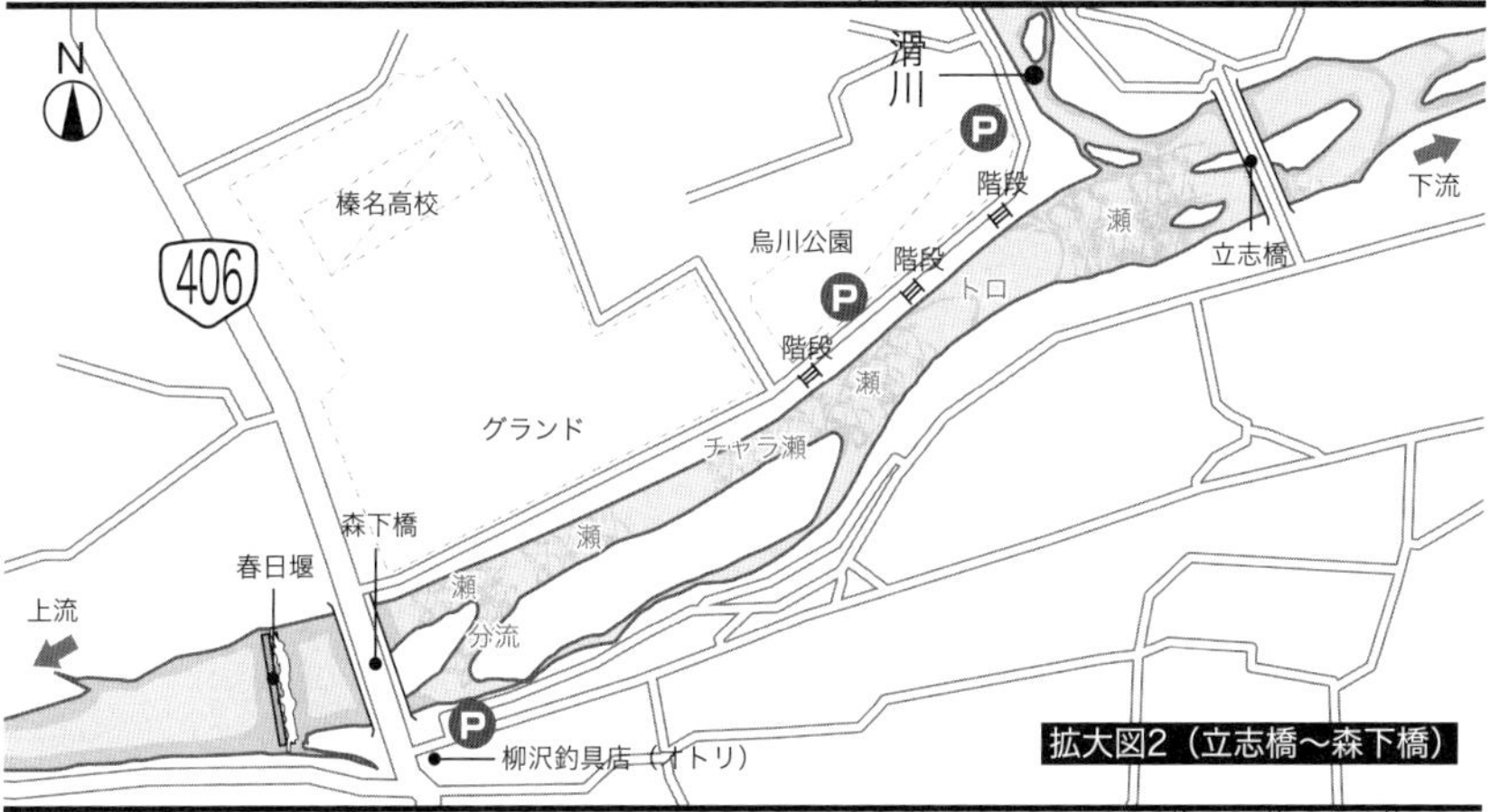
N
滑川
棒名高校
階段
烏川公園
階段
瀬
立志橋
下流
406
トロ
階段
瀬
グランド
チャラ瀬
森下橋
瀬
春日堰
瀬
上流
分流
柳沢釣具店（オトリ）
拡大図2（立志橋～森下橋）

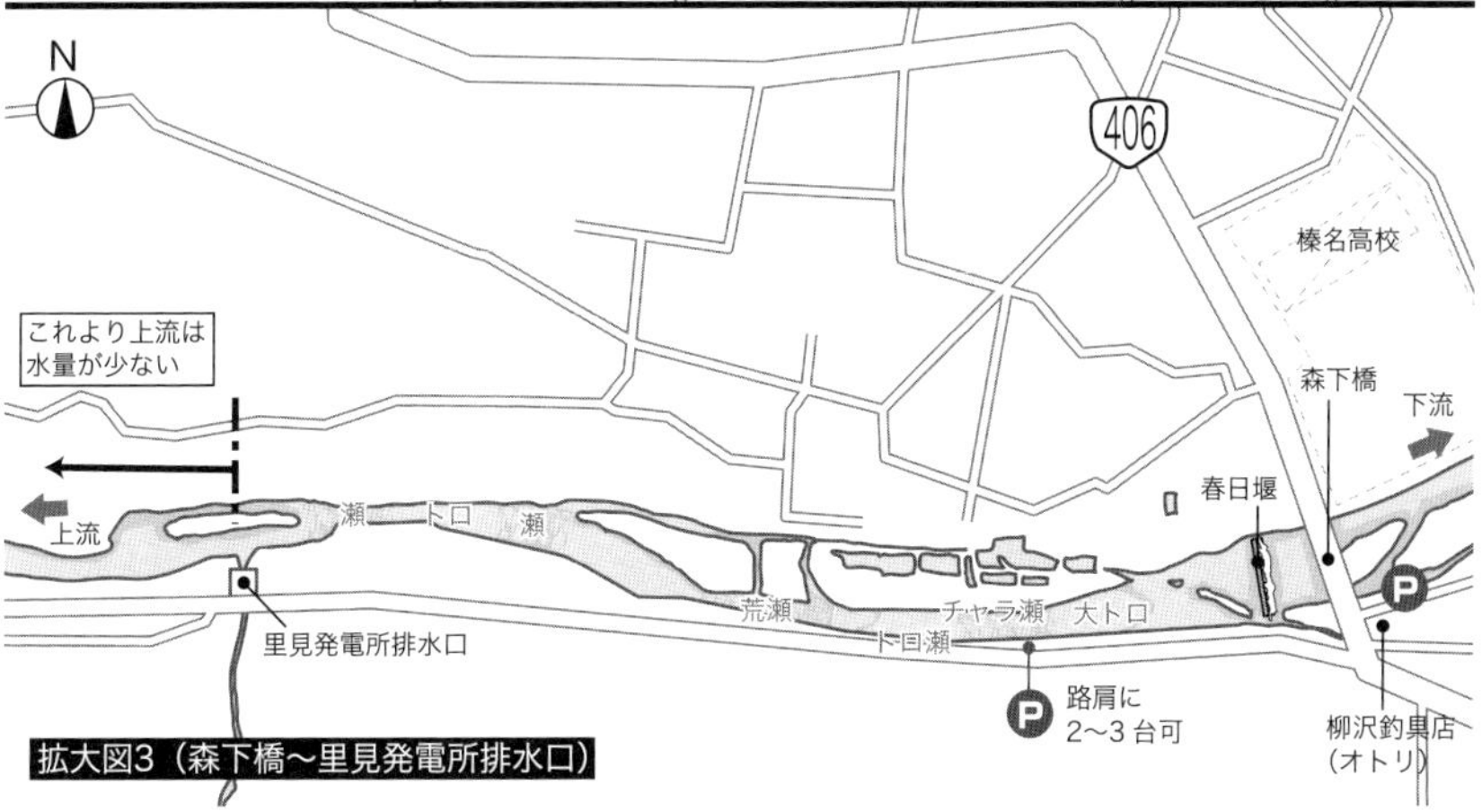
N
406
棒名高校
これより上流は
水量が少ない
森下橋
下流
春日堰
上流
瀬
トロ
瀬
荒瀬
チャラ瀬
大トロ
トロ瀬
里見発電所排水口
路肩に
2～3 台可
柳沢釣具店
（オトリ）
拡大図3（森下橋～里見発電所排水口）

●群馬県

碓《う》氷《す》川《い》

安定した釣果が望める中流域の安中・松井田地区がおすすめ 解禁当初から平均して17〜19㎝サイズが楽しめる

鉱泉橋から下流を望む。大石混じりの短い瀬があり、点で待つイメージで釣るのがおすすめだ

碓氷川は高崎市街地付近で烏川に合流する河川で、国道18号とほぼ並行して流れる。烏川合流付近は、天然ソ上が多い年にはシーズン中〜後期にねらいめになる場合もあるが、安定して釣果の望める釣り場としては放流量の多い安中・松井田地区がおすすめだ。

中流域の安中・松井田地区は、岩盤、大石、大トロ、短い瀬で構成され、ポイントが少なく一見難しそうな川相にも思える。しかし逆に考えると、釣れる場所を絞り込みやすい利点もある。

年によってばらつきはあるが、6月中旬の解禁から17〜19㎝がアベレージでねらえる。私が知る限りでは、関東で解禁当初にこのサイズが平均して釣れる河川は少ないと思われる。

お盆頃からは数は減るが、丸々とした大アユ釣りを楽しめる。ただし放流河川なのでオトリ店等で釣果状況を確認して入川することをおすすめする。

●鉱泉橋周辺

鉱泉橋下流右岸には約30台駐車できる舗装のスペースがあり、入川する階段もしっかり整備されている。オトリ店も釣り場から約100mと近い。

橋上流は大きなトロ場で大石が点在する。トロ尻の右岸川底に変化があり、磨かれた石組が多い。私はフロロラインを使ってじっくり泳がせている。

トロ場から鉱泉橋にかけては瀬肩で、小石が多く流れに変化が少ない。ここは右岸側の分流がおすすめで、石が大きく流れに変化があるポイントだが、狭いので8mクラスの短ザオが使いやすい。サオ抜けになっていることも多く、追いのよいアユが付いている可能性が高い。養殖や弱ったオトリからのオトリ替えを、短時間で行なうことが可能なポイントでもある。ただし、一度掛からなくなると全く釣れないことが多い。あくまでもオトリの循環ペースを保つ一手としてこの分流を釣ると釣果アップにつながりやすい。

鉱泉橋下から駐車場前にかけて大石混じりの短い瀬がある。上流方向に引き上げる釣りが難しくなるため、点で待つイメージで釣るとよい。私は複合メタルラインで流れが当たる石頭や、石横にダイレクトにオトリを沈め数十秒待ち、反応がなければ一度オトリを浮かせて流れに乗せて下らせ、同じようなポイントでまた沈めて待つ釣り方で探っている。オトリが替わって元気なうちにヘチや石裏を泳がせたり、弱ったオトリでも反応のあったポイントをじっくり探ると結果が出る。

瀬の上下にはトロ場があり、アユの供給源だ。この短い瀬は、距離はないが石組みがしっかりした超1級ポイント。下流にある岩盤のトロ場は、白泡の残る頭の辺りをフロロの泳がせ釣りなどで探るとコンスタントに掛かる。

鉱泉橋付近は磯部温泉街で、宿泊施設や日帰り温泉もある。釣りが終わった後に疲れを癒《いや》すのもよいだろう。

●中瀬橋周辺

中瀬橋下流左岸側には100台以上入る広い駐車場がある。その入り口のオトリ店近くから川へ降りると中瀬橋に出る。駐車場奥側から降りると、下流の広谷橋にかけてのポイントへ行ける。この周辺では2014年に70尾以上の釣果を記録している。

中瀬橋上流にはトロがあり、トロ尻から橋下の瀬にかけて岩盤層のポイントが広がる。ここも上下流にアユの補給源になるトロがある。橋下の短い瀬はねらいめだが、岩盤層なので少々釣りにくい。ピンポイントで点の釣りが

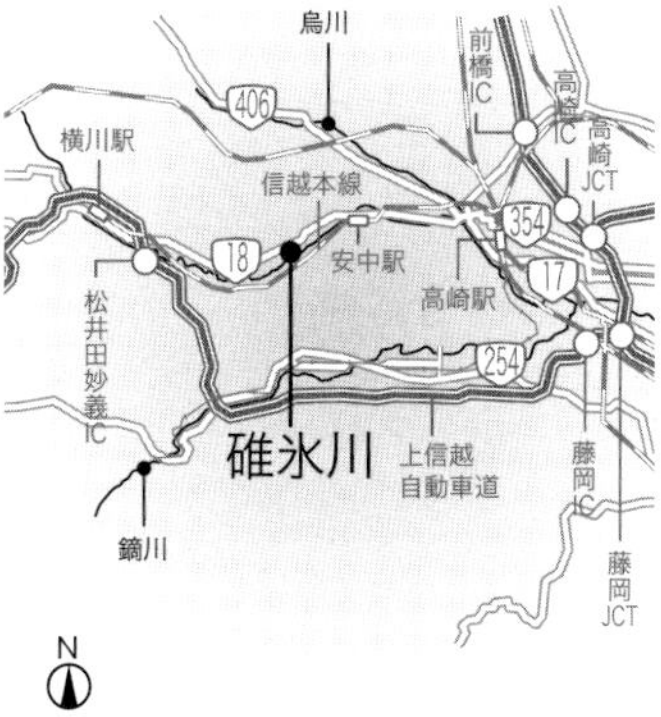

information

●河川名　利根川水系碓氷川
●釣り場位置　群馬県高崎市～安中市
●解禁期間　6月14日～12月31日
●遊漁料　日釣券3000円（解禁～6月末まで）、2500円（7月1日～）・年券1万1600円
●管轄漁協　上州漁業協同組合（Tel027-322-3041）
●最寄の遊漁券取扱所　なかやすおとり店（Tel027-393-1894・中瀬橋）、松風堂（Tel027-385-7023・鉱泉橋）、つりピット！（Tel027-384-3390）
●交通　関越自動車道・藤岡IC、同・高崎IC、上信越自動車道・松井田妙義ICから、国道18号を安中、松井田方面へ進み碓氷川へ

有効だ。駐車場奥側から下流の広谷橋までは変化に富んだポイントが続く。1日かけて瀬を中心に、ゆっくりと探りながら釣ると楽しめるはずだ。

各ポイントとも反応が続けばじっくり探り、なければ1ヵ所にこだわらず移動するスタイルが、碓氷川で高釣果をマークする秘訣となる（神宮）。

鉱泉橋から上流を望む。大きなトロ場に大石が点在する川相を見せる

中瀬橋から上流を望む。トロ尻から橋下の瀬にかけて岩盤層のポイントが広がる

中瀬橋駐車場奥側から下流は変化に富んだポイントが続く。ゆっくりと探りながら釣ると楽しめる

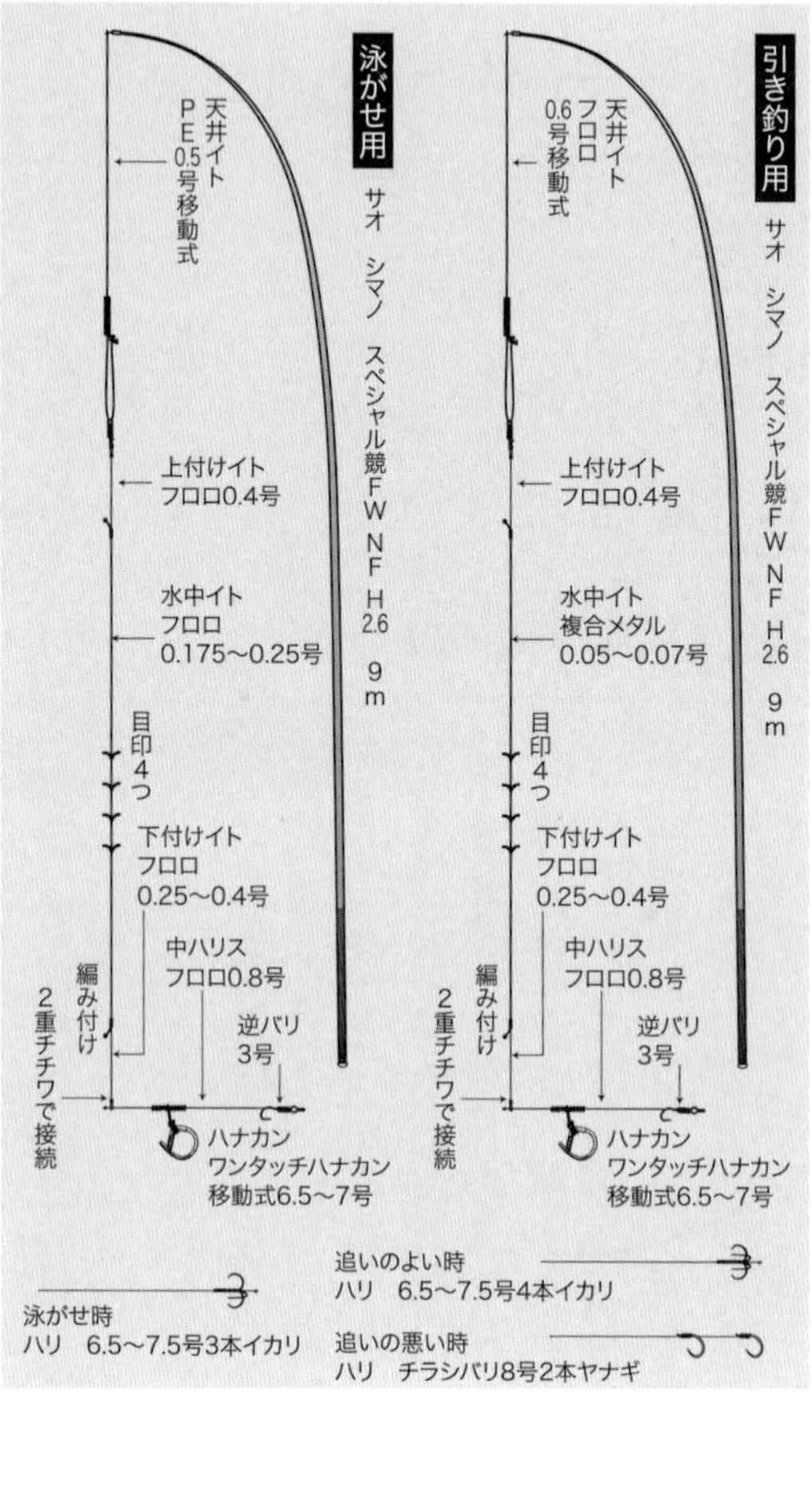

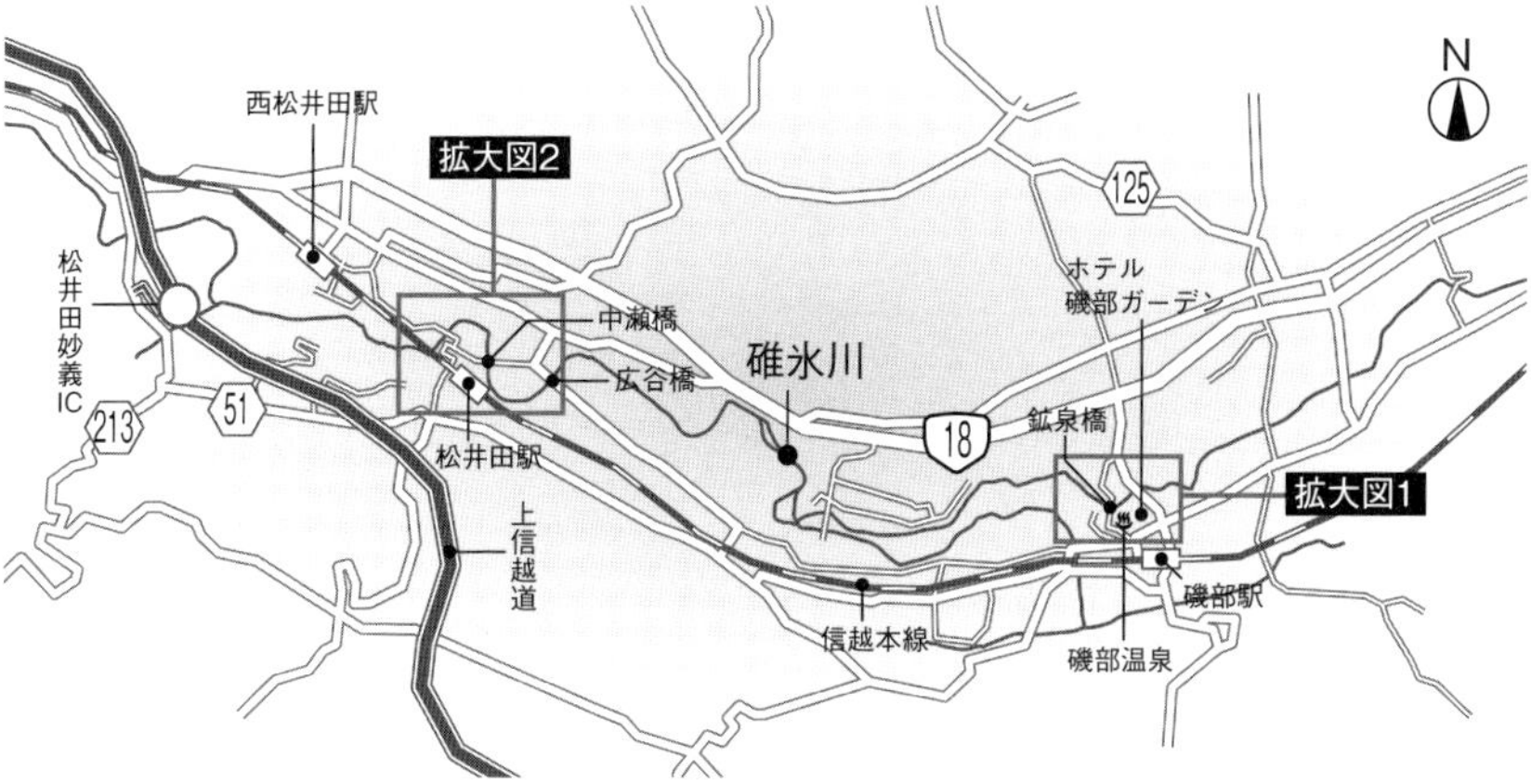

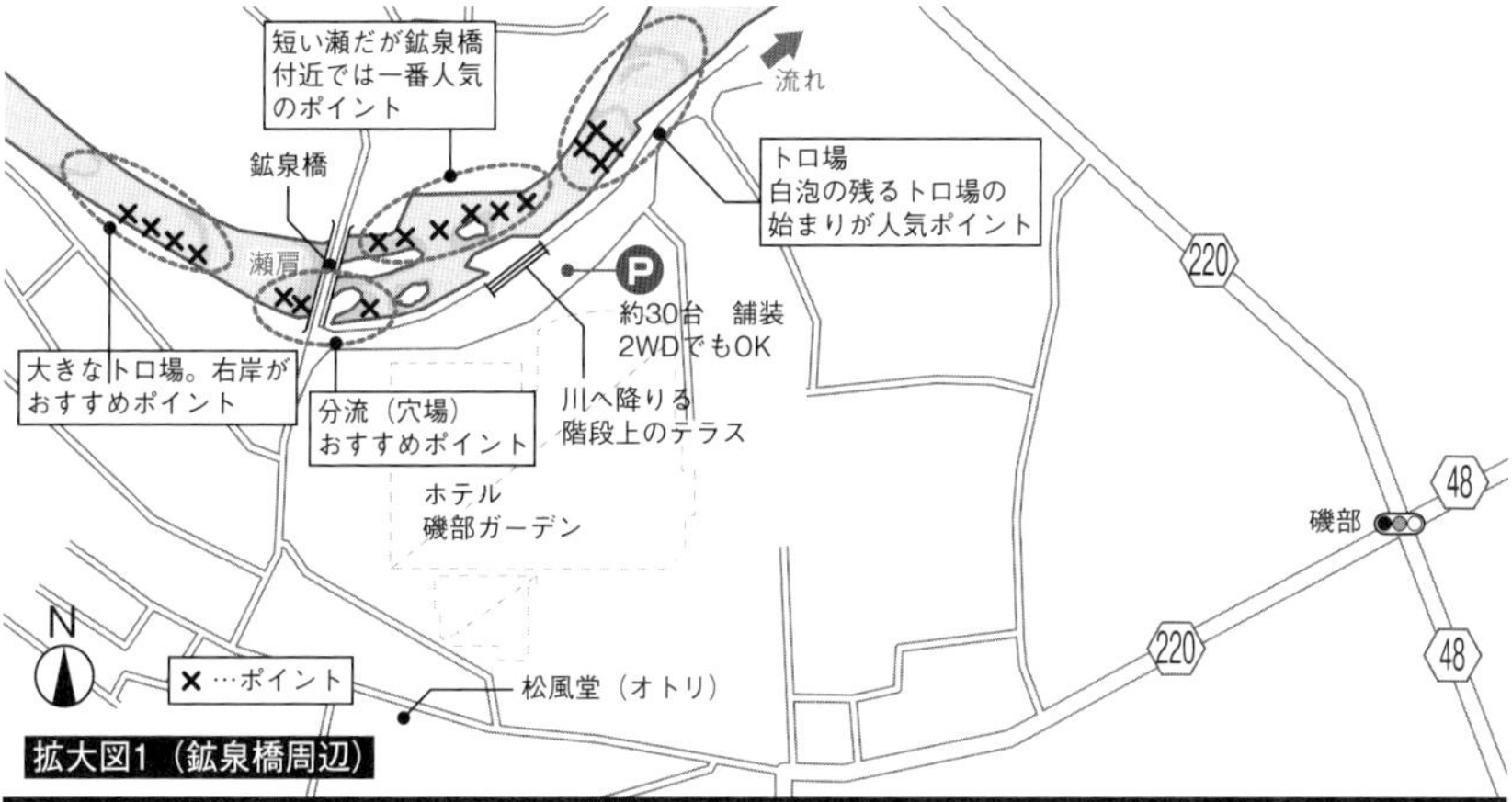

拡大図1（鉱泉橋周辺）

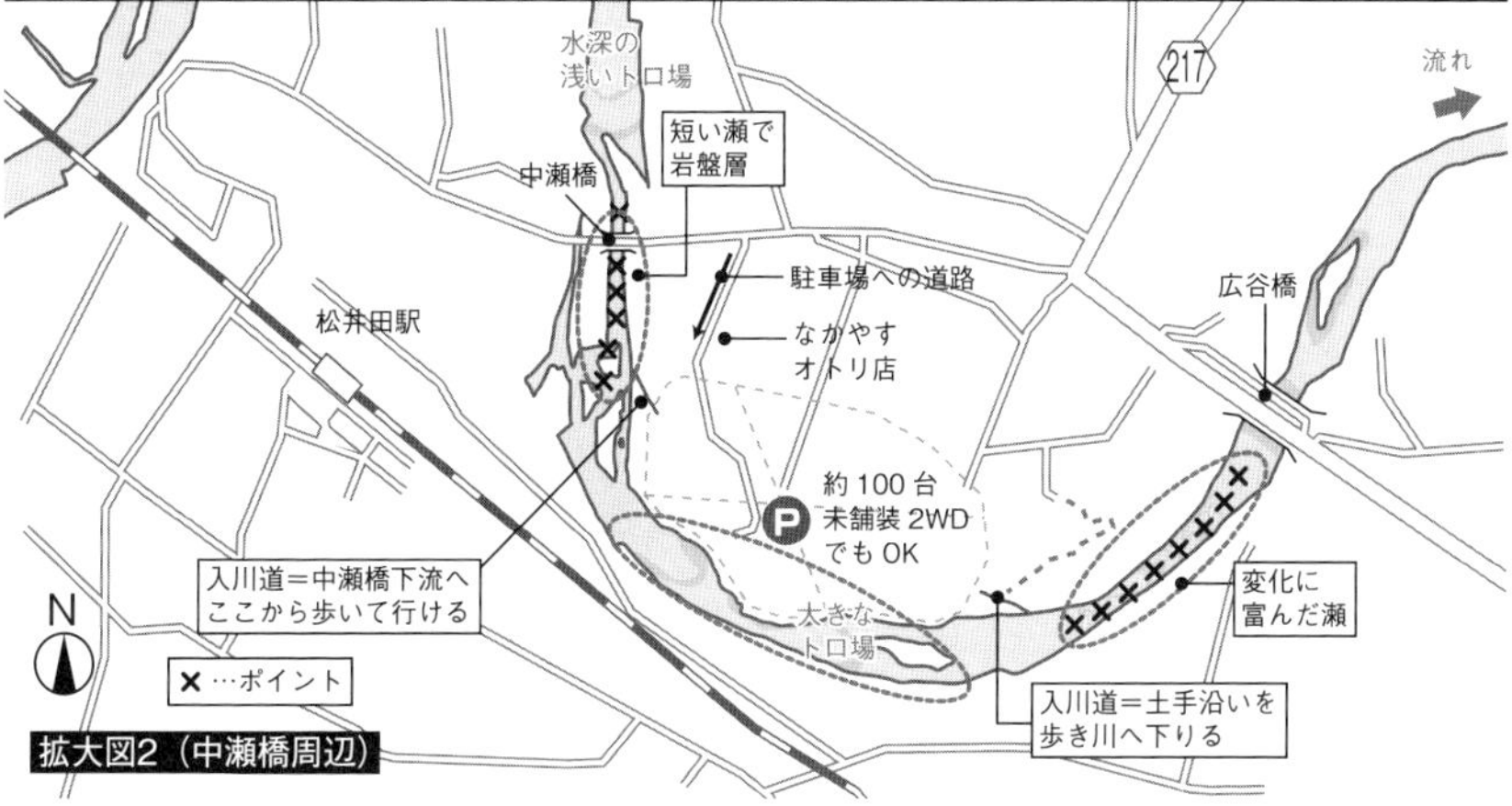

拡大図2（中瀬橋周辺）

神流川《かんな》

群馬県下で一番人気の実績もあるアユ釣り河川
澄んだ流れは掛かった瞬間が分かる見釣り感覚も楽しめる

神流川は群馬県の最南端、上野村にある三国山に源を発し、群馬と埼玉の県境付近を流下する中小河川で、利根川水系に属する。関東を代表する清冽な流れはアユだけではなく、ヤマメやイワナの釣り場としても人気がある。

アユ釣り場としては、下久保ダム（神流湖）のバックウオーターより上流から釣果が得られる。漁協は上流部にあたる上野村地区（上野村漁協）と、下流の神流町地区（南甘漁協）の管轄に分かれている。川相は小砂利と岩盤に石を交えたポイントが多い。水の透明度も高く、掛かった瞬間を視認できる見釣り感覚の釣りが楽しめる。

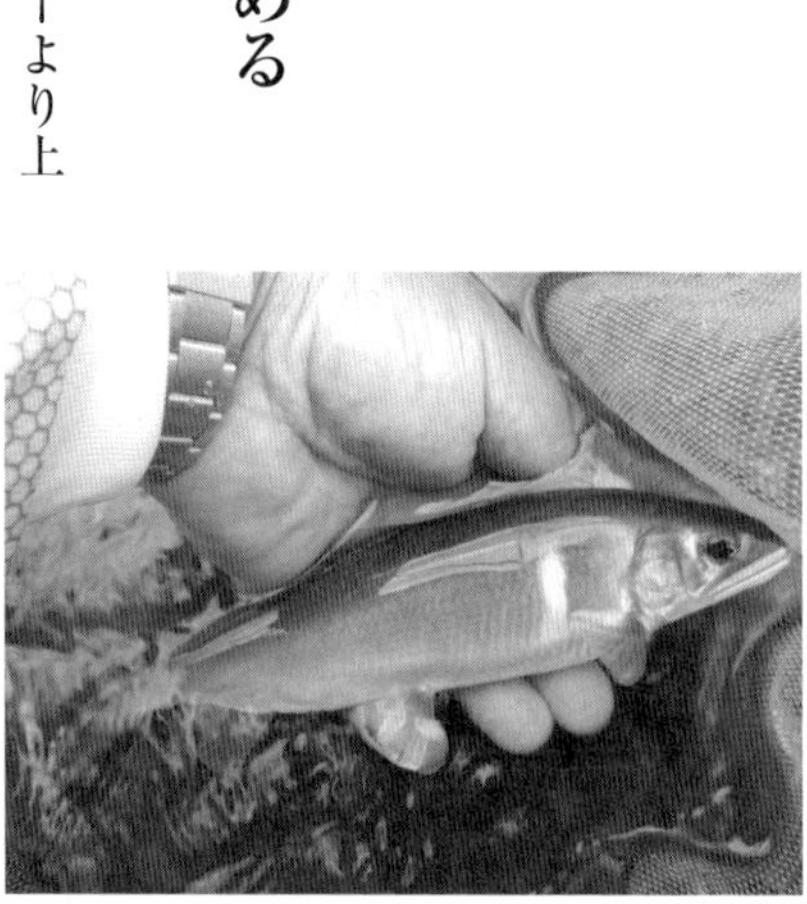

小河川にしては魚の成育がよく後期は良型も掛かる。もちろん数釣りも楽しめる川だ

近年、群馬県下では一番人気の河川となったこともあり、シーズン中は釣り人の姿が絶えない。6月の解禁当初から小型の数釣りはもちろんだが、20cmオーバーが掛かることもある。山間峡谷の渓流域だが、意外と魚の成長はよく、8月頃になると25cmを超える大型も掛かり、小さな大アユ河川と化すこともあるので侮れない。

それでは下流部となる南甘地区、上流部の上野村地区からそれぞれ2ヵ所

information

●河川名　利根川水系烏川支流神流川
●釣り場位置　群馬県多野郡上野村～神流町
●解禁期間　6月第1土曜日（南甘漁協）、6月第2土曜日（上野村漁協）～10月31日
●遊漁料　日釣券2500円・年券1万500円
●管轄漁協　南甘漁業協同組合（Tel0274-57-3464・役場内）上野村漁業協同組合（Tel0274-59-3155）
●最寄の遊漁券取扱所　新井雄二（Tel0274-57-2823・南甘地区）、天野刃物工房（Tel0274-57-2620・南甘地区）、民宿不二野家（Tel0274-59-2379・上野村地区）
●交通　関越自動車道・本庄児玉ICから国道462利用で神流湖・上野村方面へ。上流部へは上信越自動車道・下仁田ICを降り国道254号から、県道45号経由で上野村へ

南甘地区の清冽な流れ。水の透明度が高く見釣り感覚での釣りも楽しめる

ずつおすすめポイントを紹介したい。

●南甘地区・森戸橋～生利《しょうり》大橋付近

森戸橋より上流は、適度な淵と瀬、チャラ瀬の組み合わせの好ポイントが続く。特に淵の前後の瀬やザラ瀬がねらいめになる。全体的に小石底の場所が多いが、初期や増水時は少しでも石の大きな場所がよい。後期や渇水時は、大石はアカ腐れ気味になるので小石底の流れをねらう。

森戸橋下流は広い駐車スペースがあり、通称「万場河原」と呼ばれ入川もしやすいが、釣り以外のイベントも多く行なわれている。川相は開けていて釣りやすい。万場川原には歩道橋が架かり、その前後や下流の御鉾橋の間も好ポイントが続く。

御鉾橋下流から万場高校前、そして生利大橋までの間は、川全体的にまばらではあるが大石が散らばっている。ポイントを小さく見立て、一つ一つていねいに拾い釣りで探る。より水深のある掘れ込みなどの筋をねらうとよいだろう。

　生利大橋直下は岩盤と小石底のザラ瀬が続くが、比較的数の釣れるポイント。さらに下流で右岸から流れ込む飯島川合流付近も大石が多く、変化のある流れになるのでねらってみたい。

●南甘地区・古鉄橋〜丸岩付近

　古鉄橋前後は適度な石もあり好ポイント。橋より下流では両岸ともに河川敷まで車で降りられるので、南甘地区でも人気が高い。古鉄橋から上流に釣り上がっていくか、下流の丸岩付近まで釣り下がっていくのも面白い。

　全体的に瀬と小石底のザラ瀬が多く、群れアユがたくさん目視できる場合もある。午前中は瀬を中心にねらってオトリを確保し、元気なオトリがあれば、午後や夕方はザラ瀬のヒラキで群れアユねらってもよいだろう。

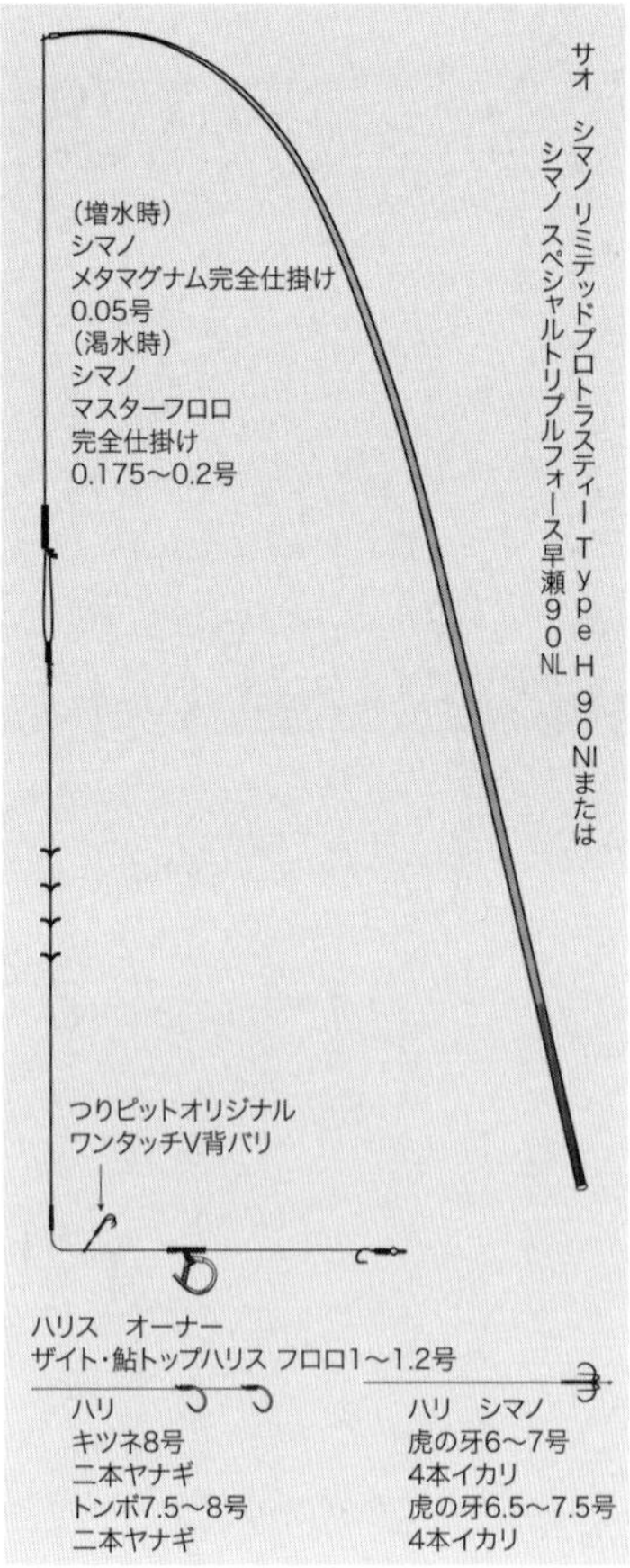

浅いポイントはできるだけ静かに、動かずに泳がせで群れアユにオトリを馴染ませるようして釣るのがコツ。ヤナギバリの使用も効果的だ。

　南甘地区のシンボル的な巨岩「丸岩」付近は、比較的深い淵や大岩が存在して型のよい魚が釣れるが、1ヵ所での連発は少ない。数を稼ぐには足を使って探るしかない。

●上野村地区・上野村役場付近

　上野村役場付近に架かる興和橋を中心に上流は乙母橋、下流は川和橋のおよそ2㎞の区間は、友釣り専用区になっていて放流量も多い人気ポイント。興和橋上流は左岸、下流は右岸に駐車スペースもあり入川しやすい。

　興和橋から上流は瀬になっていて石も大きく、解禁当初は実績が高い。橋より下流は小石底のザラ瀬とトロ場が続くが、比較的大きな石のある場所をねらいたい。川和橋上は適度な流れと水深もあり、初期から後期まで安定して釣れるポイントで、思わぬ大型も潜

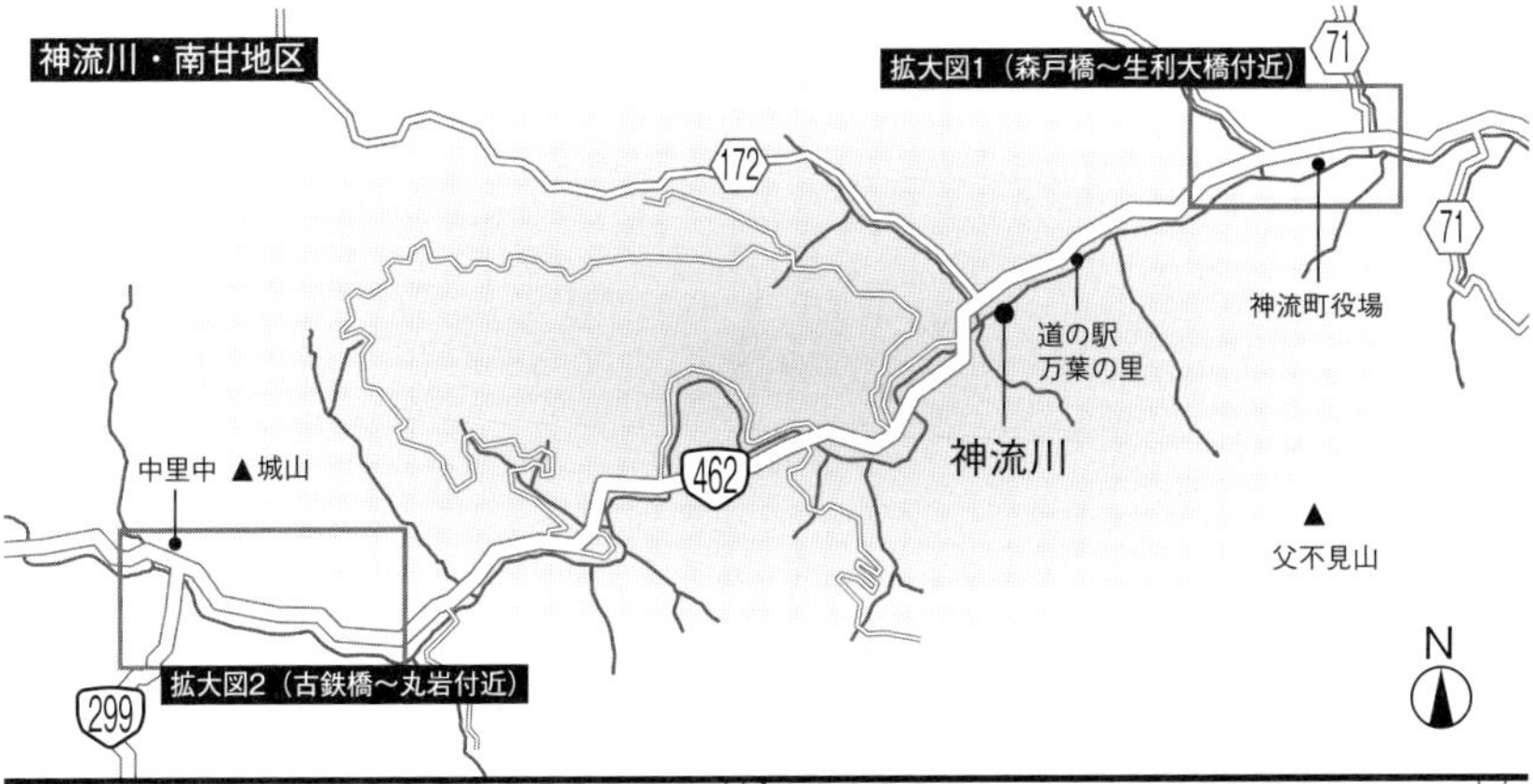
神流川・南甘地区
拡大図1（森戸橋～生利大橋付近）
71
172
71
神流町役場
道の駅
万葉の里
神流川
462
中里中 ▲城山
▲
父不見山
N
拡大図2（古鉄橋～丸岩付近）
299

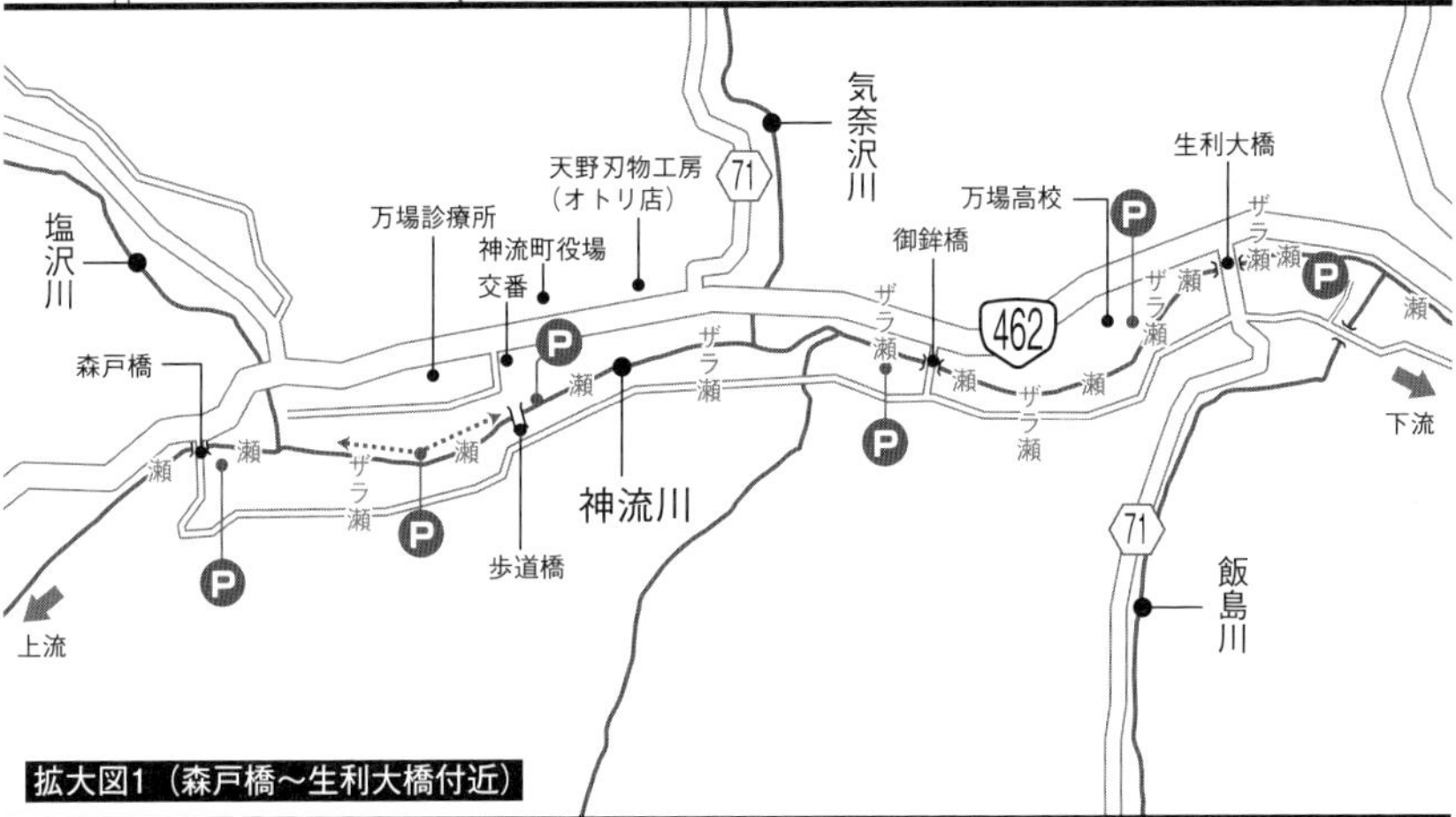
気奈沢川
天野刃物工房
（オトリ店）
71
生利大橋
万場高校
塩沢川
万場診療所
神流町役場
交番
御鉾橋
462
森戸橋
瀬
ザラ瀬
瀬
ザラ瀬
神流川
歩道橋
ザラ瀬
瀬
ザラ瀬
瀬
瀬
下流
飯島川
71
上流
拡大図1（森戸橋～生利大橋付近）

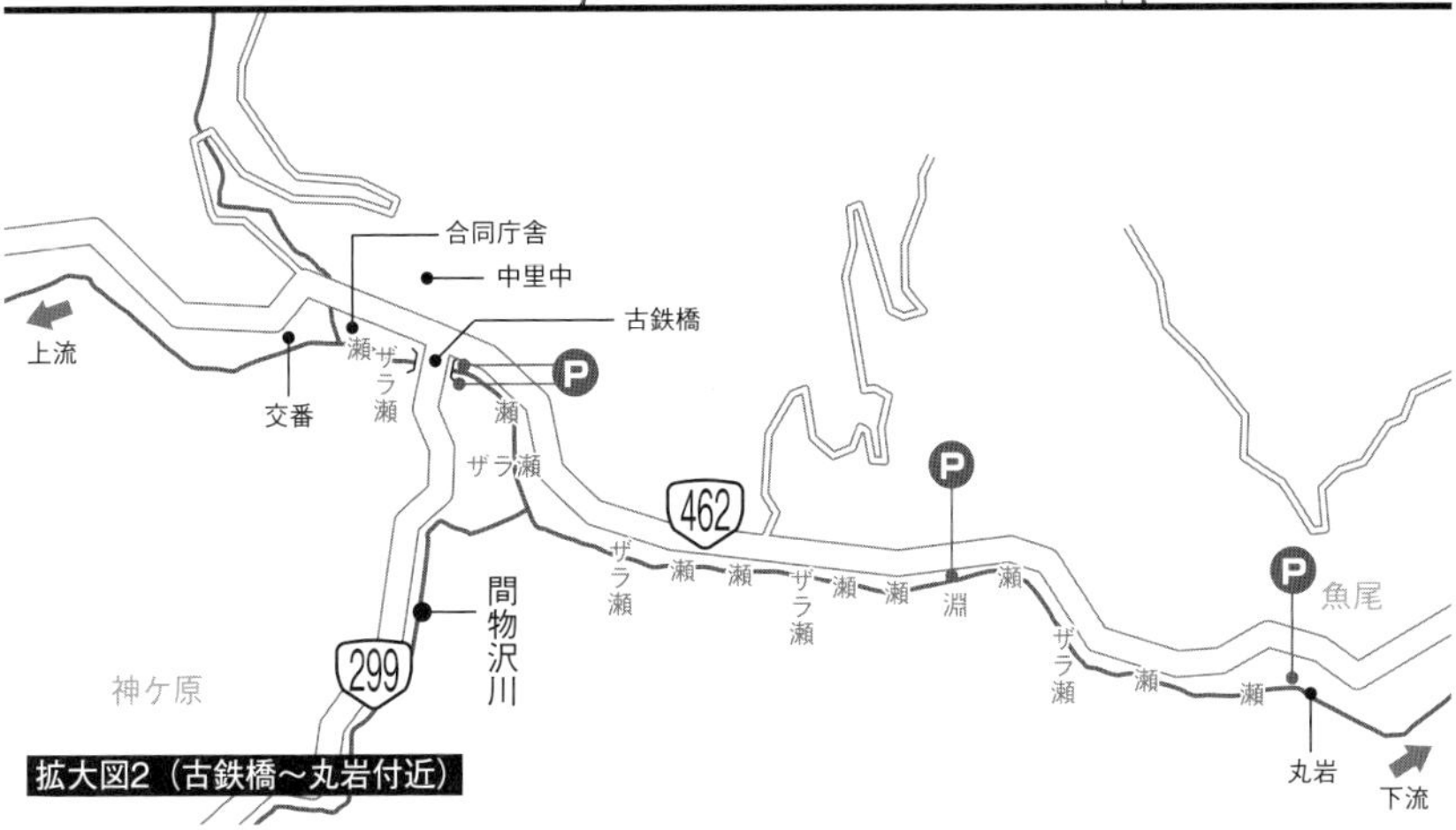
合同庁舎
中里中
古鉄橋
上流
交番
瀬
ザラ瀬
瀬
ザラ瀬
462
ザラ瀬
瀬
瀬
ザラ瀬
瀬
瀬
淵
瀬
魚尾
間物沢川
神ケ原
299
ザラ瀬
瀬
瀬
丸岩
下流
拡大図2（古鉄橋～丸岩付近）

南甘地区・森戸橋から下流の万場河原を望む。駐車スペースはかなり広く入川しやすい

南甘地区・万場高校前の流れ。下流に見えるのが生利大橋

上野村地区・へき地診療所前の流れ。一見つまらないポイントに見えるが、数釣りが楽しめる

上野村地区·乙父大橋上流の流れ。川幅は広くないため８ｍ前後のサオが使いやすい

んでいる。

●上野村地区・田平橋～乙父大橋

田平橋下は石も大きく、川相のよい変化のあるポイントが続く。解禁当初は数釣りが楽しめ、後期は大アユも掛かる。川幅は広くないので８ｍ前後のサオが使いやすいだろう。乙父大橋上流の左岸側にある上野村へき地診療所前から河原に降りられ、駐車スペースも広い。

上野村へき地診療所前付近の流れは、浅いザラ瀬続きになっている。一見するとつまらないポイントだが、数釣りが楽しめる流れなので見逃せない。前後に見た目のよい流れがあるせいか、釣り人も少なくおすすめだ。引き釣りや泳がせ釣りで流れを筋状に探るか、オトリを横に泳がせると効果的。

乙父大橋のすぐ上は瀬で、水深も流れもある上野村地区の本命ポイント。解禁当初から実績が高い（松田）。

神流川・上野村地区

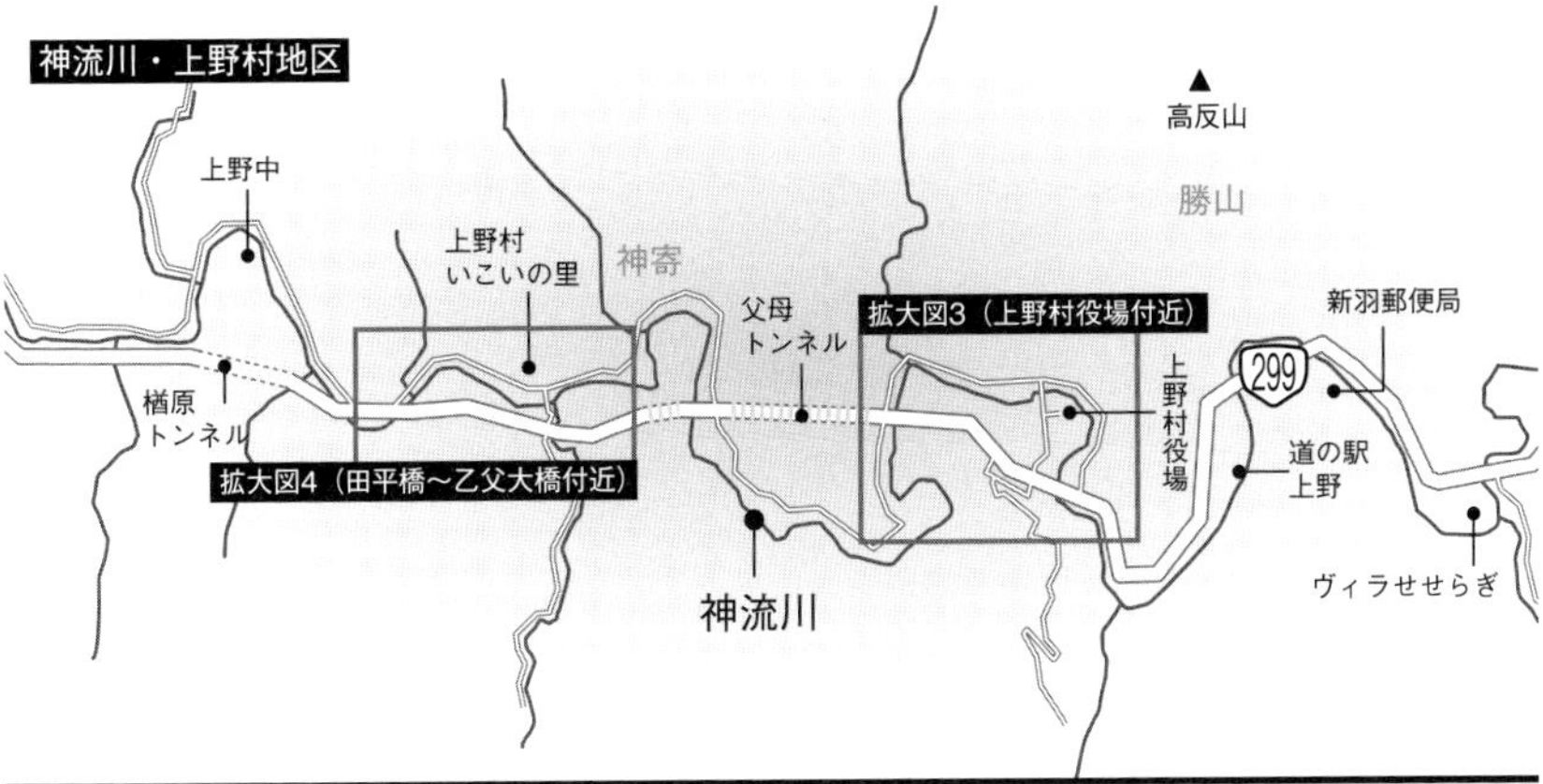

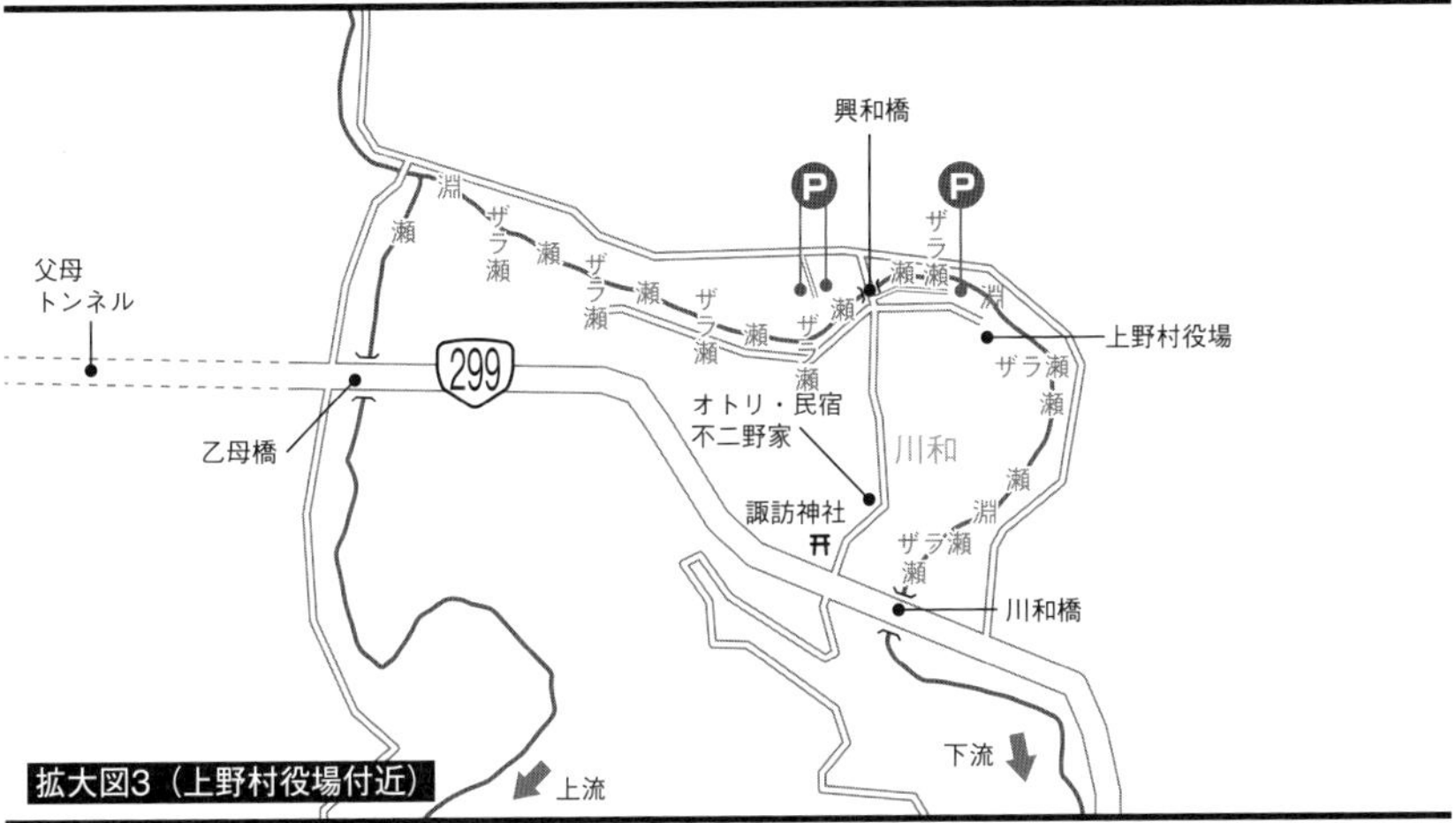

拡大図3（上野村役場付近）

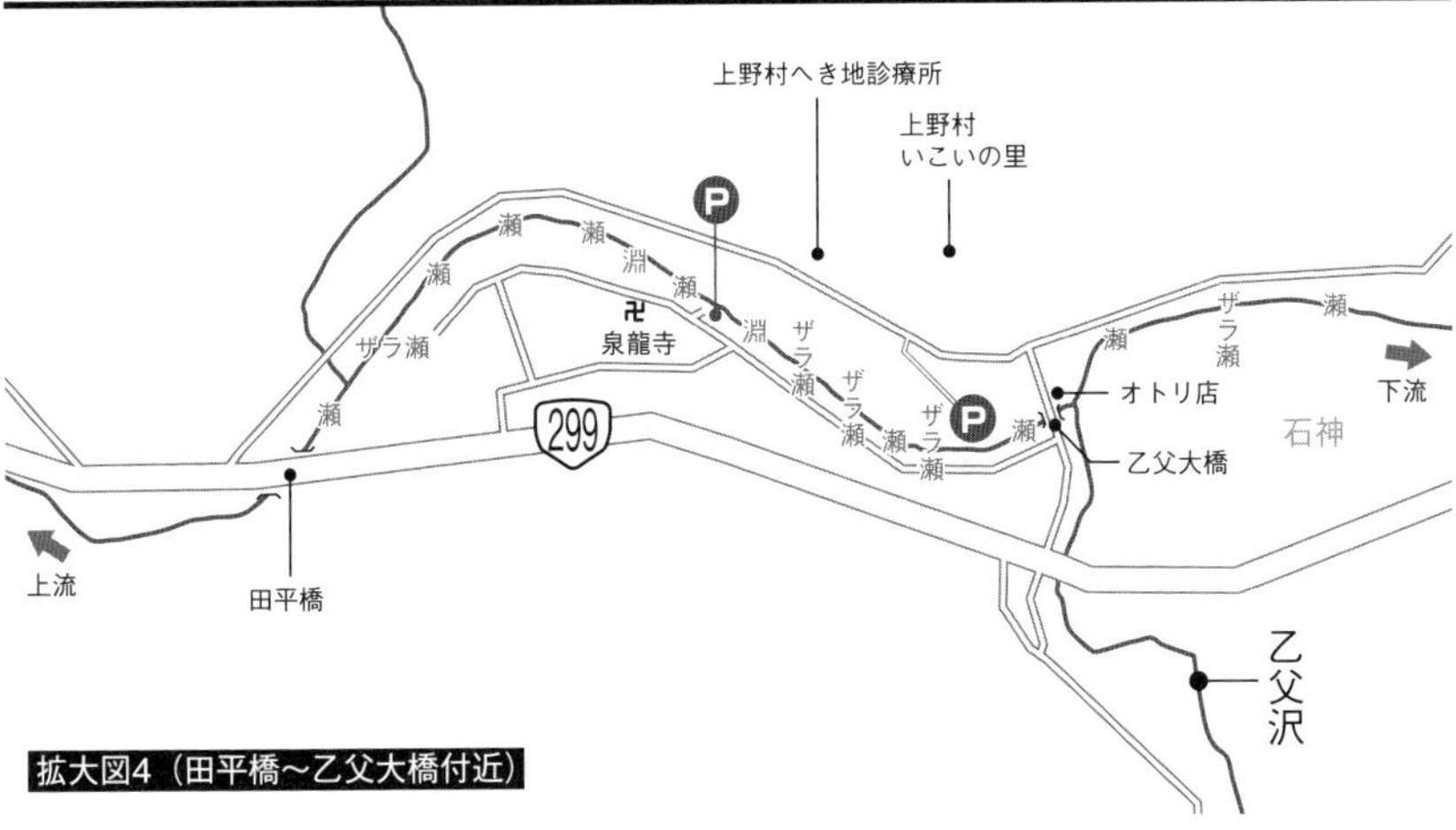

拡大図4（田平橋～乙父大橋付近）

●群馬県

南《なん》牧《もく》川

短ザオでねらう渓流相の小河川。良質のアカがアユを育む近くにオトリ店がなく釣り人も比較的少ない穴場的存在

南牧村集落を流れる南牧川。早春はヤマメ釣り場にもなる渓流相の小河川だが、アユでは穴場的な川でもある

良質のアカが付くせいか釣れるアユも美味

利根川に注ぐ烏川の支流・鏑川が群馬県下仁田町で二分した流れの一方が南牧川だ（もう一方は西牧川）。本流筋は西牧川であるが、南牧川のほうが水もきれいで釣果もよく、アユ釣り河川としては人気が高い。

南牧村集落を流れ、早春はヤマメの釣り場にもなる渓流相の小河川といえるが、多くの支流が流入する豊富な水量と、岩盤、玉石、小石が適度に混じる川底は、アユをねらうのにも適している。

information

●河川名　利根川水系鏑川支流南牧川
●釣り場位置　群馬県甘楽郡南牧村
●解禁期間　6月14日～12月31日
●遊漁料　日釣券3000円（解禁～6月末まで）、2500円（7月1日～）・年券1万1600円
●管轄漁協　上州漁業協同組合（Tel027-322-3041）
●最寄の遊漁券取扱所　ニツ橋猛（Tel0274-82-4807）、つりピット！（Tel027-384-3390）
●交通　上信越自動車道・下仁田ICを降り国道254号、県道45号経由で南牧村方面へ

水質は上州の河川の中ではトップクラスのため良質のアカが付き、魚の成長も早く、釣れるアユも大変美味といえる。ただ、入川場所や駐車スペースが少なく、オトリ店が近くにはないのが難点。そのぶん、どちらかというと穴場的な河川となり、釣り人もそれほど多くないので、清冽な流れでのんびり釣りたい派にはおすすめである。

川岸の頭上の木々が邪魔になる場所も多少あり、水量も少ない河川なのでサオは8m前後が釣りやすいだろう。それでは、私のおすすめする3ポイントを紹介したい。

●桧沢大橋～磐戸橋周辺

桧沢大橋から磐戸橋周辺は放流量も多く、実績の高いポイント。磐戸橋すぐ下の淵には群れアユが見える場合もあるが、静かにアプローチして泳がせ釣り主体で流したい。淵や岩盤に見える群れアユは、なかなか追わないケースも多いので粘るのは禁物。淵より下流の段々瀬から下流の本命ポイントへ歩を進めたい。

下流は波気のある瀬のポイントで、大石周りを主体に流すとよいだろう。磐戸橋下流約３００ｍに小さな橋が架かっているが、その前後はトロ瀬と落差のある瀬になっていて、変化の多い川相になる。さらに下流にはザラ瀬と淵のポイントが続く。

基本的に足を使っての拾い釣りで、小さなポイントを丹念に探りたい。水の透明度が高く、川幅は狭く釣りにくい場所も多い。右岸、左岸のどちらからねらうかを事前に決め、慎重にアプローチしたい。

磐戸橋から桧沢大橋の間も魚影は多く人気のあるポイント。流れが左岸側に寄っているので、右岸立ちで流す。桧沢大橋のすぐ下で合流する桧沢川ではほとんどアユ釣りはしない。桧沢大橋より上流は、川幅は狭くなるが瀬が続く。なるべくポイント荒らさないように立ち込まずオトリを流したい。袋ダモを使うと拾い釣りには便利だ。

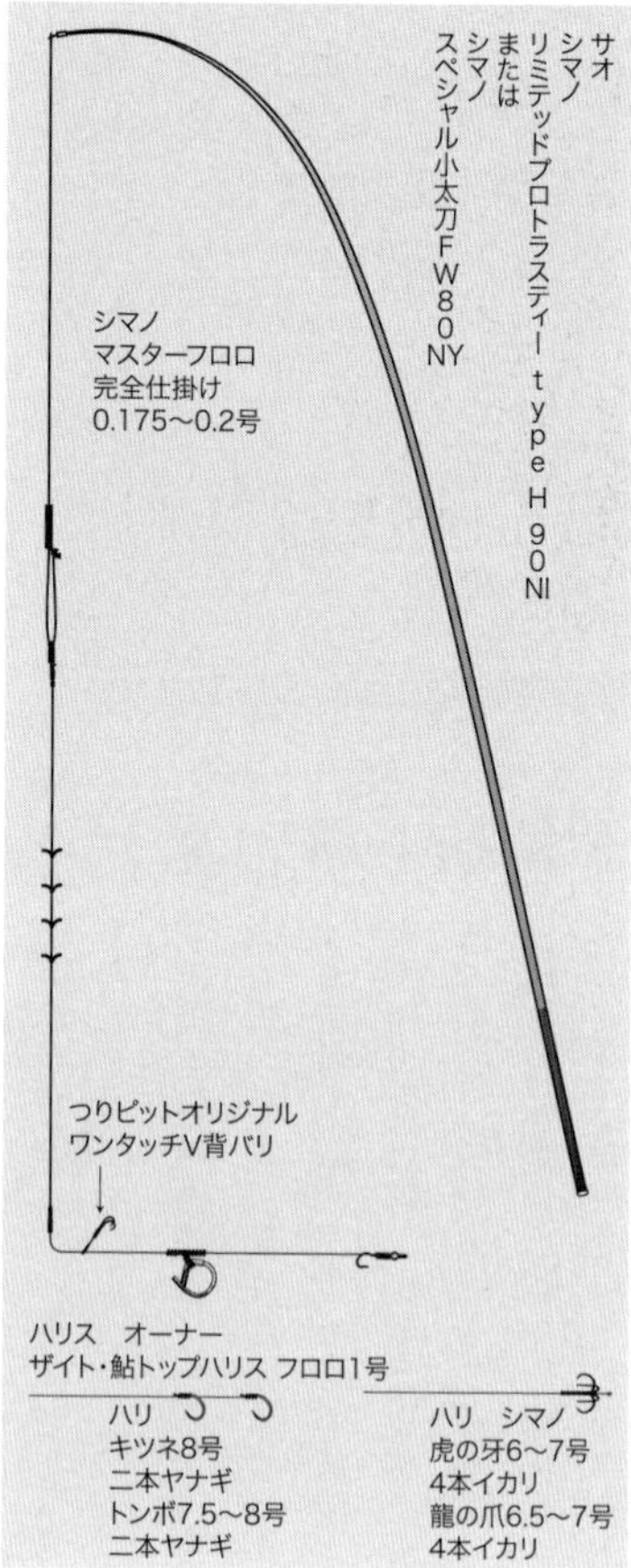

●火とぼし橋～稲荷橋周辺

火とぼし橋（＝通称。大日向橋）から上流は比較的石も大きく、落差のある川相の1級ポイントで人気が高い。

火とぼし橋から稲荷橋の間は頭上の木々が気になる場所もあるが、岩盤層とザラ瀬が続く。岩盤の溝など、できるだけ水深のある場所がねらいめになるが、水温の上昇する午後などは浅い流れも見逃せない。

透明度が高く浅い流れなので掛かる瞬間が丸見えとなり、見釣り感覚も楽しめる。ナイロンやフロロで、小さなポイントを狭い範囲で極力自然に泳がせ、群れアユの動きをチェックしながらじっくり流したい。

稲荷橋下流は橋のすぐ下から50ｍくらいまでが本命ポイントで、それより下流は釣り人の姿とともに魚影も少なくなる。ただ、水量が多い時は拾い釣

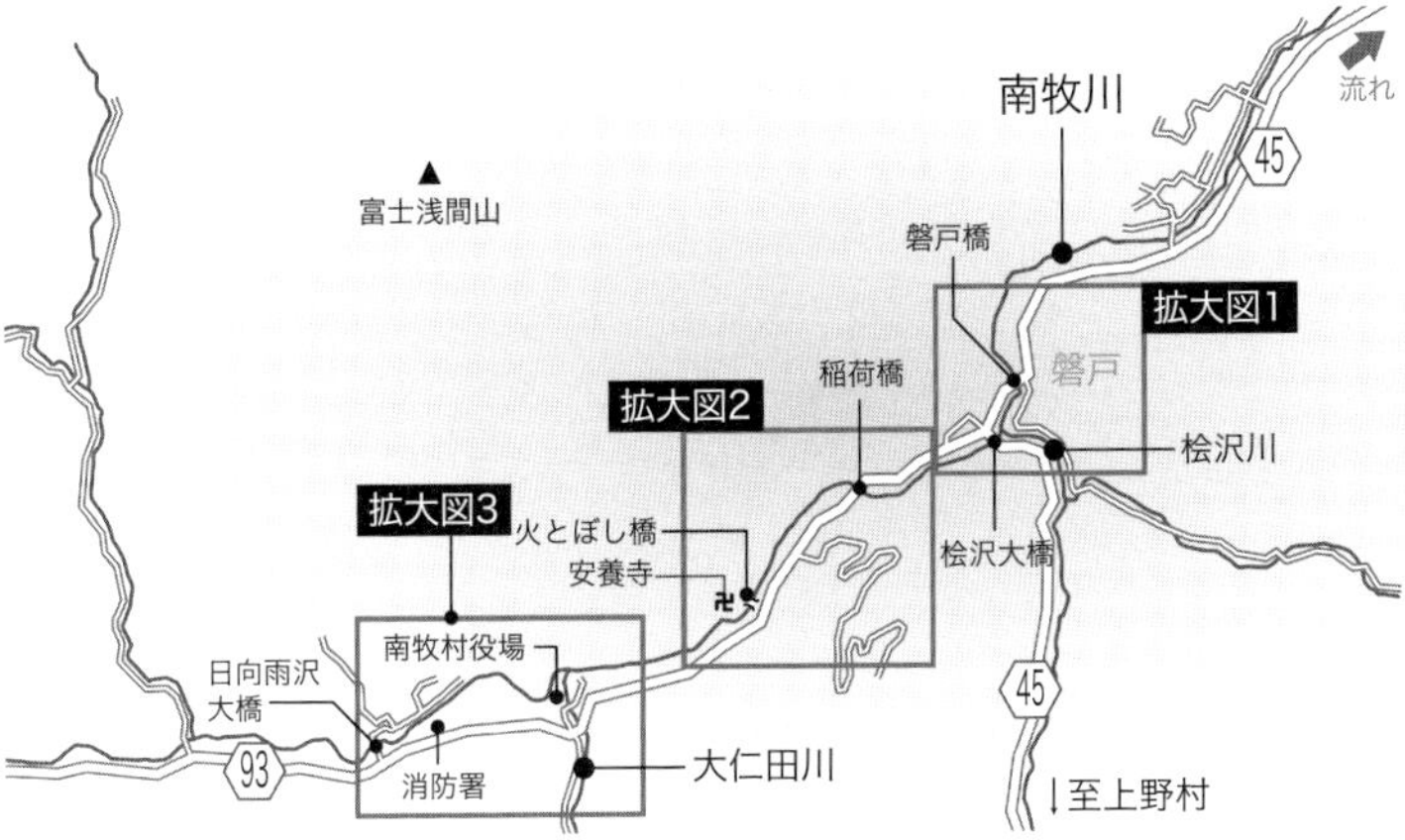

りで探ってみると、良型が顔を見せることもある。

●日向雨沢大橋～南牧村役場付近

日向雨沢大橋左岸すぐ上で河川に車で降りられる。広い駐車スペースもあるので入川しやすい。

解禁当初に実績が高いポイントで、橋上流は大きな石が点在するが川幅が狭くなる。7～8mの短めのサオで、足を使って釣り上がる拾い釣りスタイルがおすすめだ。

日向雨沢大橋から下流の南牧村役場裏付近までの区間は比較的開けていて、浅い淵とザラ瀬などの流れが多い。増水時はアカ付きのよい大石や岩盤がねらいめ。逆に渇水時などアカ腐れ気味

桧沢大橋より下流を望む。放流量も多く実績の高いポイントだ。奥に見えるのは磐戸橋

磐戸橋から上流に架かる桧沢大橋を望む。橋下の淵は静かにアプローチして泳がせ釣り主体で流したい

の場合は釣りにくくなるが、そんな時は小石底をねらってみるとよい。いずれにしても浅い流れが多いので、静かなアプローチを心掛けたい。

　釣り方も、オトリを上流に泳がせるか、逆に下ザオにしてオトリを横にスライドさせるなど、なるべく立ち位置を変えずオトリを広範囲に泳がせるとよい。

　なお、南牧川流域には２０１５年１月現在オトリ店がなく、西牧川合流より下流の鏑川流域（下仁田駅の下流、東部大橋右岸側の山側に少し登った場所）にあるオトリ店で購入しなければならいので注意されたい（松田）。

火とぼし橋下流のポイント。岩盤層とザラ瀬が続く川相となる

上流から稲荷橋方向を望む。透明度が高く浅い流れなので、見釣り感覚の釣りも楽しめる

南牧村役場付近の流れ。浅い淵とザラ瀬が続くので静かなアプローチを心掛けたい

拡大図1（桧沢大橋〜磐戸橋周辺）

拡大図2（火とぼし橋〜稲荷橋周辺）

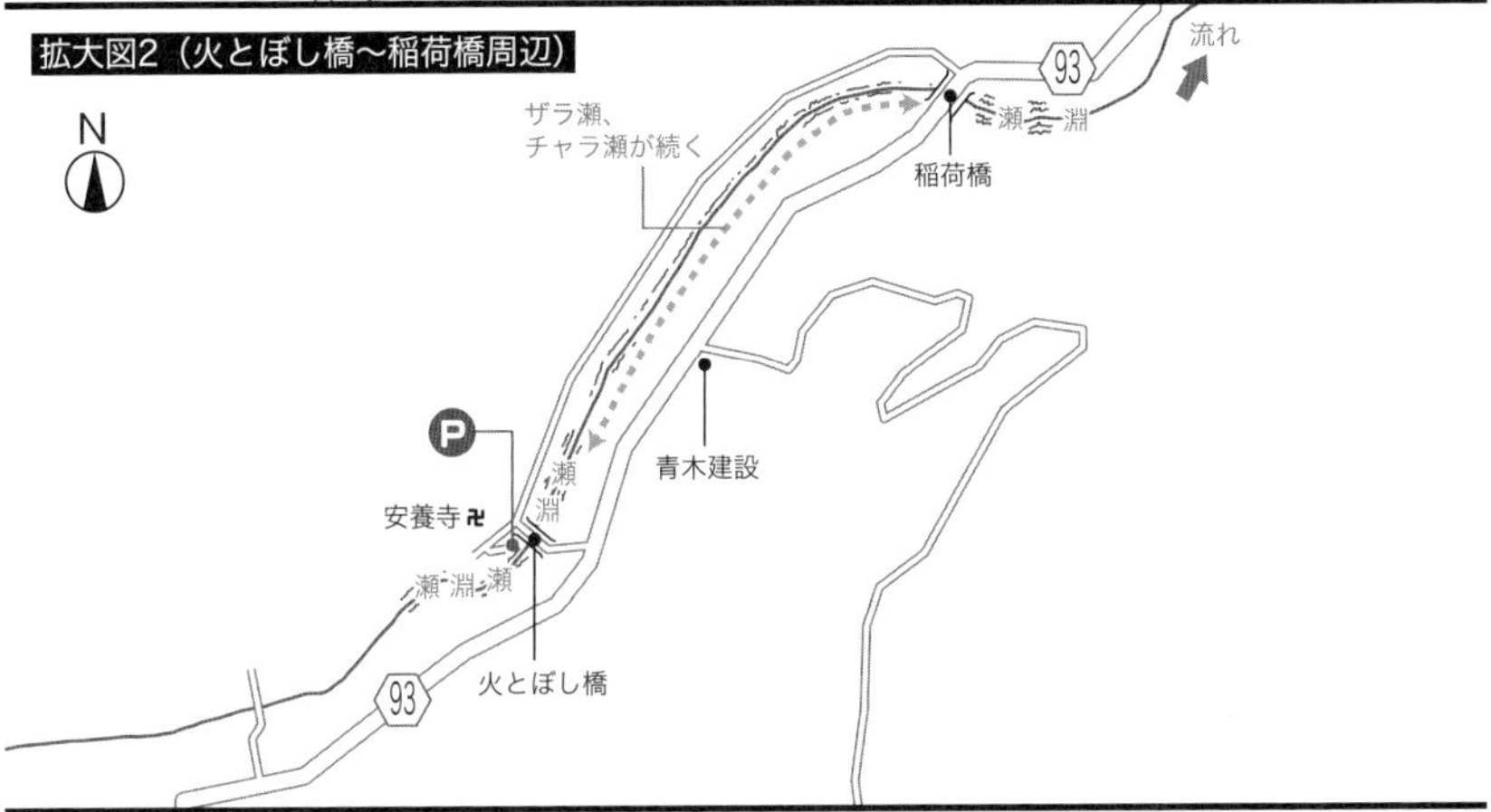

拡大図3（日向雨沢大橋〜南牧村役場周辺）

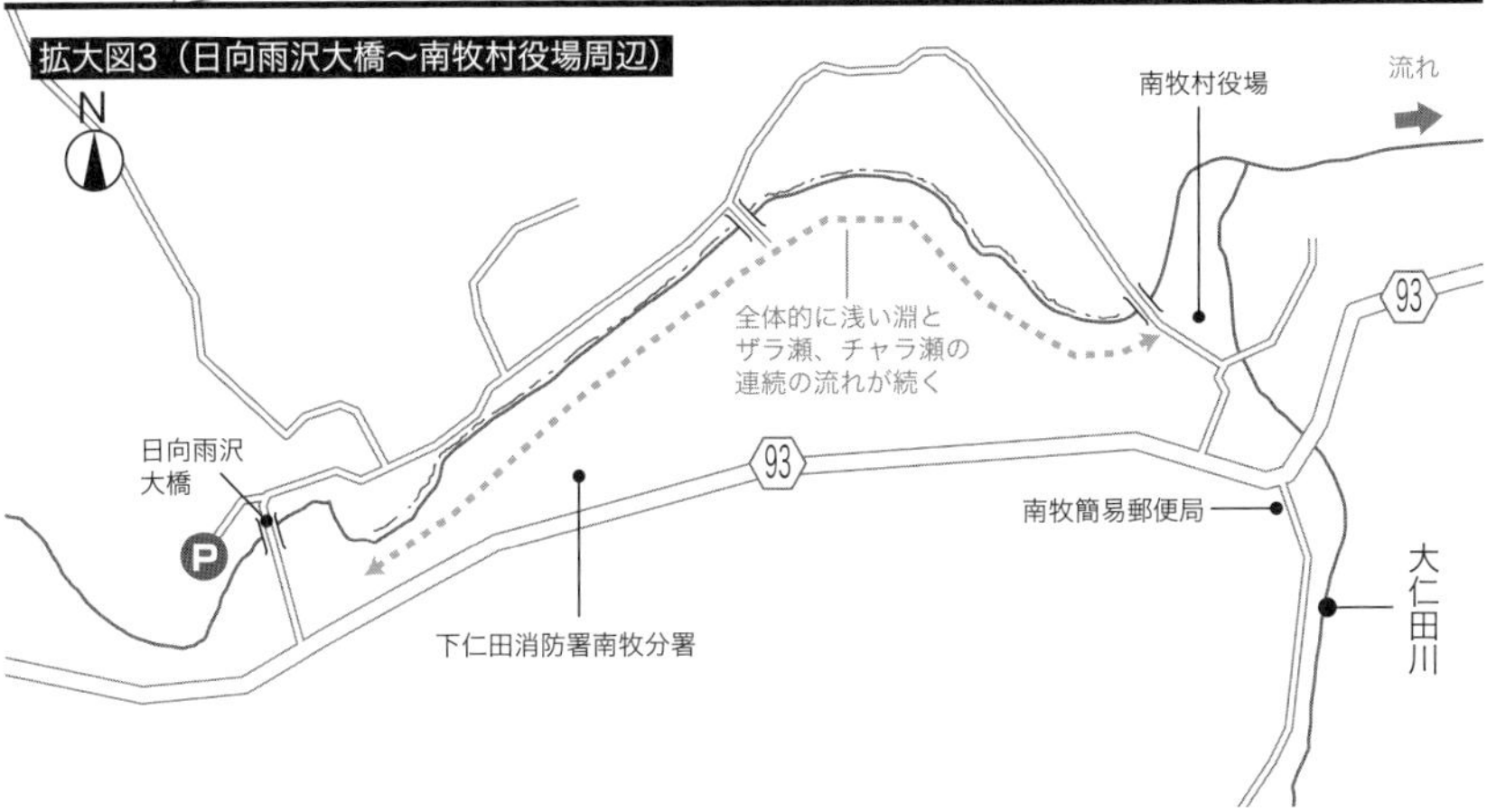

舘谷地区でもメインの釣り場となる小峰オトリ店前の流れ

●東京都

秋川《あき》

子どもが泳げる東京の川。水質&アユも美味
評判の富山産アユを細イトの泳がせ釣りでねらう

秋川は多摩川の最大支流。東京で唯一の村となる檜原《ひのはら》村から流れ出し、あきる野市を西から東に貫き多摩川に合流する。東京の川でありながら、子どもが泳げるほど水質はよく、アユも美味しいし釣り人も多い。さらに都民の川遊びの場としても人気が高い。

川相は全体的にはフラットな流れだが、場所により岩盤の瀬が続いたり、魅力的なポイントも多い。例年、秋川や多摩川でアユは産卵し、孵化した仔魚は東京湾で春を迎える。そして桜の花びらが流下する頃になるとソ上を開始する。

１００万とも２００万尾ともいわれる大量の天然ソ上アユが、多摩川河口から上流の秋川などを目差して上がってくるが、残念ながら多摩川にあるいくつもの巨大な堰に阻まれ、秋川に到達するアユはごくわずかだ。そのため現在の秋川は１００％放流河川ということになる。

秋川漁協では２０１４年に、試験的に富山産のアユを放流した。門外不出といわれる富山産のアユを、秋川漁協役員の幾度にも渡る粘り強い交渉で、初めて秋川に放流できたのだ。

秋川に放流する全量の4分の1程度だったが、解禁からしばらくして掛かったアユは口が大きく、いかつい顔をしたまさしく富山・神通川のアユの顔だった。サイズもよく、食べても今まで以上に美味しかったと評判は上々のようで、２０１５年は富山産を3倍に増やすとのこと。楽しみが増えた。

初期のアユは群れる傾向にあるので、

例年決まった場所で釣れることが多い。オトリ店で釣況を確認したり、実績のあるポイントを見ておくなどして次回の釣行に役立てたい。

アユのサイズは6月初めの解禁当初で17、18㎝とまずまず。秋川は例年大アユの釣れる川としても知られており、7月下旬に24・5㎝、8月下旬には27・8㎝と、その年の天候などにもよるが、小河川ながら時折尺アユが出る。それを目当てに訪れる釣り人も多い。

釣り方は、小河川なので細イトでの泳がせ釣りが中心となる。ハリは群れアユねらいであればヤナギがよい。ハリ先に注意し、痛んだと思ったら研ぐか、交換するようにしたい。

放流は上流の檜原村から多摩川との合流点まで、約18㎞間に4t前後がまんべんなく放流される。一般的な釣り場としては、駐車スペースやアクセスの関係から五日市地区から下流がおすすめとなる。

●人気の西秋留・舘谷地区

西秋留地区は圏央道・あきる野ICからすぐのポイントで、駐車スペースも充分にあり人気が高い。サマーランド横の堰から圏央道下流までがねらいめ

圏央道・あきる野ICからすぐアクセスできるサマーランド横の瀬

舘谷地区にある「ナカトギ」下流の川相

information
●河川名　多摩川水系秋川
●釣り場位置　東京都あきる野市
●解禁期間　6月第1土曜日～12月31日
●遊漁料　日釣券2000円・年券8000円
●管轄漁協　秋川漁業協同組合（Tel042-596-2215）
●最寄の遊漁券取扱所　小峯オトリ店（Tel042-596-1124）、松本商店（Tel042-596-1397）、網元（Tel042-558-0912・サマーランド前）
●交通　首都圏中央連絡自動車道・あきる野ICを降り、国道411号、県道7号を経由し檜原街道（県道33号）で上流部へ

あゆみ橋より上流を望む。バーベキューランドがあり、土日は川遊びでごった返す

秋川橋下流の流れ。ここは五日市駅から歩いて5分ほどと電車でも通える

となる。川原が広く、下流域ながら瀬にはよい石がゴロゴロと入っており、アユの成長も早い。9mクラスのサオで泳がせで釣ると数が伸びるだろう。

舘谷地区は秋川では最も人気のあるエリアで、駐車スペースもかなりある。河原を最下流まで行った所に車を停めると、その少し下流に瀬がある。ここは例年実績のあるポイントだ。その下流のトロ場もアユが多く、泳がせでよく釣れる。

メインの釣り場は小峯オトリ店前の流れで、広く人気の釣り場だ。岩盤と大石が入った流れは、解禁日などには

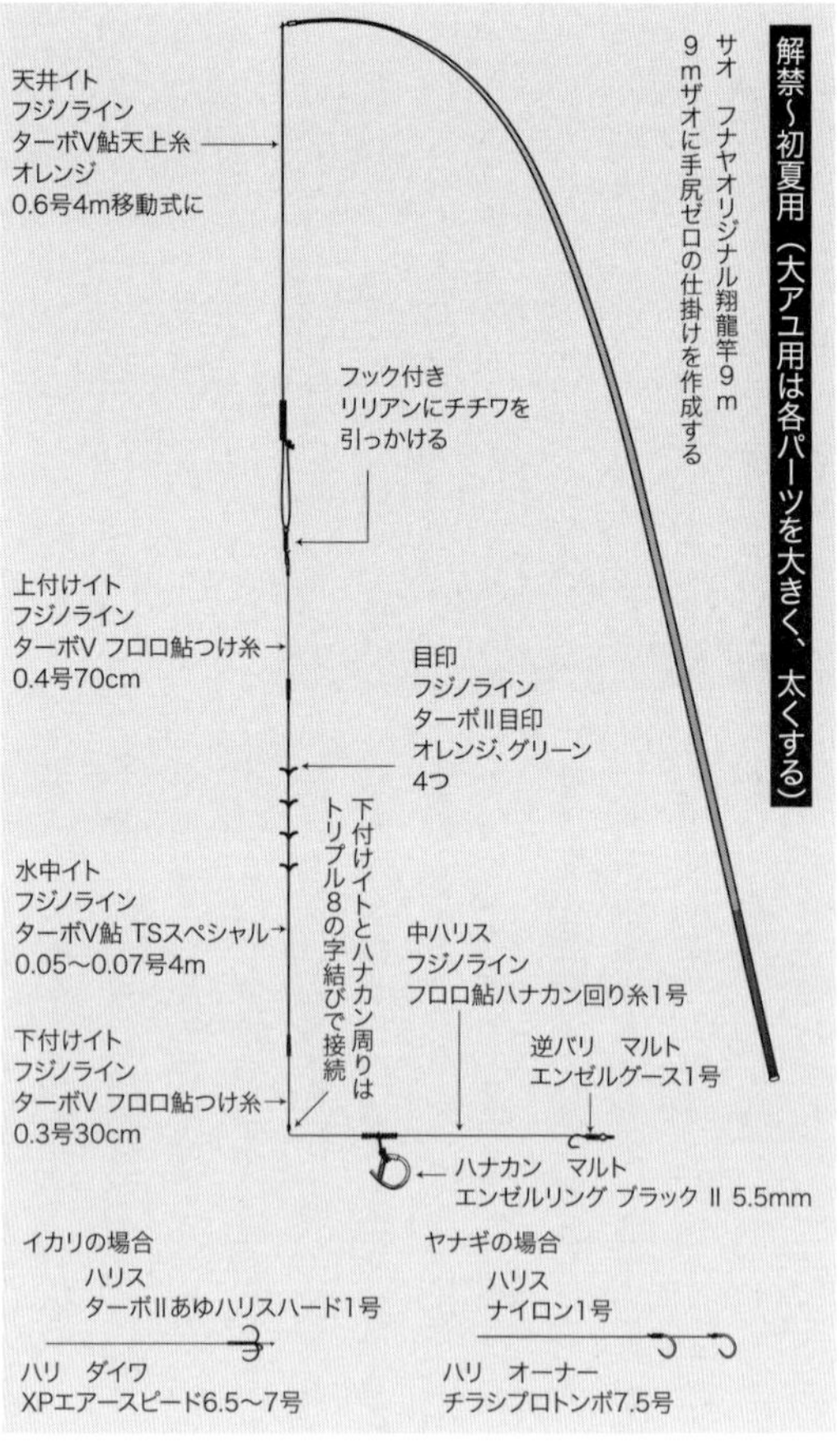

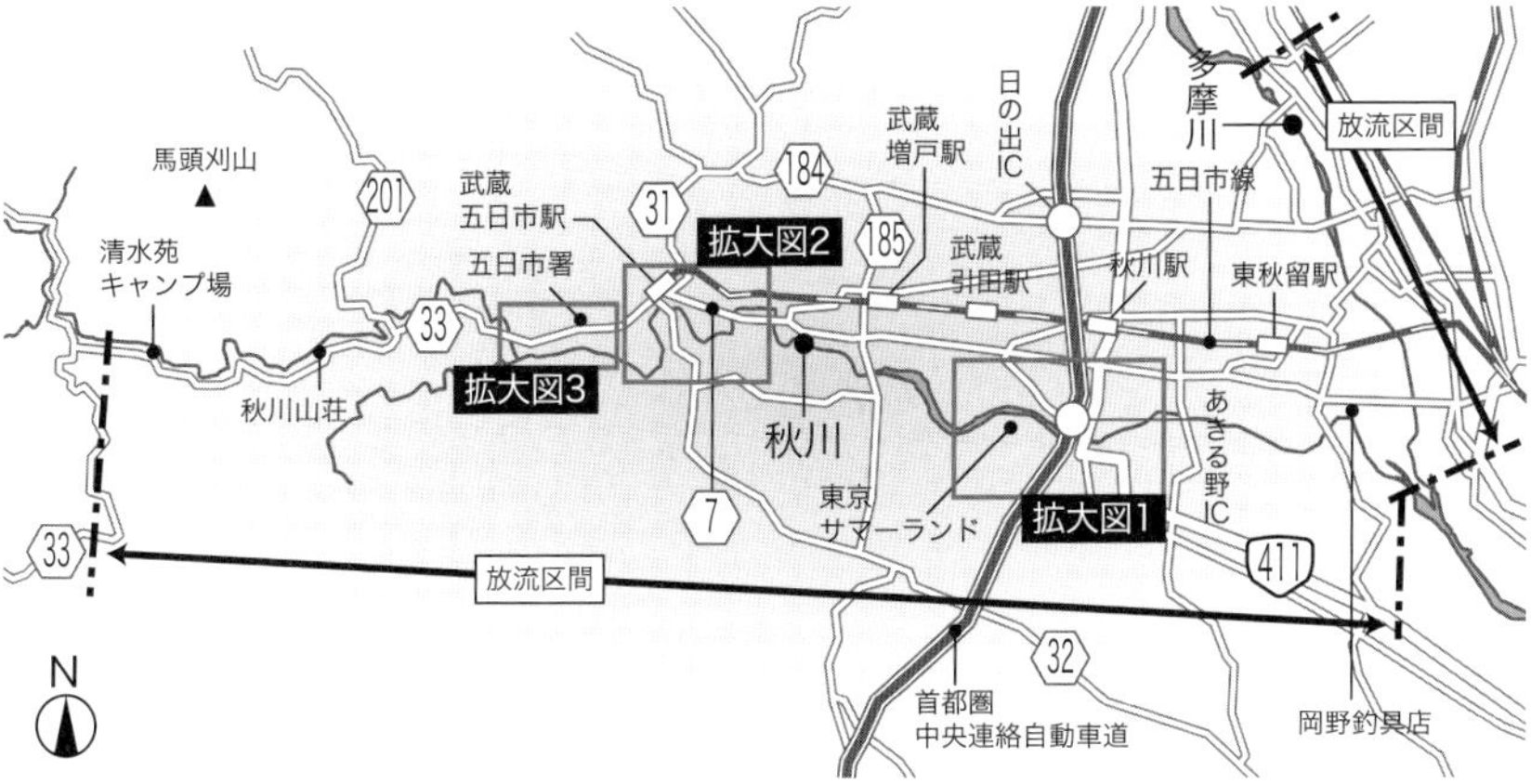

4列に釣り人が連なる泳がせポイントで、その上流は秋川には珍しく長くとてもよい瀬が続く。左岸側が崖で右岸からしかサオをだせないので、目の前から対岸のヘチまで探ることが可能だ。その数100m上流には堰があり、この上下流もアユが多い。

　上流に架かる秋川橋周辺もおすすめだ。ここはJR武蔵五日市駅から歩いて5分ほどの場所で、昔から電車で来る人が多い。私が早朝の電車で出勤する際、シーズン中は何人もの友釣りマンが電車から降りてくる。

　橋のたもとの松本商店（オトリ店）で着替え、1日たっぷりと釣りを楽しみ、ビールでも飲みながらのんびりと電車に揺られて帰るのも乙かもしれない。松本商店では荷物も自己責任だが預かってくれるのも、電車組のリピーターが絶えない理由だろう。また、釣り客用に駐車場を5、6台分確保してくれているので、店主に聞いてみるとよい。

　秋川橋上流はバーベキューランドがあり、土日は川遊びでごった返す。したがって平日か早朝、また川遊びが帰った夕方に釣りたい。地元の人は朝と夕方だけに的を絞り、かなりの数を手にしているようだ。

●佳月《かげつ》橋近くは穴場的な釣り場

　五日市地区の上流域は佳月橋周辺が川相もよく、放流量も多いのでおすすめである。橋の下流左岸の川原にオトリ店がある。毎日川を見ているので、状況を聞くとよいだろう。そこから下流の小和田橋までは平瀬が続き、群れアユが多い。オトリをうまく群れに馴染ませれば掛かるので、数を伸ばすことも可能だ。

　佳月橋の上流は岩がゴロゴロと顔を出す秋川の中でも変化に富んだ流れとなる。ただ、両岸から木が被さっており、上に注意して天井イトを絡めない

下流より佳月橋を望む。周辺は川相もよく、放流量も多いのでおすすめ

佳月橋より上流を望む。岩がゴロゴロと顔を出す変化に富んだ流れが続く

2014年より放流されている富山産アユ。精悍な顔付きが印象的だ

ようにしたい。場所によっては川の真ん中から両際を釣る場合もあるので、地元の人の釣りを見て、どの場所からどこを釣っているのかを真似するのも手だ。その上流のキャンプ場前は、川が開けて釣りやすくなっている。

さらに上流は有名な黒茶屋前で、巨大な岩が点在し、東京の川でアユ釣りをしていることを忘れるロケーションが広がっている。駐車スペースは佳月橋近くの川遊び向けの有料駐車場が利用できる。一般の釣り人はあまり入らないので、穴場的な釣り場といえる。

秋川は全般的に浅く透明度も高いので、水中も視認できる。そのせいか群れアユ化する傾向がある。川をよく見て、アユがいる所、あるいはいそうな所をねらうのが基本的なねらい方だ。

また、アユが付く場所はほぼ決まっているため、釣れるポイントを見つけると次回も釣果を期待できる。人が釣った場所も覚えておき、次回同じような時間に、同じような釣り方をしてみれば高確率で釣れるだろう。また、例年7月下旬には追加放流もあるので、放流日を事前に調べておくとよい。

東京の川とは思えない美しい風景は、地方の川に負けない魅力がある。ぜひ秋川で釣りをしてみてほしい（古山）。

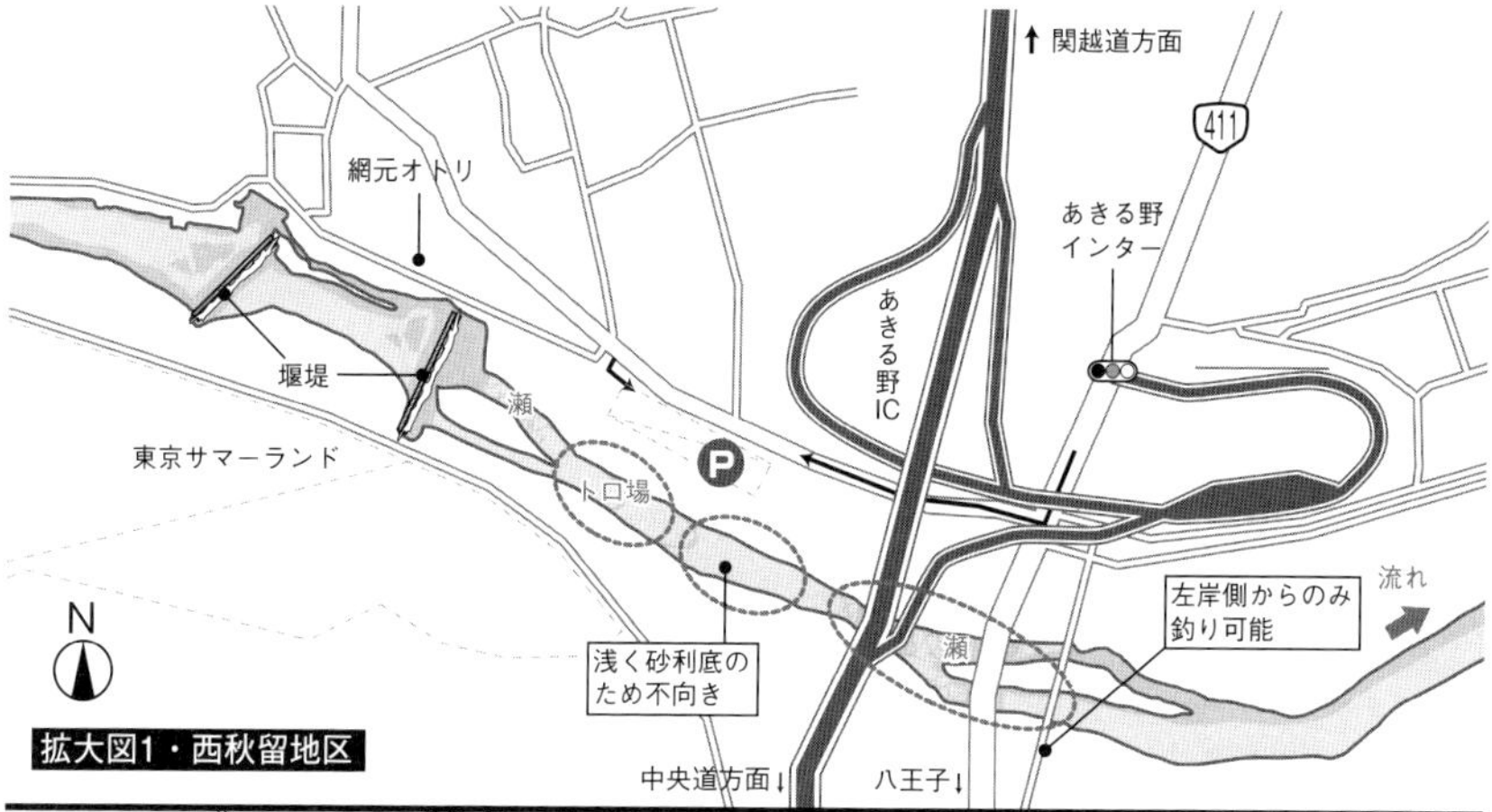

拡大図1・西秋留地区

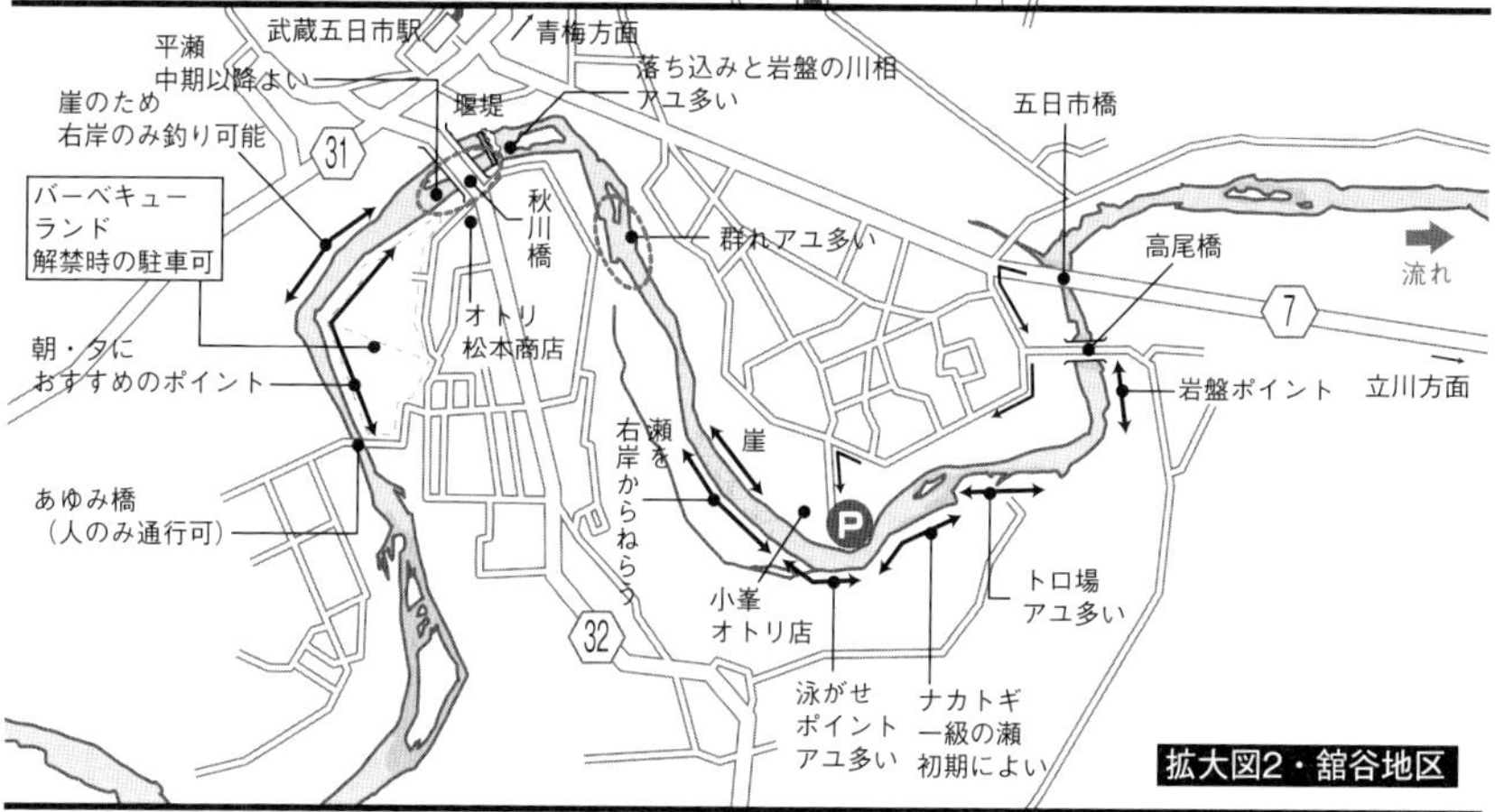

拡大図2・舘谷地区

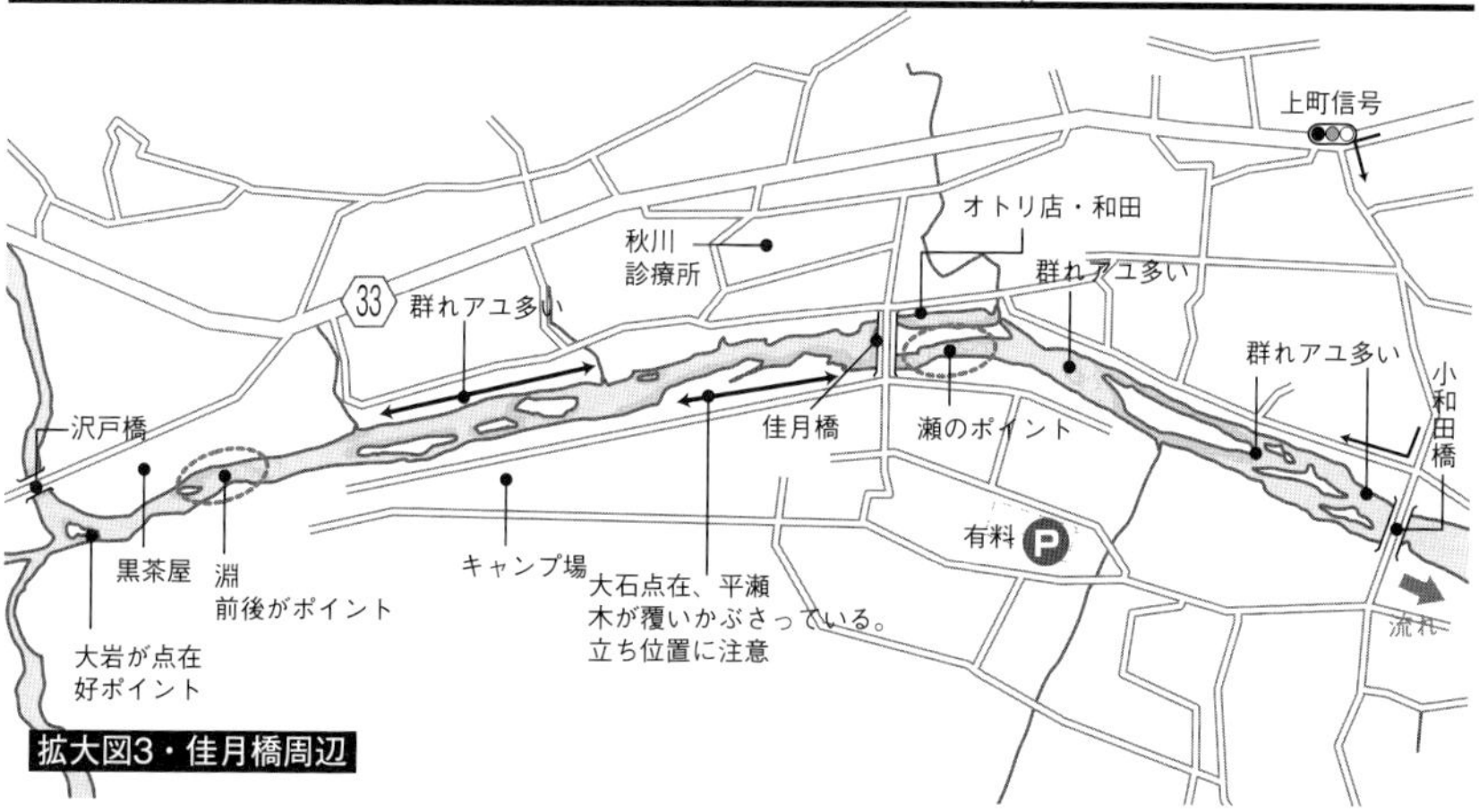

拡大図3・佳月橋周辺

●神奈川県

相《さ》模《が》川《み》

初期は数釣り、盛期以降は尺アユねらいの大もの釣り場 大アユねらいは細イトNG。大雨後は濁りの回復に注意

新昭和橋下流の流れ。2014年に友釣り区として新設された。この区間の核心釣り場

相模川は、山梨県山中湖から発する桂川が神奈川県津久井湖下流から相模川と名前を変え、相模湾に注いでいる。津久井湖からの流量は毎秒25t程度と中規模河川であり、友釣り区は津久井湖下流の小倉橋から昭和橋までの約10kmで、相模川第一漁業協同組合が管轄している。

首都圏近郊河川ではあるが、漁協の豊富な放流と天然ソ上アユにより初期には数釣りが楽しめ、盛期以降は特に大アユ釣り場としての人気が高い。昨年（２０１４）もお盆以降は全域で20～25cmの数釣りが、終期には上大島地区で25～28cmの大アユの引きが楽しめた。20尾も釣ると、釣り終わりにタモに落としたアユのずっしりとした重さが大きな満足感を与えてくれる。

●数釣りが楽しめる下流域

釣り場だが、下流から昨年に友釣り区となった昭和橋、望地、高田橋、葉山、上大島の5地区に分けられる。上大島の下流に寒沢という釣り場があるが、一昨年（２０１３）の出水時に瀬がなくなり、昨年はサオをだす人がいなくなった。まず下流域の昭和橋地区から紹介する。

昭和橋～水道橋は昨年友釣り区として新設されたが、まだ釣り人は比較的少ない。釣り場の中心は、右岸本流の国道１２９号の新昭和橋下流周辺だ。ここにはオトリ店から分流を渡り、10分ほど上流へ歩かなくてはならない。

橋直下の瀬から瀬落ちとなり、ふたたび瀬、平瀬、瀬と続き、昭和橋まで

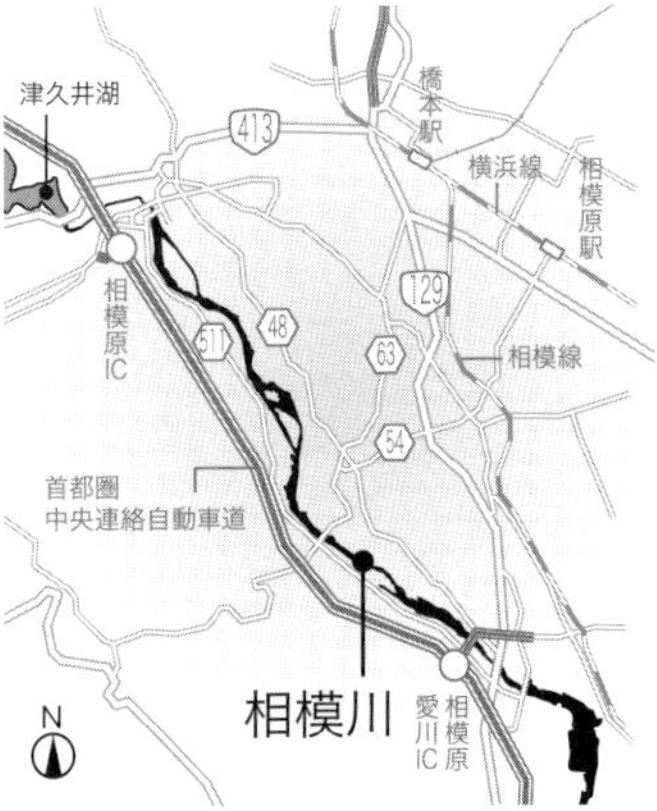

「高田橋の一本瀬」の中段から上流方面を望む。放流量も多く、各メーカーのアユ釣り大会も行なわれる

の大トロとなり変化に富む。この周辺を釣り歩けば、盛期以降も22～23㎝の型揃いが20尾程度は出る。左岸分流も数は望めるが、本流よりも型が落ちてしまう。この地区は初期～秋期とも釣り人も少なく数が出る穴場。なお昭和橋下流はコロガシ区となる。

交通だが、圏央道・相模原愛川ICを町田方面に出る。出口の下当麻交差点を右折すると300mで昭和橋。橋手前の信号を左折すると200mで川原への降り口があり、左岸橋下に昨年から昭和橋オトリ店が新設されている。周辺の駐車スペースは広い。

次に望地地区だが、昭和橋手前の信号を右折し、道なりに2・4㎞で左側にリバーサイド田名ホーム。ホーム脇の小道に入り道なりに進むと、相模川の土手に突き当たる。土手手前に望地オトリ店がある。

ここはオトリ店前の瀬が中心。左岸側に流れが寄り急瀬となっているが、瀬落ちにコンクリートブロックが突き出ていて、その前後がベストポジション。瀬肩から上流には長大なトロが1㎞以上続くが、瀬肩から100mくらい上流の通称・柳の前も盛期以降の大アユのポイント。またこの瀬の300mほど下流には平凡な平瀬があるが、人の少ない穴場的なポイントだ。

望地地区の上流が高田橋地区。放流量も多く、各メーカーのアユ釣り大会

information

●河川名　相模川
●釣り場位置　神奈川県相模原市
●解禁期間　6月1日～10月14日
●遊漁料　日釣券1000円・年券1万円
●管轄漁協　相模川第一漁業協同組合（Tel042-763-2726）
●最寄の遊漁券取扱所　昭和橋オトリ店（Tel090-3313-5366）、望地オトリ店（Tel080-3728-3332）、井上友鮎販売所（Tel042-762-4346）、相模屋水郷田名店（Tel042-762-0330）、斉藤おとり店（Tel042-783-0797）、上大島友鮎販売所（Tel042-761-9405）、友鮎の高橋（Tel042-782-3716）
●交通　下流域は首都圏中央連絡自動車道・相模原愛川IC、上流域は相模原ICからそれぞれ県道48、511号を利用

の会場でもある。昭和橋手前を右折して道なりにリバーサイド田名ホームを過ぎ、昭和橋から4・6㎞で上田名交差点。ここを左折して道なりで高田橋。橋手前の信号を右折し50mで井上友鮎販売所、さらに100m進み最初の十字路を右折で相模屋水郷田名店。また橋手前の信号を左折すれば川原へ降りられる。

ここは橋上流の瀬と橋下流1㎞の通称「高田橋の一本瀬」の2ヵ所がポイント。橋上流の瀬は急瀬から平瀬となり、右岸壁際に流れ落ちているが、この壁際の瀬落ちの深トロが一番人気。また小沢頭首工からこの瀬の瀬肩までトロが続くが、一昨年までは盛期以降に大アユが連発したが、微妙に川相が変わり昨年は不調であった。

高田橋の一本瀬だが、川原に降りて下流側へ進むと600mほどで分流に阻まれる。オフロード車なら越えられるが、一般車が立ち往生するのをよく見かけるので、手前で駐車するのが無難。この分流から一本瀬の瀬肩までのトロには、無数の跳ねアユが見られるが、夕方遅い時間までは掛からない。あまり相手になさらずに。

一本瀬は急瀬から瀬落ちとなり、最後に左岸側テトラへと落ちる2段となっている。コンスタントなのは瀬肩と瀬落ちだが、私が好きなのはテトラに落ちる直前の平瀬。ただし釣り人が多いので毎日釣れる場所が変わり、ポイント選択が難しい。

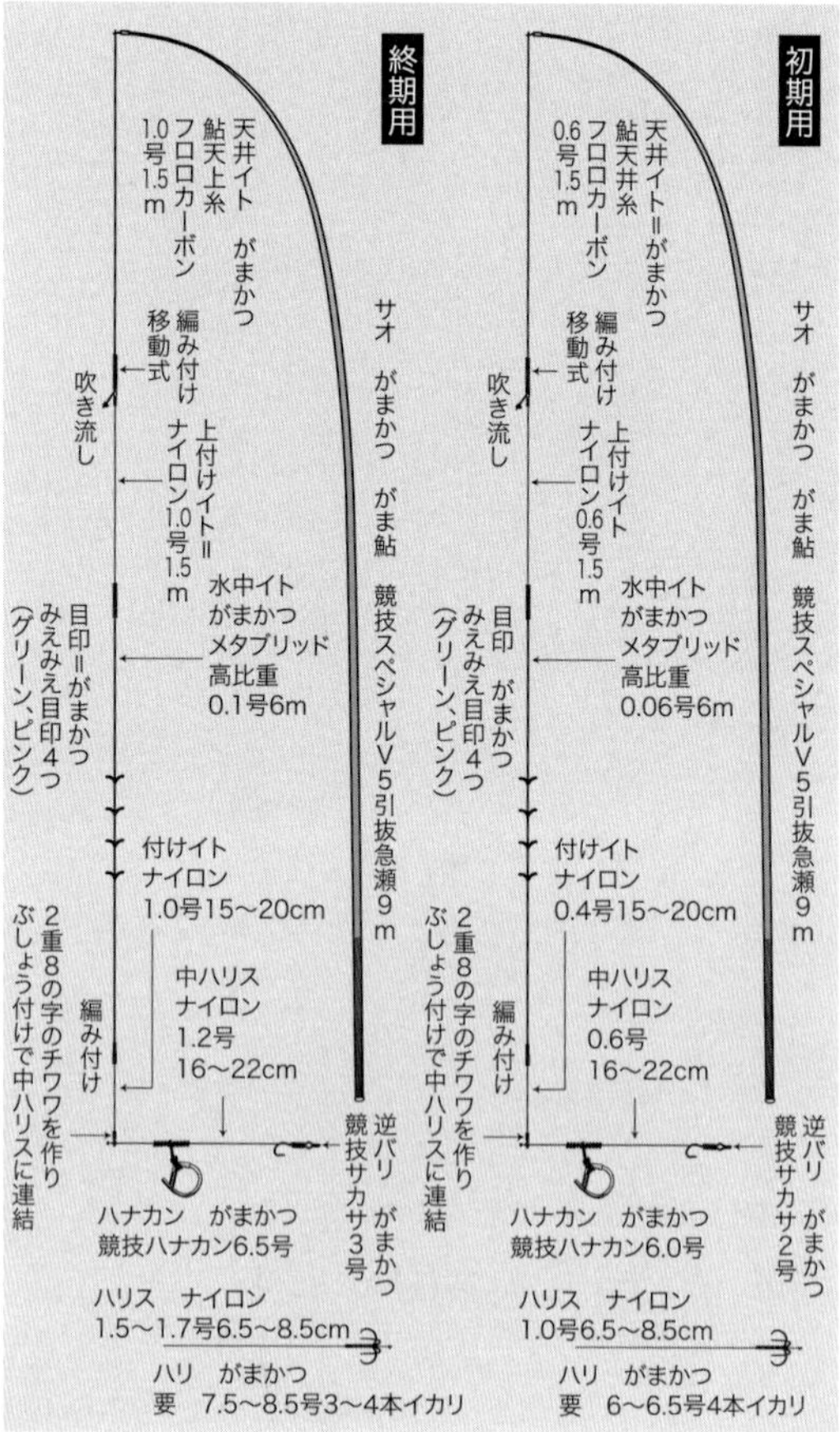

●尺アユの期待が大きい上流域

次の葉山地区だが、高田橋を渡り橋際の交差点を右折して2・4㎞で斉藤

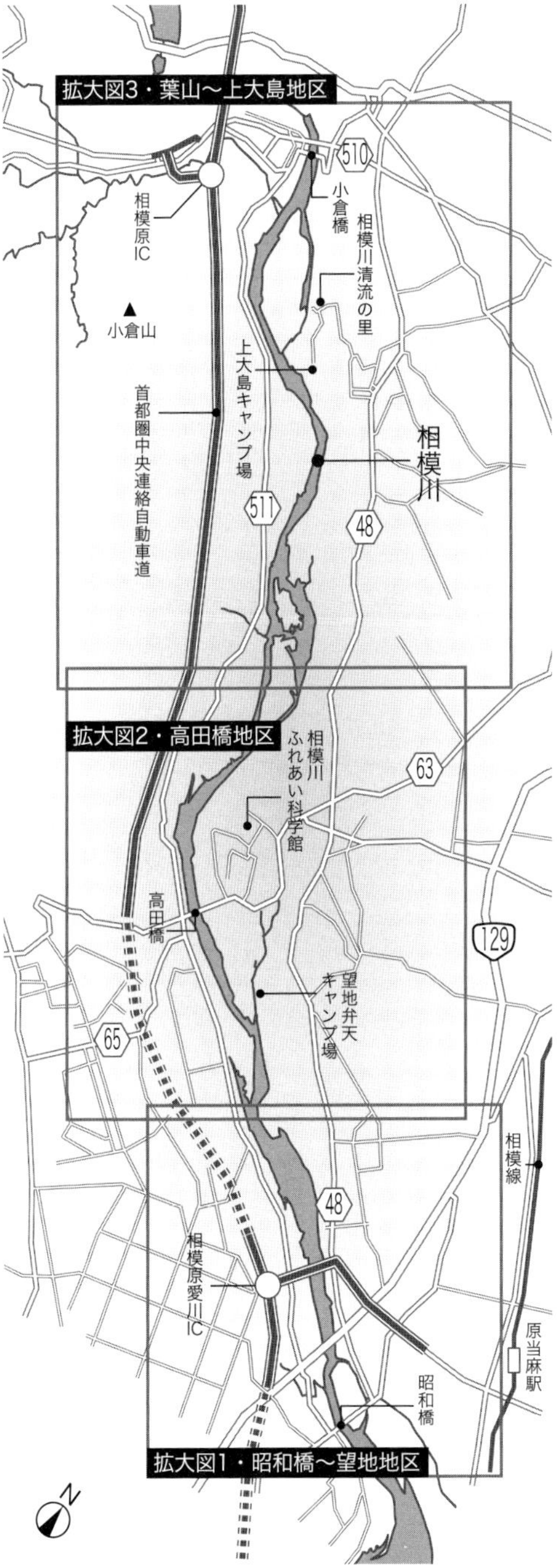

おとり店。さらに100mほど進み小道を右折すれば清水下頭首工直下の右岸側の土手に出て、葉山地区を一望できる。土手下の河川敷にも降りられ駐車スペースは広い。

葉山地区と最後に紹介する上大島地区は、下流域の3ヵ所とはやや色合いが違う。これまで紹介した地区ではあまり尺アユは期待できないが、この2ヵ所は期待できる。ただし数釣りには不向き。

清水下頭首工の瀬落ちから長いトロが続き、下半分くらいが人気の大アユ釣り場で両岸からサオが並ぶ。トロが終わり流れが分かれ、右岸側はチャラ瀬だが、左岸側には荒瀬がある。この荒瀬から瀬落ちで、当たり外れはあるが大アユが出る。トロ場でも大アユが出るが掛かるスピードが全く違い、瀬釣りに軍配が上がる。なお頭首工上流はアユの下りの時期までは魚影が少なく、また頭首工の上流からはさらに左岸側に分流があり、前述の荒瀬の落ちで合流している。ポイントもありサオ抜けだが型は小さい。

最後の上大島地区だが、相模川の巨アユのメッカ。昨年こそ尺アユは出なかったが、尺上が連発する年も珍しくない。昭和橋方面からなら上田名交差点をさらに3・3km直進した相模川自然の村入口信号を左折し、突き当たりを右折し急坂下を直進すると上大島友鮎販売所。また右岸側からは、高田橋の右岸交差点から約5kmの河原橋を渡り、川沿いに右折し川岸に出て左折すると友鮎の高橋がある。

　友釣り区の中でも、上大島地区が石も大きく最も変化に富んでいる。小倉橋下で右岸本流と左岸分流に分かれ、1kmほど下流で合流するが、今では左岸分流が水量も圧倒的に多い。左岸分流はすぐに荒瀬となり、瀬落ちのトロが諏訪の森下橋の下まで続く。この瀬落ちも大アユの人気ポイント。

　上大島友鮎販売所前の瀬も人気のポイントであるが、左岸側に新たにテトラが入れられ、今後は左岸側からは釣りづらいだろう。友アユ販売所下流には、急瀬が3段続いて本流と合流し「上大島の一本瀬」とつながるが、この辺りがメインステージ。昨年終盤も25cmを超える大アユが連発してサオを絞った。

　一本瀬の下流の鵜止まりの瀬が最下流。右岸側瀬肩が面白い。なお右岸側本流はすっかり水が細ってしまったが、サオ抜けを捜して小型なら数釣りは可能だろう。

　最後に、相模川の大アユをなめてはいけない。細イトで軽い気持ちで臨むと、すべてブレーク、仕掛けがなくなり一日を棒に振る羽目になりかねない。また上流のダムのため200mmを超えるような大雨の後は、2週間ほど釣り不可能となる時がある。釣行前には漁協などで情報を得ること（平井）。

葉山地区にある清水下頭首工を望む。
下流に続く長いトロは大アユが出る

「上大島の一本瀬」の流れ。急瀬が
3段続き本流と合流して流れ込む

諏訪の森下橋から下流を望む。瀬
落ちのトロが橋下まで続いている

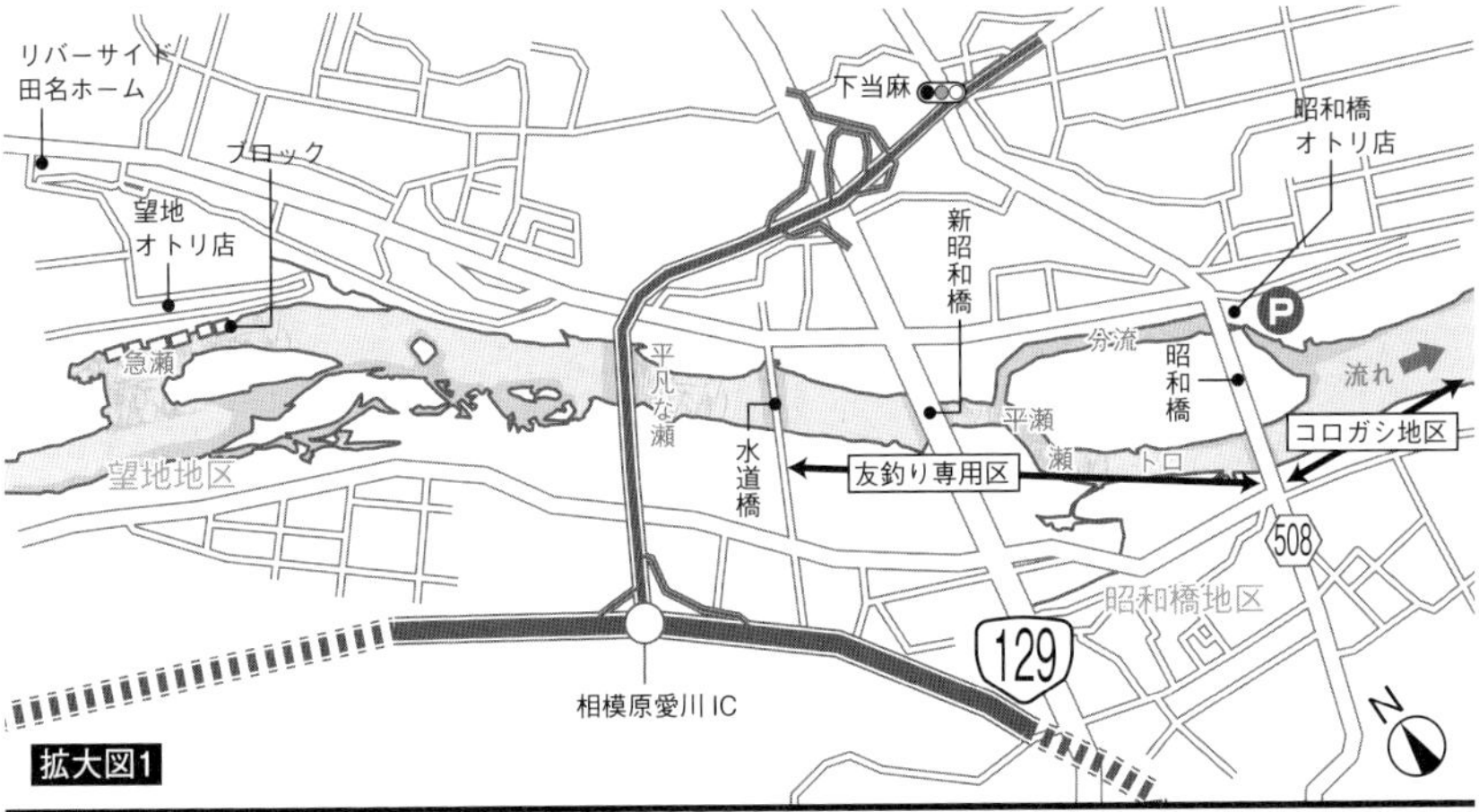
リバーサイド
田名ホーム
ブロック
望地
オトリ店
急瀬
望地地区
平凡な瀬
水道橋
下当麻
新昭和橋
平瀬
瀬
トロ
友釣り専用区
分流
昭和橋
オトリ店
昭和橋
流れ
コロガシ地区
508
昭和橋地区
129
相模原愛川 IC
拡大図1

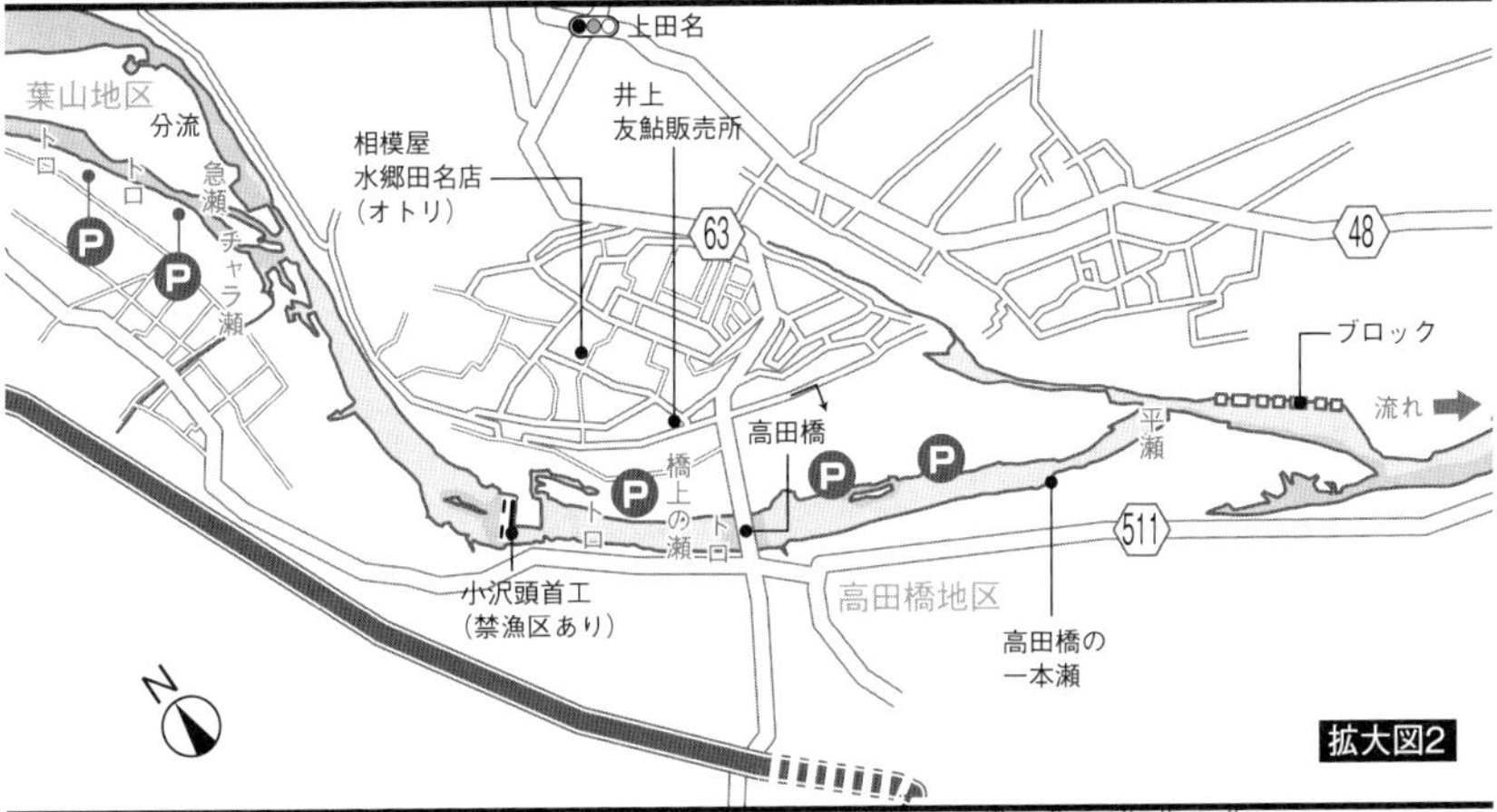
上田名
葉山地区
分流
トロ
トロ
急瀬
チャラ瀬
井上
友鮎販売所
相模屋
水郷田名店
（オトリ）
63
48
ブロック
流れ
平瀬
高田橋
橋上の瀬
トロ
トロ
511
小沢頭首工
（禁漁区あり）
高田橋地区
高田橋の
一本瀬
拡大図2

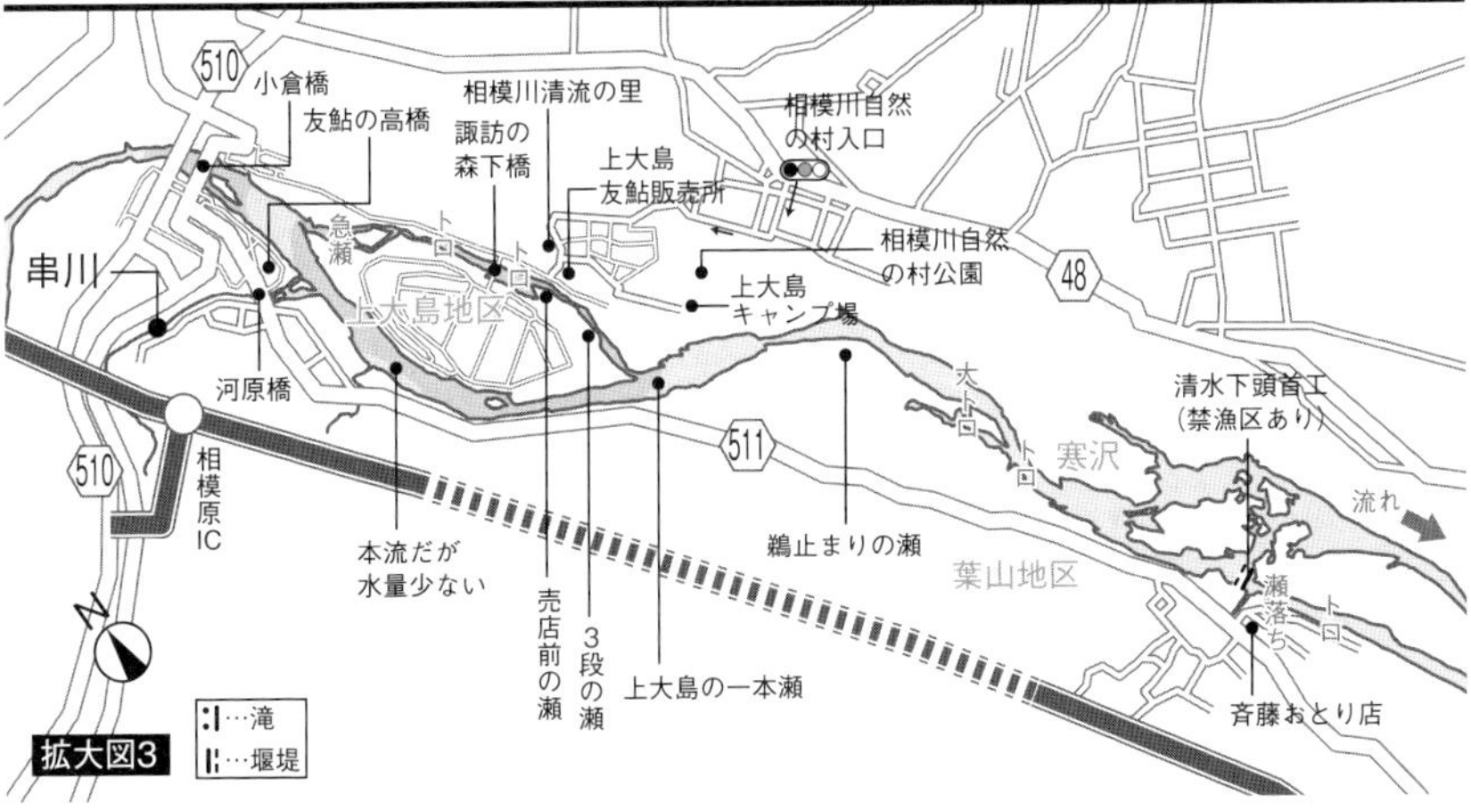
510
小倉橋
友鮎の高橋
相模川清流の里
諏訪の
森下橋
上大島
友鮎販売所
相模川自然
の村入口
相模川自然
の村公園
48
急瀬
トロ
トロ
串川
上大島地区
上大島
キャンプ場
河原橋
相模原IC
510
511
トロ
トロ
寒沢
清水下頭首工
（禁漁区あり）
流れ
本流だが
水量少ない
売店前の瀬
3段の瀬
上大島の一本瀬
鵜止まりの瀬
葉山地区
瀬落ち
トロ
斉藤おとり店
…滝
…堰堤
拡大図3

報徳橋より下流を望む。段差の先に瀬があり人気ポイントになっている

●神奈川県

酒匂川《さかわ》

都心から90分足らずで河原へ。ICからも近い人気河川 天然ソ上&安定した放流量でシーズンを通して魚影が多い

酒匂川の源は富士山東麓の水を集める鮎沢川と、西丹沢の水を集める河内川が山北町で合流して、小田原市から相模湾に注ぐ流長約45㎞の川である。酒匂川は天然ソ上もあり、さらに魚協による放流量も多くシーズンを通して魚影は多い。都心からでも90分足らずで川へと着けるアクセスのよさから人気も高い。

ここでは特に人気がある報徳橋から岩流瀬橋までのポイントを紹介したい。

●報徳橋～足柄大橋

報徳橋へは東名高速道・大井松田ICから小田原方面に出て国道255号を4・5㎞走り、栢山《かやま》入口交差点を右折し800mで報徳橋に出る。このエリアには岡部オトリ店がある。報徳橋手前の鬼柳入口交差点を右折し約100m先を左折すればオトリ店だ。

駐車場所は左岸オトリ店側の報徳橋上下の土手に数台停められる。橋の上下流によい流れが点在するが、このエリアの底石は小さく丸い石が多く、見た目より底流れが速いので注意が必要。

上流右岸にあるおとり鮎匠（駐車スペースあり）へは、大井松田ICを出て3方向に分かれる真ん中の南足柄方面へ進み、足柄大橋を渡り信号機2つめの吉田島交差点を左折。約1・5㎞走ると道路左側に伊藤製作所の看板がある。そこを左折して未舗装の道を直進すればオトリ店へ出る。

店前の川相は、上流にある栢山頭首工からの流れが2本に分かれ報徳橋の上流で合流する。どちらの流れもアユ

足柄大橋から下流を望む。アシ際によい石が入っていてアユの付き場となる

information

●河川名　酒匂川
●釣り場位置　神奈川県小田原市～足柄上郡山北町
●解禁期間　6月1日～10月14日
●遊漁料　日釣券1000円・年券1万円
●管轄漁協　酒匂川漁業協同組合（Tel0465-37-4277）
●最寄の遊漁券取扱所　岡田オトリ店（Tel0465-36-6410）、おとり　鮎匠（Tel080-6736-4936）、武井オトリ店（Tel0465-83-1934）、浜田商店（Tel0465-83-2543）、北村オトリ店（Tel0465-82-8383）、木村オトリ店（Tel050-5876-1047）、やぶ下オトリ店（Tel0465-82-3535）、大口オトリ店（Tel0465-75-3069）
●交通　東名高速道・大井松田ICを降り、下流部へは国道255号を利用、上流部へは国道255号から246号へ

十文字橋から下流を望む。この辺りでは駐車スペースに困ることはない

は多く、上流域から比べれば型は少し落ちるものの数釣りが楽しめる。合流地点まではチャラやザラ瀬が続き、ここも人気のあるポインだ

オトリ鮎匠と栢山頭首工の中間には平成26年に開通した足柄紫水大橋がある。この上下流もおすすめだ。

栢山頭首工から足柄大橋にかけては、瀬釣りが好きな人向きの瀬が100mほど続く。なお、このエリアには駐車場はないが、左岸の足柄大橋先まで続く土手道の少し広くなっている所に駐車できる。道幅が狭い所もあるのでトラブルのないように注意したい。

足柄大橋周辺では武井オトリ店があり駐車場も広い。ここへは大井松田ICを出て南足柄方面へ直進し、橋手前の足柄大橋東交差点を右折し川音川の土手に突き当たって左折すると着ける。

足柄大橋上流は分流が合流し、早瀬からトロになり橋へと流れている。この分流は増水後に入れ掛かりとなることがよくある。

　オトリ店前は上流の十文字床止工から流れが2本に分かれている。左岸への流れはオトリ店横の川音川と合流するが水量が少なく、チャラの釣りを好む人向き。右岸への流れは水量も多く早瀬、急瀬、トロと変化のある流れでこちらをおすすめする。

　足柄大橋から文命用水吐き出し区間は石も大きく放流量も多いため、近年の酒匂川では訪れる釣り人が一番多い人気のエリアだ。

●十文字橋～文明用水吐き出し下流

　十文字橋周辺には左岸の北村オトリ店と右岸の浜田商店がある。経路は大井松田ICを出て南足柄方面に直進し、松田入口交差点を右折する。小田急線の踏切を渡りすぐに左折、新松田駅前を抜け突き当たりを左折、十文字橋を渡った信号機左側に浜田商店がある。

　北村オトリ店は十文字橋手前を右折して道なりに200mほど進み新十文字橋をくぐると到着する。目の前の新十文字橋下と十文学橋下には広い駐車場がある。さらに左岸上流900m先まで車を走らせるとやぶ下おとり店、対岸には木村オトリ店もある。この辺りまで来ると石も大きくなり、小田急線鉄橋から新十文字橋までは瀬とチャラが混じり数も出る。瀬の流心では大型もねらえる。

　新十文字橋から上流のやぶ下おとり店前までは川幅も広く、水深は比較的浅くなるが梅雨が明ける頃になると浅いチャラで入れ掛かりになることがよくある。意外かもしれないが、酒匂川では浅いチャラで良型がよく掛かる。

　やぶ下おとり店前から分命用水吐き出しまでは、右岸の分命用水吐き出しからの流れと、左岸を流れる本流とがやぶ下おとり店前で合流し下流へと流れていく。

　合流から右岸を流れる分命用水吐き出しまではザラ瀬、トロ、チャラ瀬のポイントが約1km続く。この区間の水

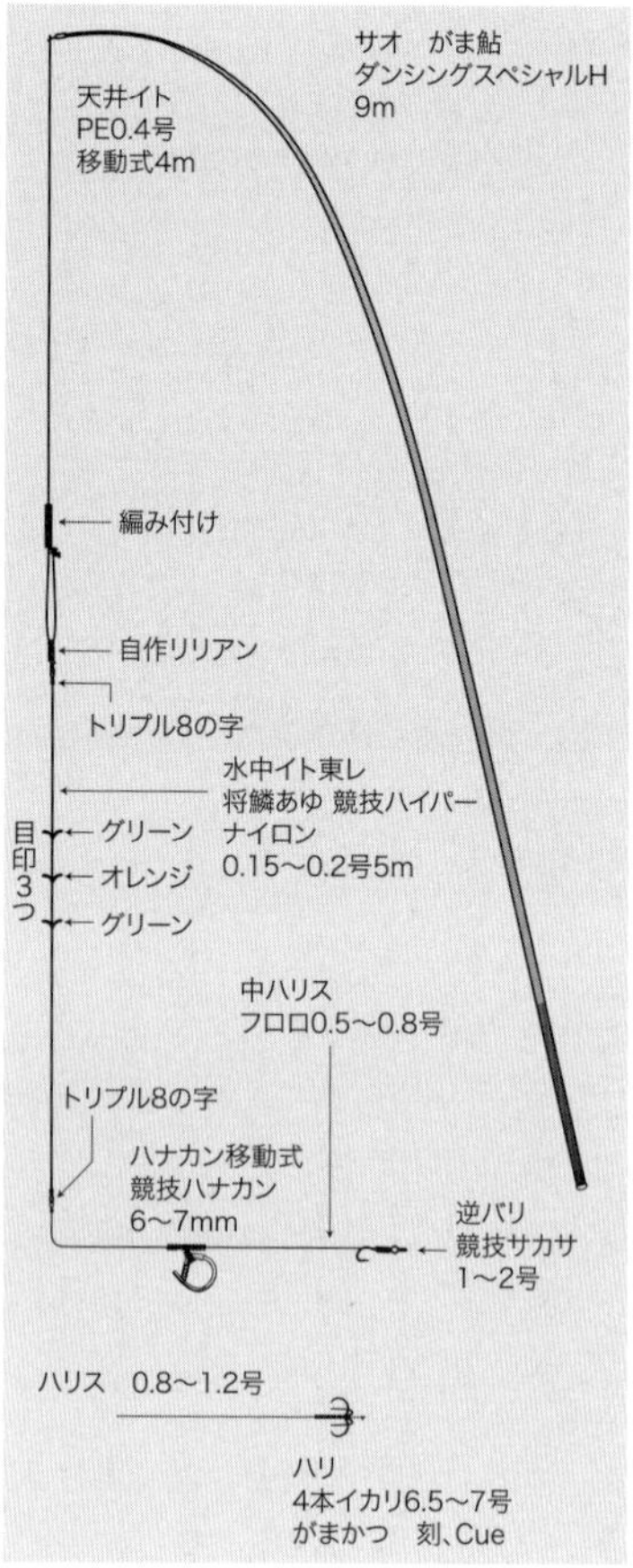

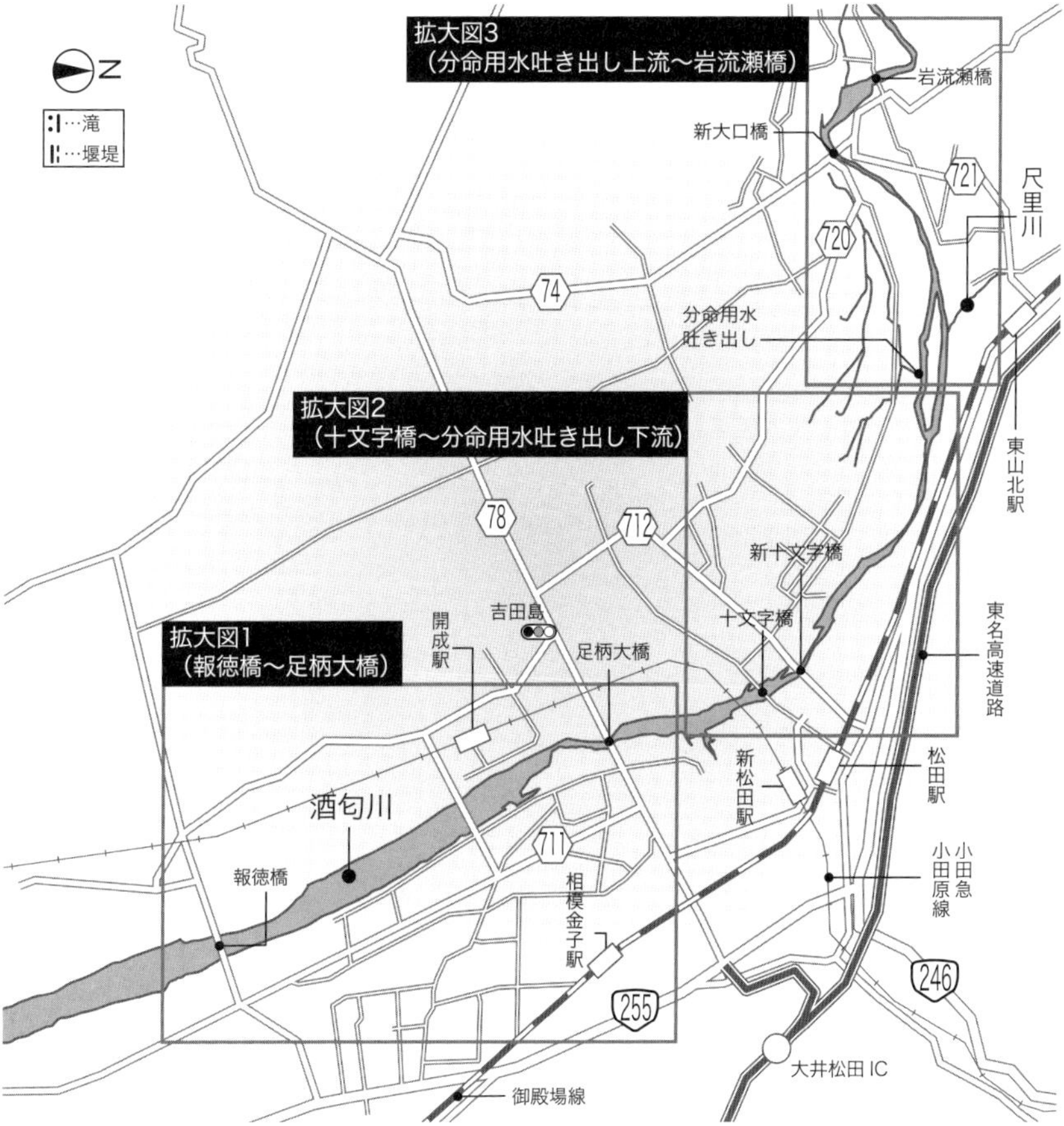

温は盛夏でも冷たく感じるほどで、本流と比べ時期にもよるが２〜５℃は低い。本流の水温が上がりすぎた時の逃げ場にもなる。

左岸を流れる本流の合流から山北高校まではチャラと平瀬がメインで、数釣りを楽しみたいならチャラをねらうとよい。この流れに山北高校横を流れる尺里《ひさり》川が合流する。

尺里川は小さな川で、釣りの可能な区間は合流点から約２００ｍほど。増水しても濁りが早く取れ、本流が濁っていてもサオをだせることがある。

この周辺を釣るなら、やぶ下おとり店周辺に車を駐めて上流に行くか、大井松田ICを出て山北方面へ国道２５５号から２４６号に入り、４つめの信号（村雨）を左折し御殿場線の踏切を渡り道なりに進み、土手に突き当たって左折した突き当たりに駐車スペースがある。目の前が尺里川からの合流点で、対岸は分命用水の吐き出しが見える。

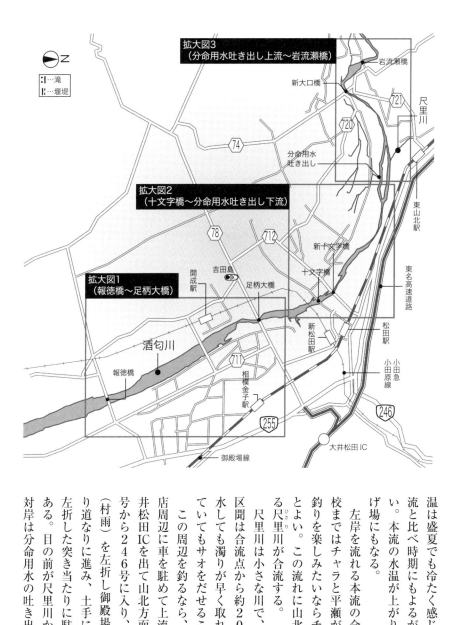

●文明用水吐き出し～岩流瀬橋

文明用水吐き出しから上流は水量が半減してしまう。魚影は多いもののアユは神経質になっているので静かに釣ることを心掛けたい。移動しながら探れば数も出る場所で、右岸のグラウンド前から河川敷を頭首工まで車で走れる。駐車スペースもあるので近年人気のエリアだ。

頭首工からグラウンド前までは短い瀬とチャラばかりで強い流れは少ないが、ポイントは絞りやすい。グラウンドから新大口橋までは、落差のある急瀬からトロになる。この急瀬は増水しないとアユが差しにくいため瀬落ちに溜まりやすく数が出る。新大口橋下流には100mほど続くザラ瀬があり、両岸からサオがだせるうえ良型が釣れるので釣り人の姿が絶えない。

新大口橋から岩流瀬橋の間はさらに石も大きくなり、規模は小さいが段々瀬やトロ、チャラ、分流と変化に富んだ川相を見せる。解禁初期から放流の良型もよく釣れる。岩流瀬橋すぐ上流には魚道付きの堰があるが、ここも増水しないとアユが上流に差しにくいので溜まりやすい。

新大口橋のすぐ上流にある大口オトリ店へは、大井松田ICから国道246号に入り、約3km先の信号（向原東）を右折し、次の信号（向原）を左折して道なりに進むと突き当たりが大山豆腐。この建物の脇を入ればオトリ店だ。上流300m先には岩流瀬橋。大口オトリ店前には駐車場もある。

大口河川敷グラウンド前へは、新大口橋を渡りすぐの信号を左折で約250m先を左折、250mほど進んだ先を左折すると出る（山崎）。

文命用水吐き出し下流の瀬。ここは瀬釣り派に人気があるポイントだ

大口河川敷グラウンド前の流れ。護岸に駐車でき、目前で釣れるので釣り人が絶えない

岩流瀬橋から下流を望む。ここは初期から放流の良型がよく釣れる

拡大図1
（報徳橋～足柄大橋）

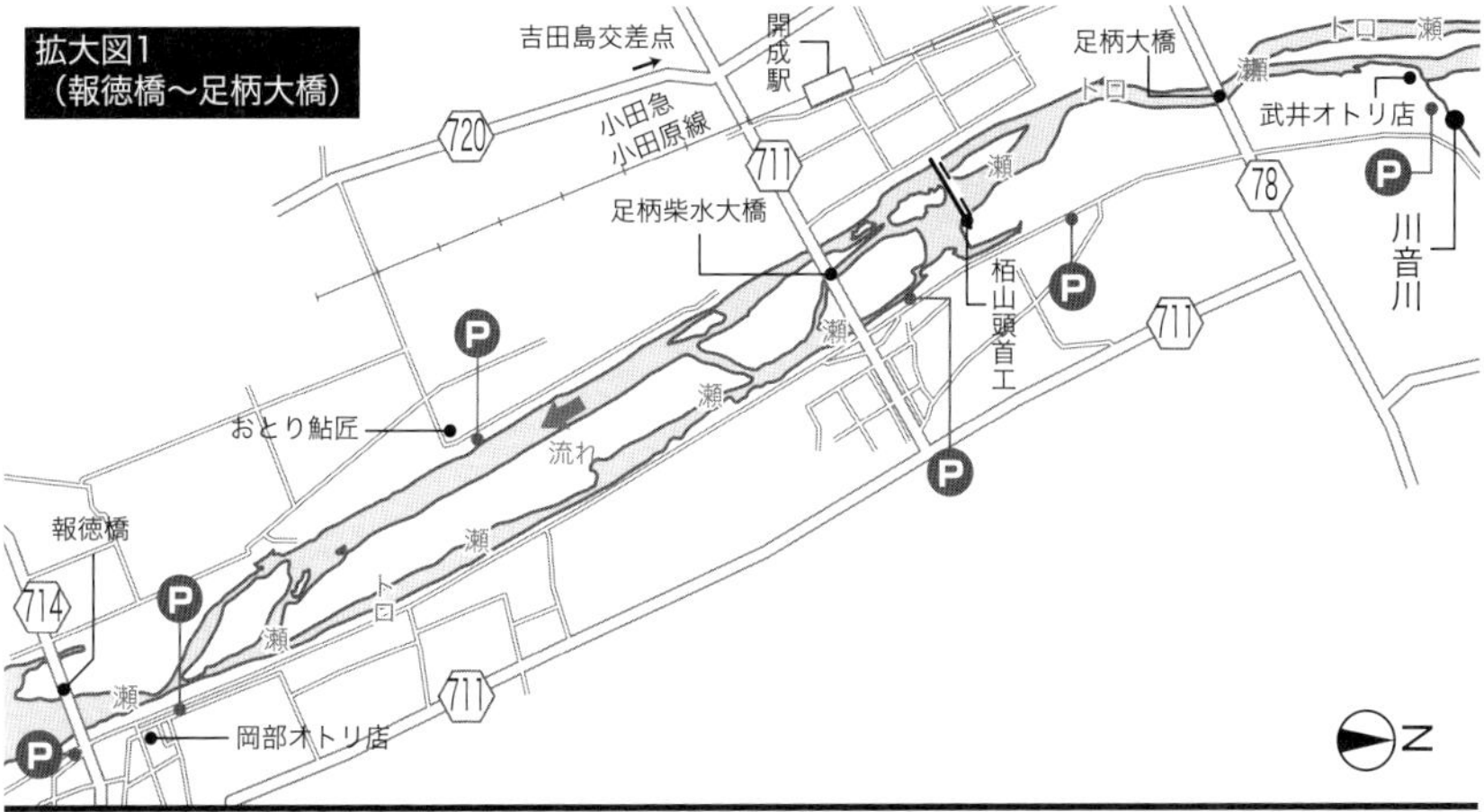

拡大図2
（十文字橋～分命用水吐き出し下流）

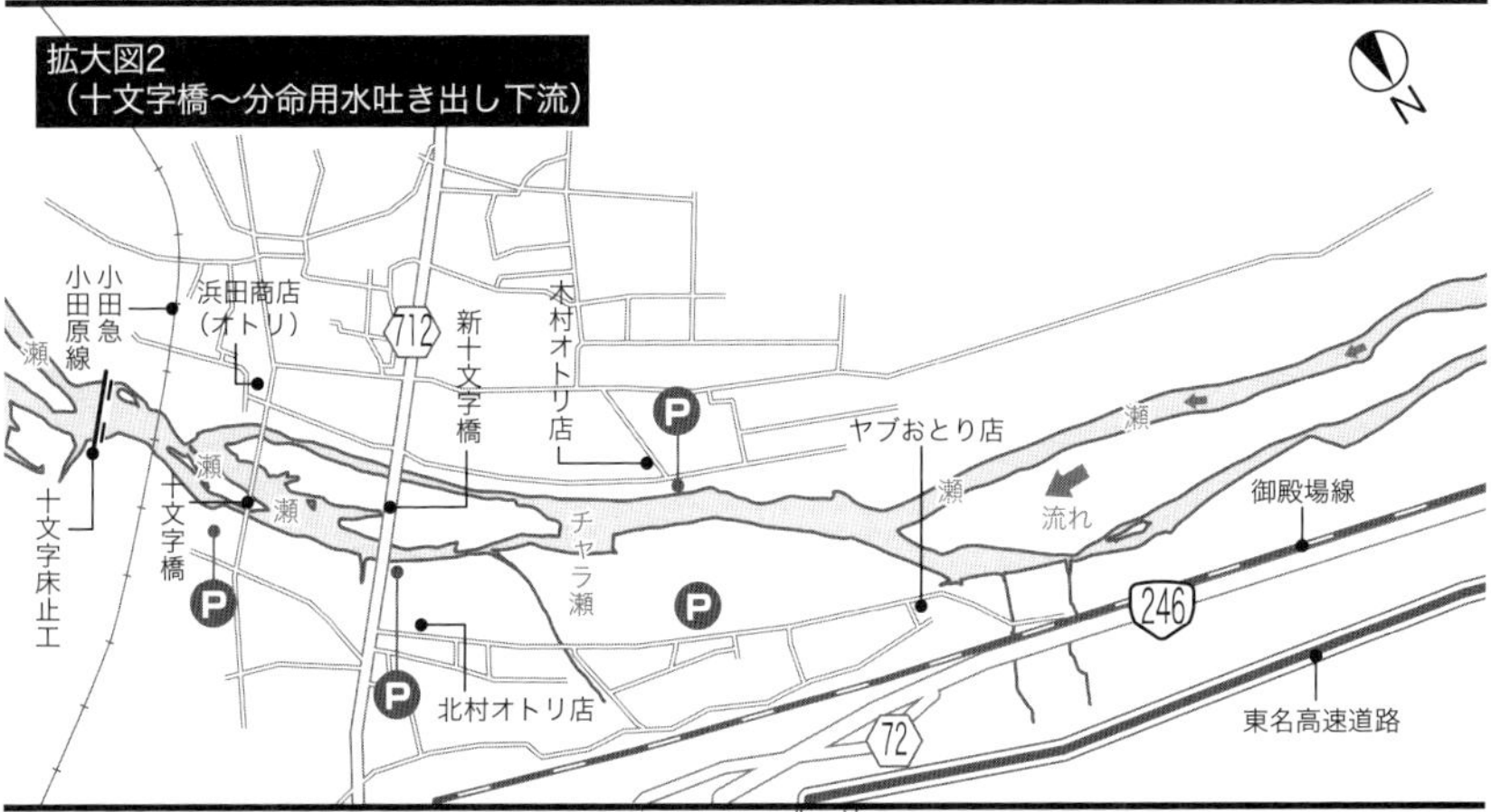

拡大図3
（分命用水吐き出し上流～岩流瀬橋）

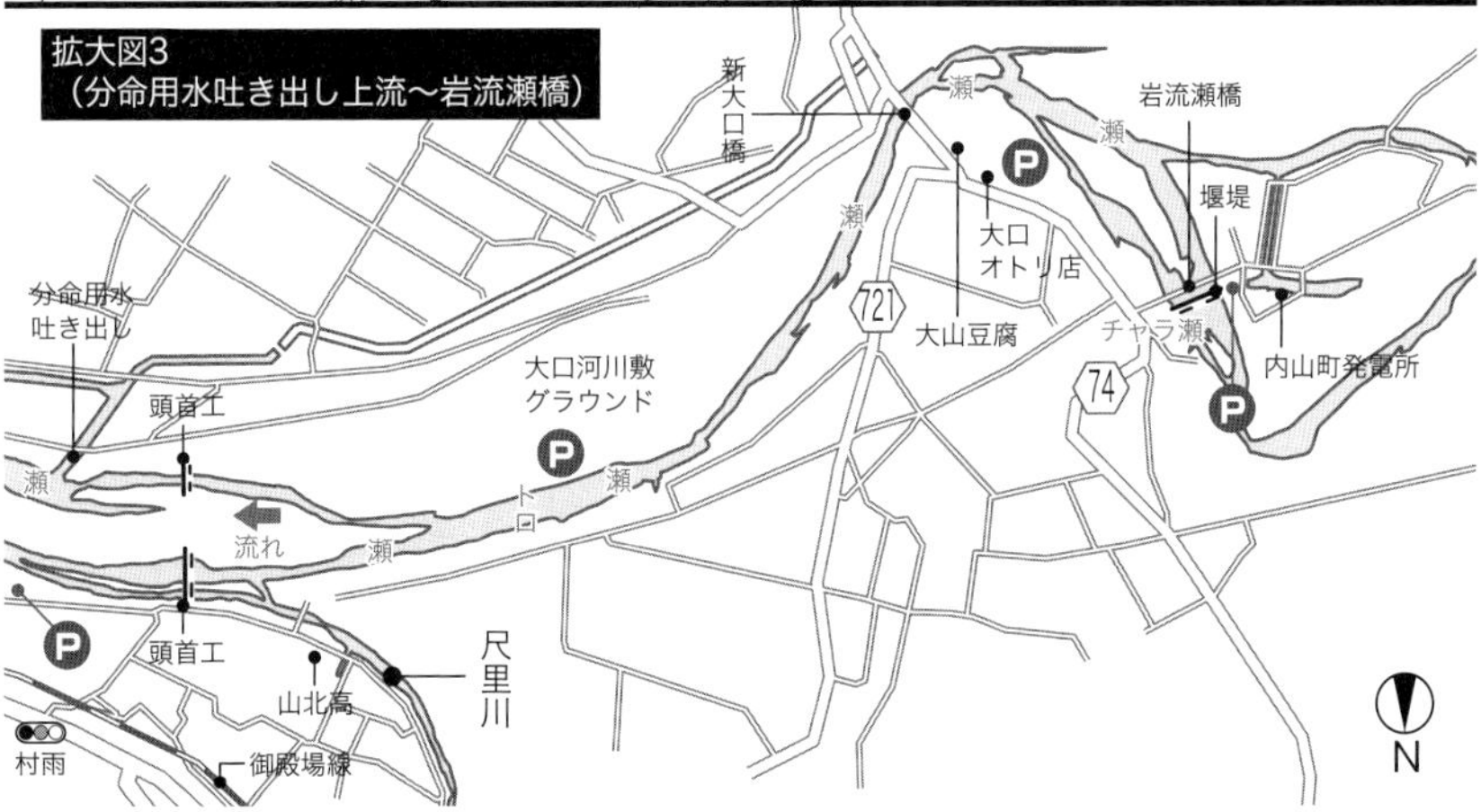

2014年に友釣り区となった中津川大橋上流にある
下川入スポーツ広場上流の瀬を望む

●神奈川県

中津川《なかつ》

相模川支流の小河川ながら、ソ上魚と豊富な放流で終期まで楽しめる
濁りに強く増水後の回復も早い。アユも姿・味ともによし

中津川は相模川の支流であり、丹沢水系に源を発し、神奈川県央の厚木市内で相模川に合流する。上流域に巨大な宮ヶ瀬湖を擁し、友釣り区はダム下の愛川大橋から厚木市内の中津川大橋までの約13㎞で、管轄は中津川漁協と相模川第一漁協に分かれている。

湖からの平水時水量は7t程度の小河川だが、相模川本流からソ上する天然アユも多く、漁協の豊富な放流と合わせて終期まで楽しめる。また宮ヶ瀬湖上流は水源林が豊かで、大雨でも湖が濁ることはめったにない。

ダム下の流域も人家が少なく雨後の回復が早い。台風の通過翌日にもサオをだす人が見受けられ驚かされる。相模川本流が釣り不可能でも、中津川は可能なことが多い。さらに保全された水源林による水質はピカイチのアユを育て、美しい魚体は美味このうえない。私のお気に入りの河川だ。

●ICから近くアクセス容易な下流部

釣り場だが、まず昨年（2014）友釣り区となった中津川大橋から坂本堰堤までを紹介したい。まだ釣り人も少なく、サオ抜けに当たった時など入れ掛かりが楽しめる最下流の友釣り区で、盛期以降の下りの大アユも望め、昨年も25㎝までは出た。

ここへは圏央道・相模原愛川ICを愛川方面に降りる。国道129号に合流し、相模川に架かる新昭和橋を渡り、すぐに左の側道に入る。側道出口の信号を右折し道なりに直進すると2・2㎞で一本松交差点。さらに直進すると八菅橋。橋手前を左折すると大川屋おとり店。なおこの橋左岸の信号のない交差点は、右岸側から進行すると右折禁止で、度々取り締まられている車を見受ける。この場合は、左折して回り込んで簡単にオトリ店に着ける。

　中津川大橋〜坂本堰堤への入川路は3ヵ所。ここでは上流から紹介する。大川屋おとり店から左岸に沿って下ると、1・3㎞で坂本堰堤。さらに200m進むと県道63号に突き当たるが、その5m手前の小道を右折すれば坂本青少年広場の駐車場。広場前から下流は2本の分流になっており、広場上流でも2本の分流が合流しているが、左岸側はさらに上流で2本に分かれている。ヤブに覆われた釣りにくい部分もあり、8m以下の短ザオが有利。なお坂本堰堤および才戸橋上流の頭首工の上下流50mは禁漁区なので注意。

　次の入川路は、県道63号を右折し才戸橋左岸の交差点を直進し、橋から400mで入り口。河川敷の駐車スペースには困らない。入口の前に荒瀬があり、瀬肩から瀬落ちまでよいポイント。また下流には長いトロ瀬が300m続き、その下が広い平瀬となっている。平瀬は上下入口から遠く、サオ抜けになっていることが多い。

　この入口から700m下流が下入川スポーツ広場入口。4〜9月が8時〜18時、10〜3月が9時〜17時の開放で、それ以外は入口が施錠されるので注意。広場前は広いチャラ瀬から右岸コンクリート護岸にぶつかり、急瀬〜瀬落ちになっているが、護岸際をねらうと良型が出る。広場上流にもよい急瀬がある。なお中津川大橋下流はコロガシ区となる。

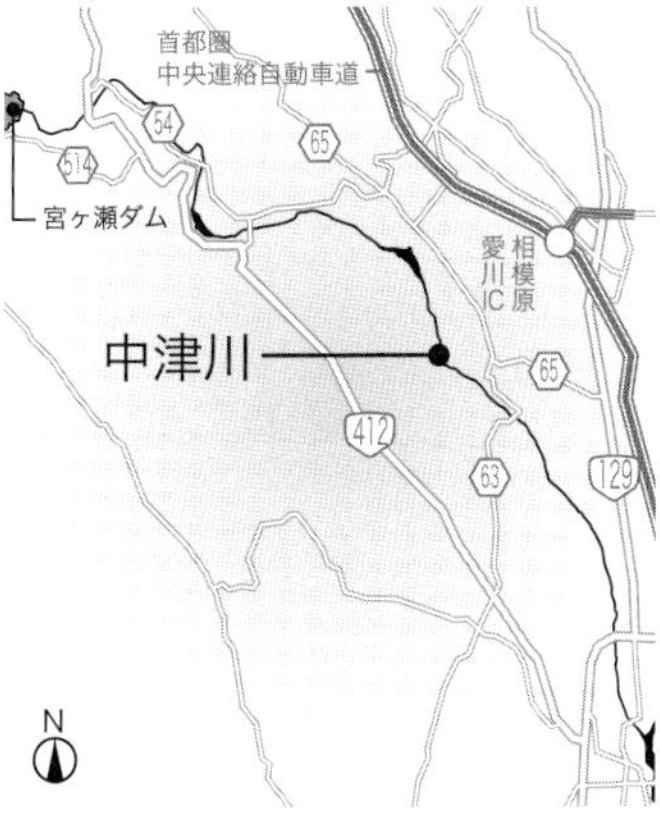

information

●河川名　相模川水系中津川
●釣り場位置　神奈川県厚木市〜愛甲郡愛川町
●解禁期間　6月1日〜10月14日
●遊漁料　日釣券1000円・年券1万円
●管轄漁協　相模川第一漁業協同組合（Tel042-763-2726）、中津川漁業協同組合（Tel046-281-0822）
●最寄の遊漁券取扱所　大川屋おとり店（Tel046-285-1362）、アユメイト（Tel046-281-1259）、野口おとり店（Tel046-281-0591）、とくらや商店（Tel046-281-1371）、釣楽（Tel046-281-0453）
●交通　首都圏中央連絡自動車道・相模原愛川ICを降り国道129号、県道65号、54号を経て中津川へ

●核心となる魚影の多い中流部

　次に坂本堰堤〜カジ淵を紹介する。八菅《はすげ》橋上流約1㎞にカジ淵があるが、ここまでが相模川第一漁協管轄で、その上流からは中津川漁協管轄。ただし

遊漁券は共通で、いずれを釣っても問題はない。放流量も多い区間で、解禁初期からおすすめ。この区間の中央に八菅橋があるが、橋上下の左岸側が広い河川敷で、左岸橋際下流に降り口があり入川できる。そのほかに橋下流左岸側に2ヵ所、右岸側と上流右岸側に1ヵ所入川場所がある。

左岸側ではオトリ店から下流方面に５００ｍで右側フェンスが切れているが、その際に4～5台のスペースがあり、愛川聖苑前に降りられる。さらに３００ｍほど進み、大進館の手前を右折すると河川敷に出る。

右岸側は、八菅橋を渡り左折し橋から９００ｍで河川敷へ降りる小道がある。通称・大進館前と呼ばれている。橋を渡り右折し上流側へ２５０ｍで右側に戻るように鋭角で入る小道がある。そこを降り上流側へ３００ｍの白い標識を右折すると河川敷に出られる。ここが通称・火の見前だ。さらに河川敷を上流へ行けば高圧線下へ出る。

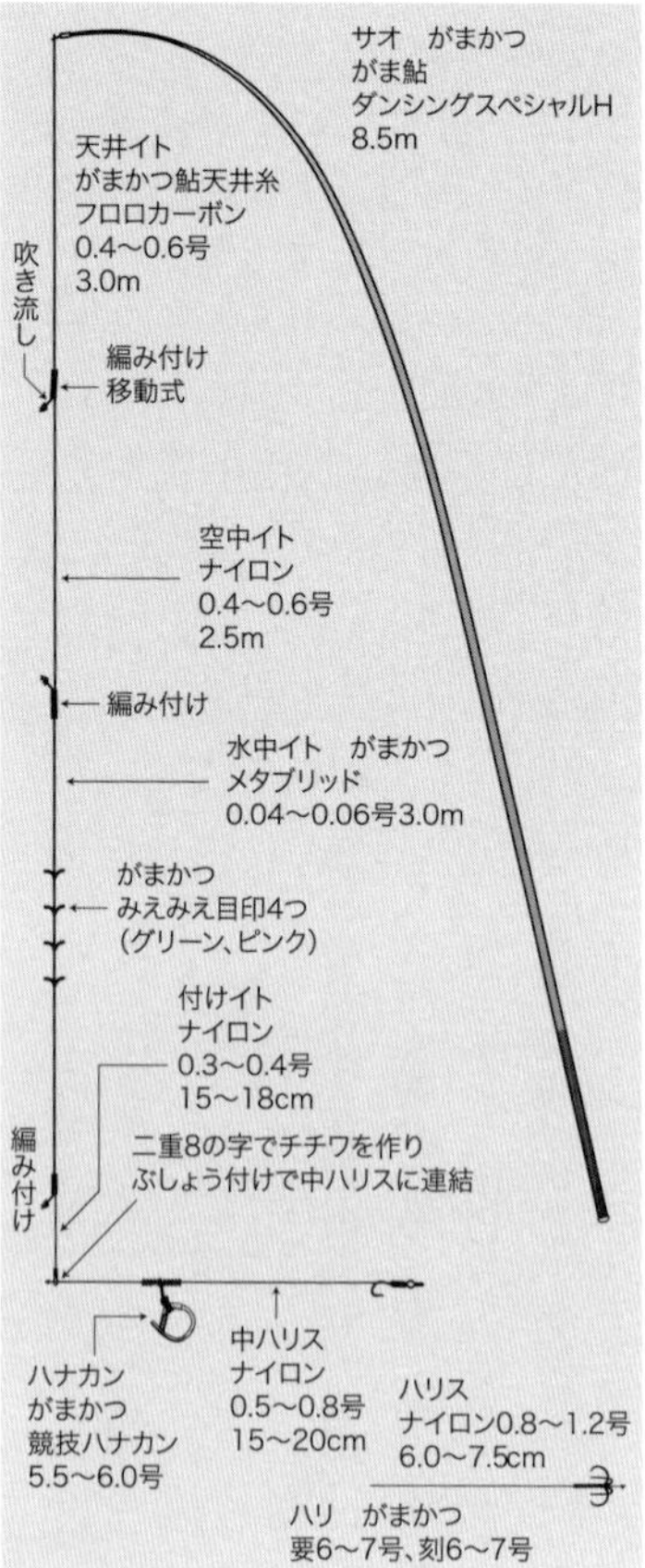

カジ淵～角田橋だが、入川場所は2ヵ所。相模原愛川IC方面から前述の一本松交差点を右折すると９００ｍで中津交差点。ここを斜め左に入り、急坂を下り切ってから３００ｍで左折し中津川の土手に突き当たる。右から回り込み河川敷に出ると通称・消防グラウンド前。土手手前の右側にオトリ店のアユメイトが見える。

中津交差点からの道をさらに直進すると、県道54号線に出る。左折して1つめの信号を左折し角田橋を渡り、道なりに下流方向に２００ｍ進むとダム放流標識の塔があり、脇の小道を入ると河川敷に出る。この河川敷の下限が通称・壊れ橋。ここから消防グラウンドまではストレートな川相で、瀬とトロ瀬が連続いている。

角田橋～平山橋だが、県道54号を角田橋に左折せず道なりに直進するが、橋際には野口おとり店があり、さらに３００ｍ進むと右側にとくらや商店がある。とくらや商店前の老人保健施設

坂本青少年広場上流の川相。２本の分流が合流するポイント

の脇を入ると角田橋の上流の河川敷に出る。

上流の平山大橋～馬渡橋区間は、２ヵ所の入川路がある。とくらや商店の前をさらに上流へ進むと、信号が２つ連続している。２つめの田代信号を左折し、川に突き当たり右折した運動公園の入り口前から河川敷に降りる。ここが通称・田代運動公園前で、広い河川敷の駐車スペースがある。

また田代信号を直進して馬渡橋を渡りすぐに左折し、５００ｍで道路右側に漁協の釣り人専用の無料駐車場がある。この前から川原に降りられる。また馬渡橋下流右岸は６ｍほどのコンクリート壁になっているが、手すりのハシゴが３ヵ所掛かっており、そこから川へ降りられる。馬渡橋右岸橋際に釣

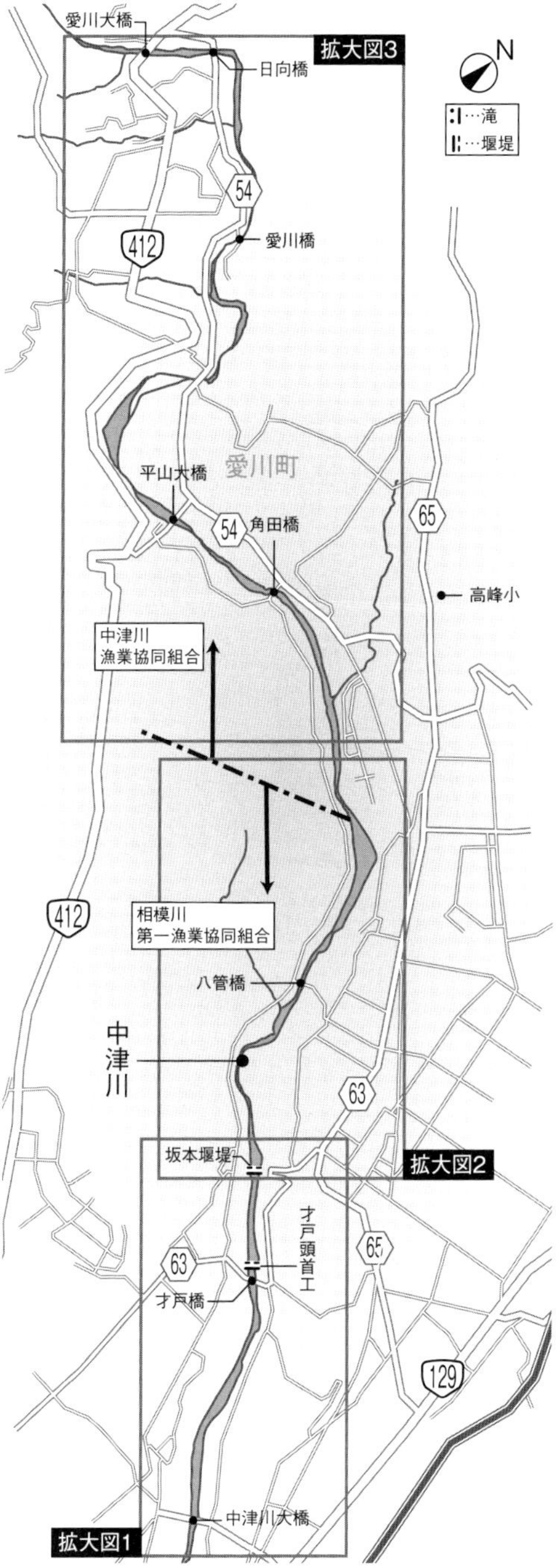

八菅橋直下の瀬を下流から望む。放流量も多い区間で、解禁初期からおすすめ

消防グラウンド前の流れ。ここまではストレートな川相で瀬とトロ瀬が連続する

角田橋から上流方面を望む。付近にはオトリ店もあり入川しやすい

愛川大橋から下流方面を望む。最上流の友釣り区で雨後の回復が早いポイント

楽オトリ店があり、馬渡橋直上の河川敷にも駐車スペースがあるが、橋の架け替え工事のため利用できるか不明。

中津川漁協管轄の核心部は、ここまでのカジ淵～馬渡橋間。いずれも放流量が多く初期から釣果が望める。夏季の場荒れにも対応して追加放流がされる。渓流相の釣り場で、次々と瀬と瀬落ちが連続している。小河川であるので釣り切りも起こり、1日同じポイントに留まるのは得策でない。半日で2～3の瀬を釣るような気持ちで臨むと釣果が伸びる。

さらにこの上流には、馬渡橋から上流1・4㎞に愛川橋があり、県道54号を行けば迷うことはない。橋手前から河川敷に降りられる。さらに愛川橋から1・3㎞ほど進むと日向橋だが、橋手前200m右側に交番があり、その脇を入り川に突き当たれば駐車スペースがある。日向橋周辺にはここ以外に駐車できない。

日向橋上流300mに愛川大橋があるが、この辺りが友釣りの限界。橋上はダム下特有のノロが多く釣りにならない。

愛川橋周辺～愛川大橋は最上流の友釣り区で、雨後の回復が早い。下流域が濁っている時などの逃げ場にもなり、釣り人が少ないので思いがけぬ釣果に恵まれることもある。

愛川橋・日向橋とも橋上下がポイントだが、特に日向橋上下流がおすすめ。橋の直下の堰堤下が広い平瀬になっているが、ていねいに泳がせると数が出る（平井）。

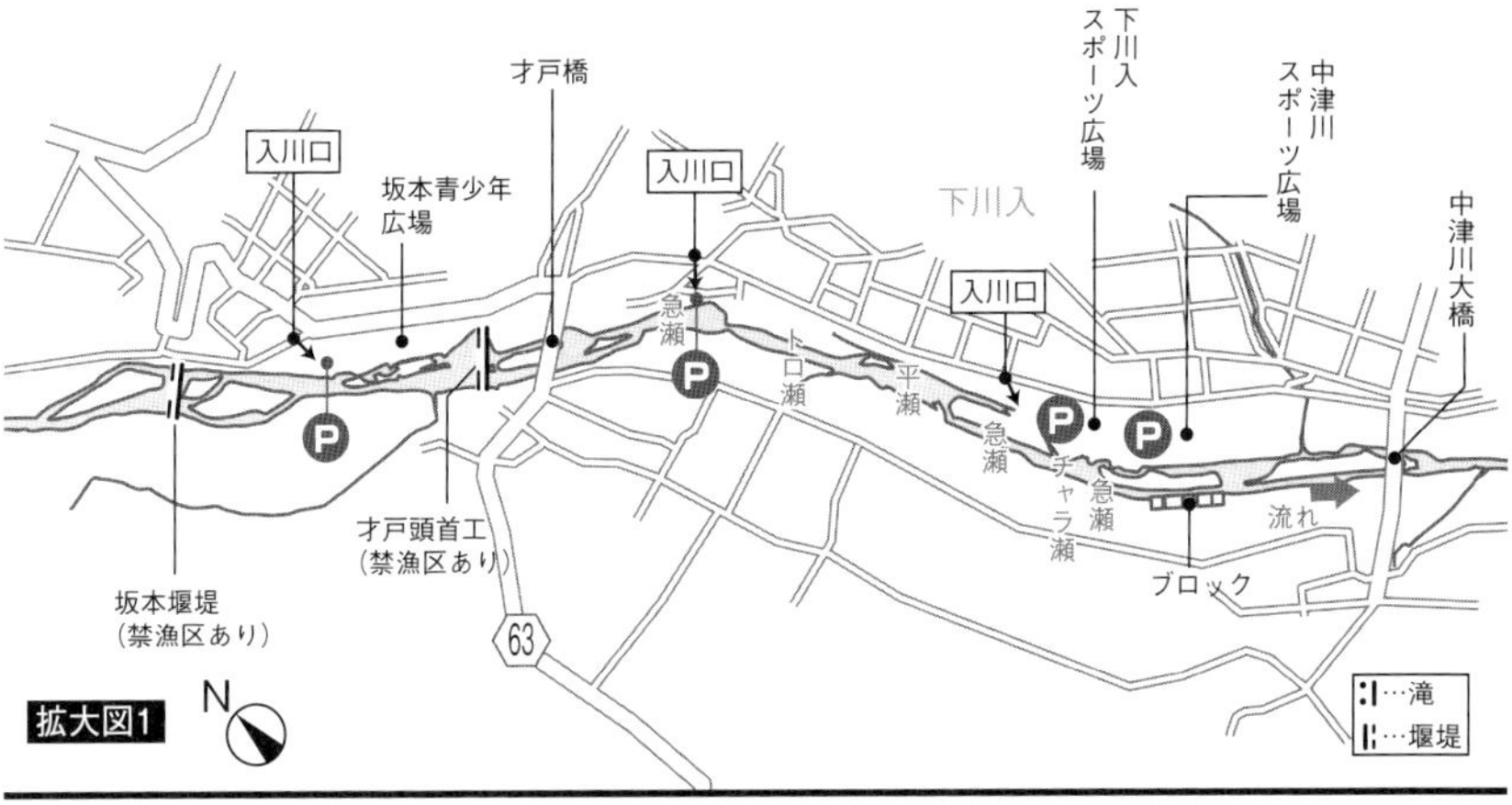
才戸橋
入川口
坂本青少年
広場
入川口
下川入
スポーツ広場
中津川
スポーツ広場
中津川大橋
下川入
入川口
急瀬
トロ瀬
平瀬
急瀬
チャラ瀬
急瀬
流れ
ブロック
才戸頭首工
（禁漁区あり）
坂本堰堤
（禁漁区あり）
63
拡大図1
N
…滝
…堰堤

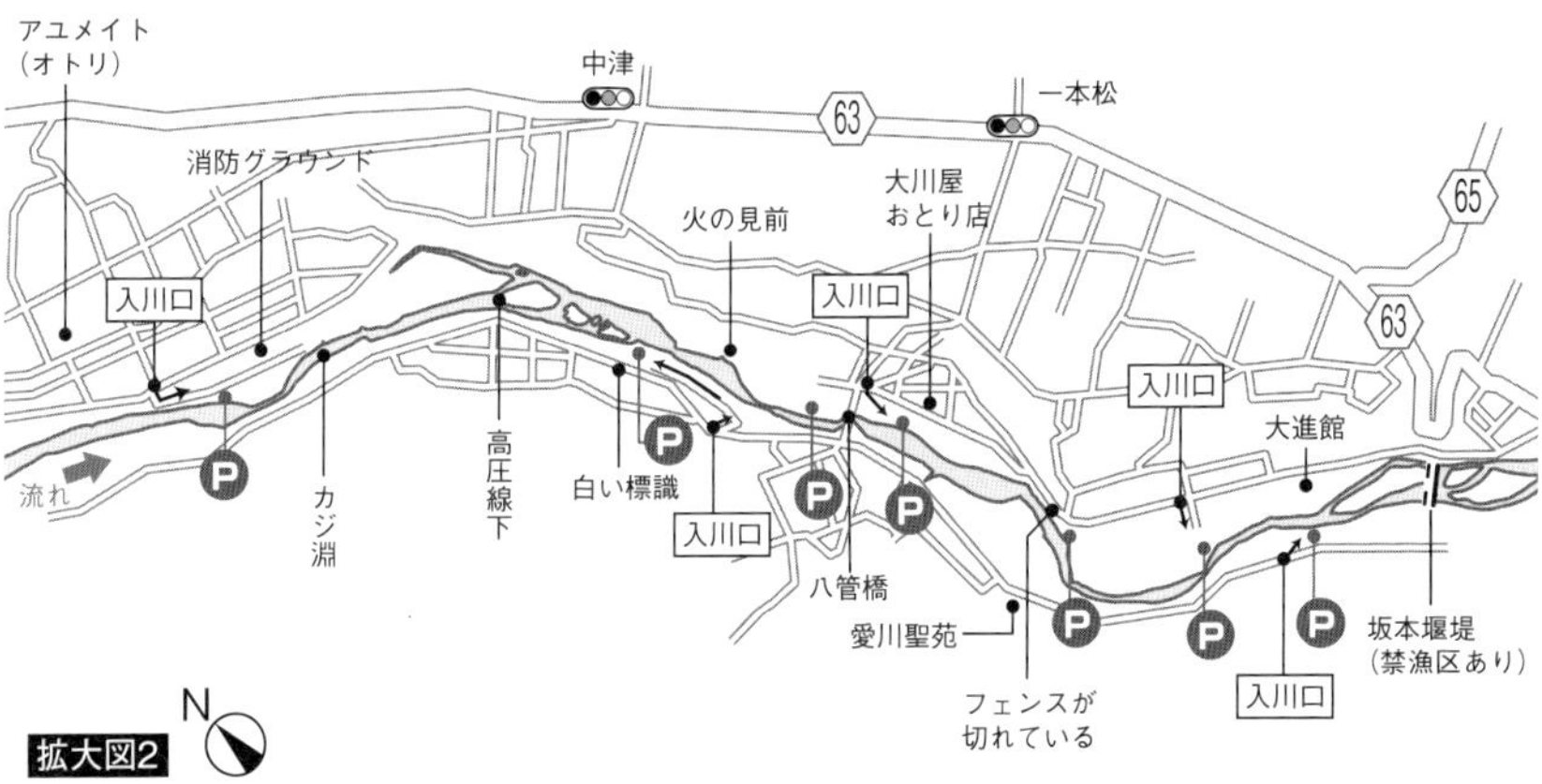
アユメイト
（オトリ）
中津
一本松
63
消防グラウンド
65
大川屋
おとり店
火の見前
入川口
入川口
63
入川口
大進館
流れ
カジ淵
高圧線下
白い標識
入川口
八管橋
愛川聖苑
フェンスが
切れている
坂本堰堤
（禁漁区あり）
入川口
拡大図2
N

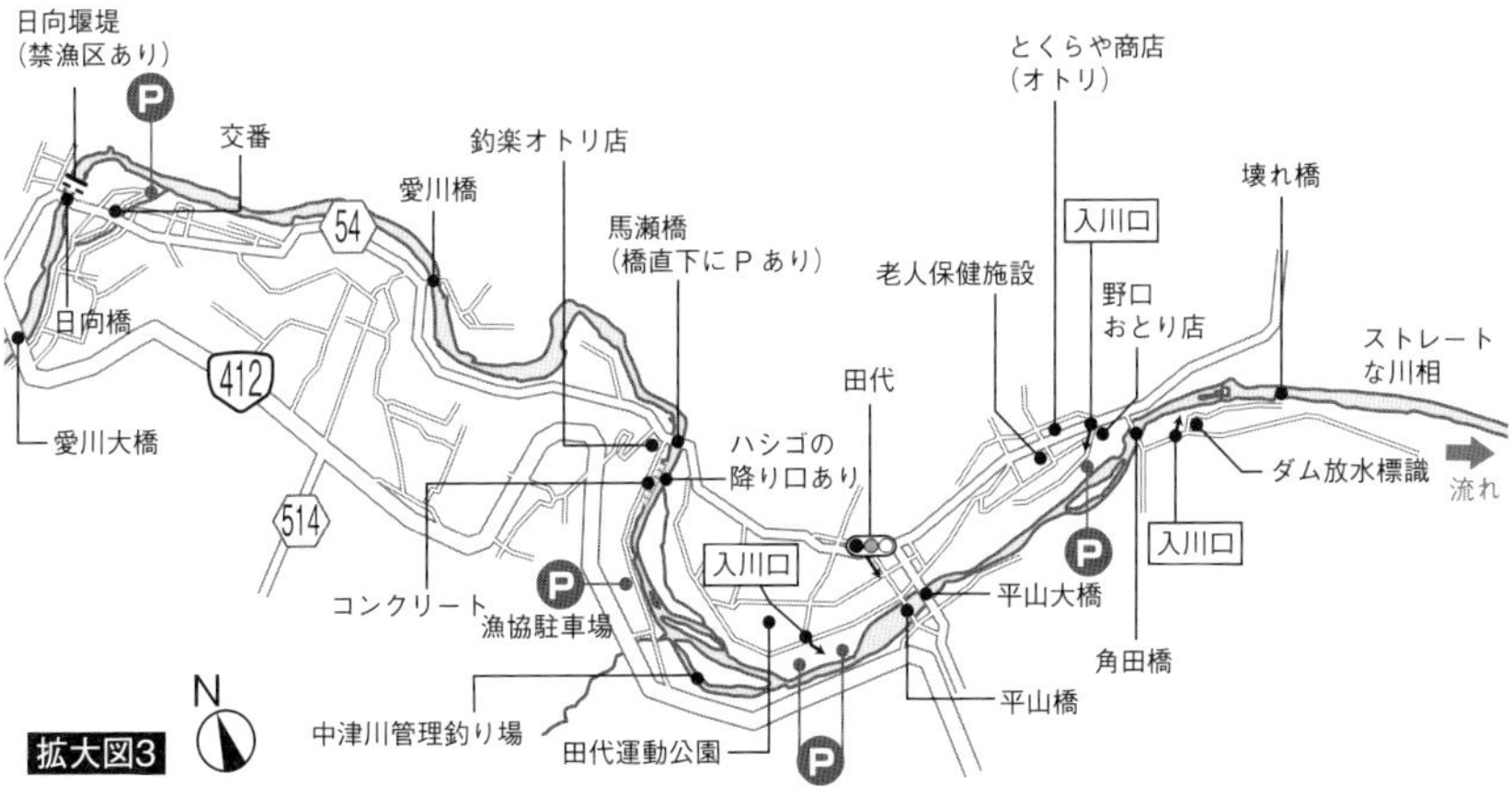
日向堰堤
（禁漁区あり）
交番
釣楽オトリ店
愛川橋
54
馬瀬橋
（橋直下にＰあり）
とくらや商店
（オトリ）
入川口
壊れ橋
老人保健施設
野口
おとり店
ストレート
な川相
日向橋
412
田代
愛川大橋
ハシゴの
降り口あり
ダム放水標識
流れ
514
入川口
入川口
平山大橋
コンクリート
漁協駐車場
角田橋
平山橋
中津川管理釣り場
田代運動公園
拡大図3
N

●山梨県

笛《ふえ》吹《ふき》川

富士川へと注ぐ一大支流は、釣りやすい友釣り専用区の続く流れ
長大な流れの全域でアユがねらえる

桑戸橋より上流を望む。深トロからチャラ瀬に変化する流れは泳がせ釣りに最適

桑戸橋下流の流れ。サオ抜けのポイントも多く、ピンポイントで探ると良型が期待できる

山梨県山梨市北部を流れる笛吹川は、甲州市境を下り南巨摩郡富士川町で富士川に合流する。6月下旬に解禁を迎えると、アクセスのよさから県内各地より多くのアユ釣りファンが足を運び、終盤まで長く楽しめる河川だ。

釣り場は河口から85㎞ほど上流で、天然ソ上がないため100％の放流河川である。放流は、山梨県産、ダム湖産と合わせて1000㎏（5〜10㎝）ほどが4月中旬〜5月中旬にかけて4

information

●河川名　富士川水系笛吹川
●釣り場位置　山梨県山梨市～笛吹市
●解禁期間　6月下旬～11月30日
●遊漁料　日釣券2400円・年券8000円
●管轄漁協　峡東漁業協同組合（Tel055-322-1023）
●最寄の遊漁券取扱所　雨宮釣具店（Tel055-262-4750）、山梨養魚場（Tel055-322-5208）
●交通　中央自動車道・一宮御坂ICを降り国道137号、20号経由で石和温泉方面へ進み、国道411号で下流部へ。上流部は国道140号を利用

回に渡って行なわれる。

川相は平瀬、トロ場、チャラ瀬、早瀬、荒瀬とあらゆるポイントが点在する。底石は小石、玉石、大石とさまざまであるが釣りやすく、初心者や年配の方でも安全に入川できる。

解禁直後はやや水温が低いため、15cm前後がメインとなる。梅雨明け後の7月中旬以降になると18～21cmの良型が揃い、数釣りも楽しめる。お盆過ぎには下流部（重川合流、鵜飼橋付近）で大アユも期待でき、それをねらいに訪れる釣り人も見られる。

笛吹川は全区間が友釣り専用区となる。おすすめなのは石和橋～亀甲橋間で、直線距離にして8kmしかない。なかでも人気の高い上流部の桑戸橋～亀甲橋間がメインとなる。川に並行して県道が走っているため、状況が確認でき入川もしやすい。

ここではおすすめエリアの中から3ヵ所のポイントを紹介したい。

●桑戸橋周辺

土手に駐車することができるため、すぐに仕度をして川に入れる人気のポイント。桑戸橋下流は早瀬からトロ場へと変化し、さらに分流となっているが、どちらの筋にもアユが入っている。多少釣りづらくサオ抜けになっていることも多いので良型も期待できる。ここでは8mほどの短ザオが操作性がよく非常に扱いやすい。

橋上流は深トロからチャラ瀬に変化し、野アユの溜まる場所でもあり泳がせ釣りにはもってこいだ。ナイロンイト（0・125〜0・175号）の細仕掛けで、ハリも6・5号の4本イカリで探ると好釣果につながる。

●万力大橋周辺

河川敷まで車で入ることができないため、駐車スペースが限られる。交通の邪魔にならないよう注意して入川すること。万力大橋下流部は長い平瀬で、大小の底石が入った大変釣りやすい流れだ。魚影も多く人気の高いエリア。

橋下流を探る時の仕掛け目安はナイロン（0・15〜0・25号）水中イトで、ハリは6・5か7号の4本イカリを使用。ゆっくりとオトリを泳がせる釣り方が釣果に大きく影響する（私は0・25〜0・3号と太めの仕掛けでオトリにテンションを掛けて釣っている）。

橋上流は段々瀬になっており、オモ

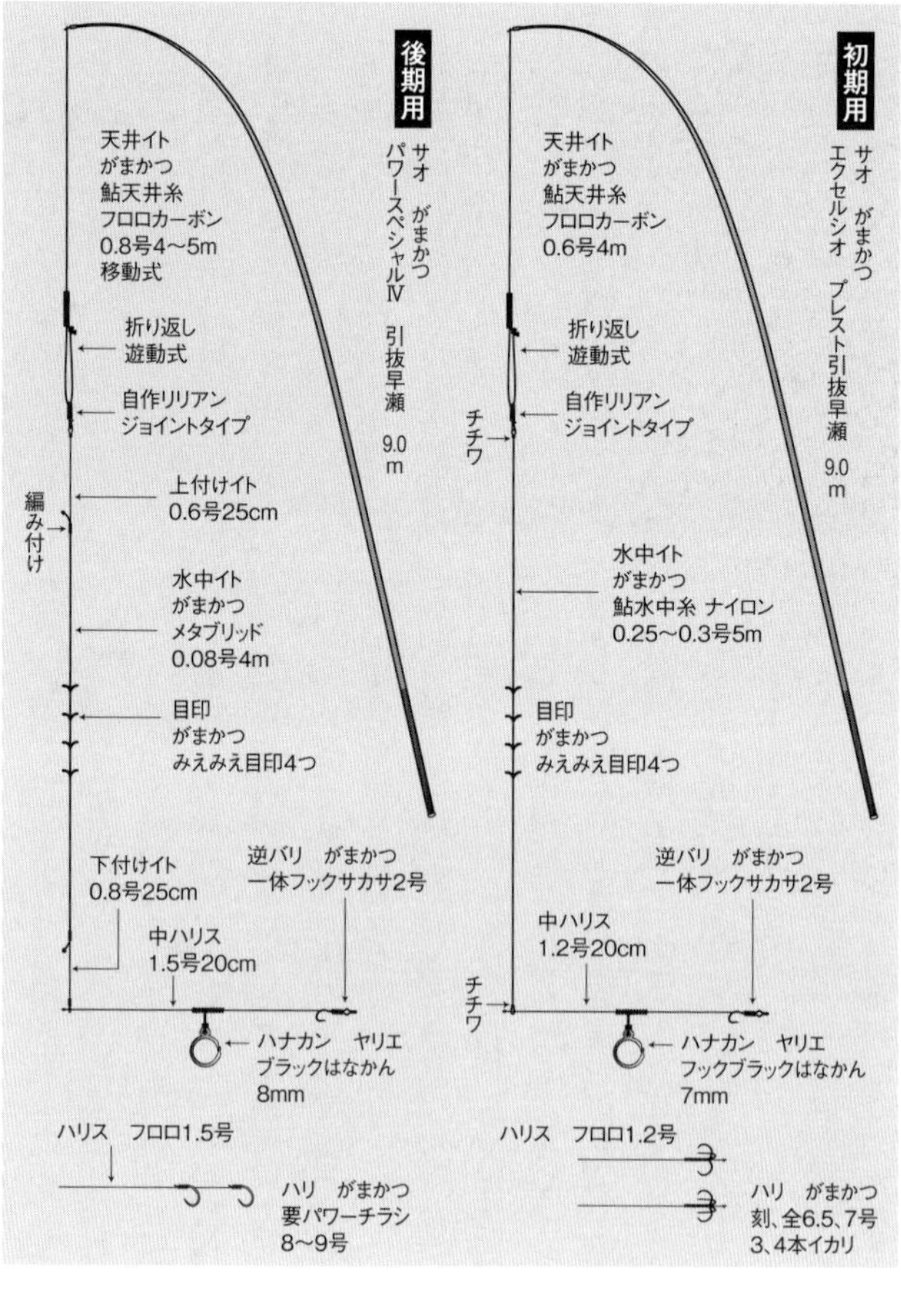

万力橋下流は長い平瀬で釣りやすい流れを見せる。魚影も多く人気のポイント

万力橋より上流を望む。オモリを噛ませてピンポイントに段々瀬を探りたい

亀甲橋より上流を望む。平瀬、段々瀬と続くアクセントの多い流れだ

山梨市駅鉄橋からの流れ。ボサが多く釣りづらいがサオ抜けの良型が期待できる

リを噛《か》ませてのピンポイント釣りをおすすめする。あまりサオをだす人がいないせいか、元気な野アユが付いている。仕掛けは太め、ハリはヤナギ、チラシ8～9号を使用したほうが確実。山梨市駅鉄橋下流もポイントである。

●亀甲橋周辺

ここも河川敷まで車を入れられないため、橋下流の左岸側にある土手に停めるが、マナーを守って駐車されたい。川相は平瀬、トロ場、ガンガン、段々瀬と変化に富んでいる。

橋下流部はトロ場でアユの貯蔵庫となっている。ここでは右岸側から護岸に向かいサオを伸ばしたい。泳がせ釣りを得意とする人に人気の釣り場。

橋上流部は平瀬、段々瀬と続き流すポイントがたくさんある。こんな強い流れにおすすめのアイテムが背バリ（がまかつ　チチワ式VⅡ背鈎、ワンタッチVⅡ背鈎）とオモリだ。オモリ

亀甲橋より下流の流れ。奥のトロ場はアユの貯蔵庫となっている

ホテルサンプラザ前の流れも見逃せない好ポイント。平瀬を背バリを使用しゆっくりと泳がせると効果的

鵜飼橋より上流を望む。お盆過ぎの終盤には大アユが手にできる流れだ

の重さは水深、水流によって決めるが、基本は1・0号を使う。この号数であればたいていのポイントは流すことができるはずだ。平瀬は背バリを使用し、ゆっくりと泳がすことでオトリを弱らせず、根掛かりも防止できるのでぜひ試していただきたい。

お盆過ぎには重川合流、鵜飼橋周辺で大アユが釣れ始める。ホテルサンプラザ前もポイントとしておすすめだ。なお、上流部は桑戸橋までが9月15日よりコロガシが解禁となり、10月1日より全区間解禁となるので留意されたい（坂本）。

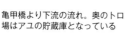

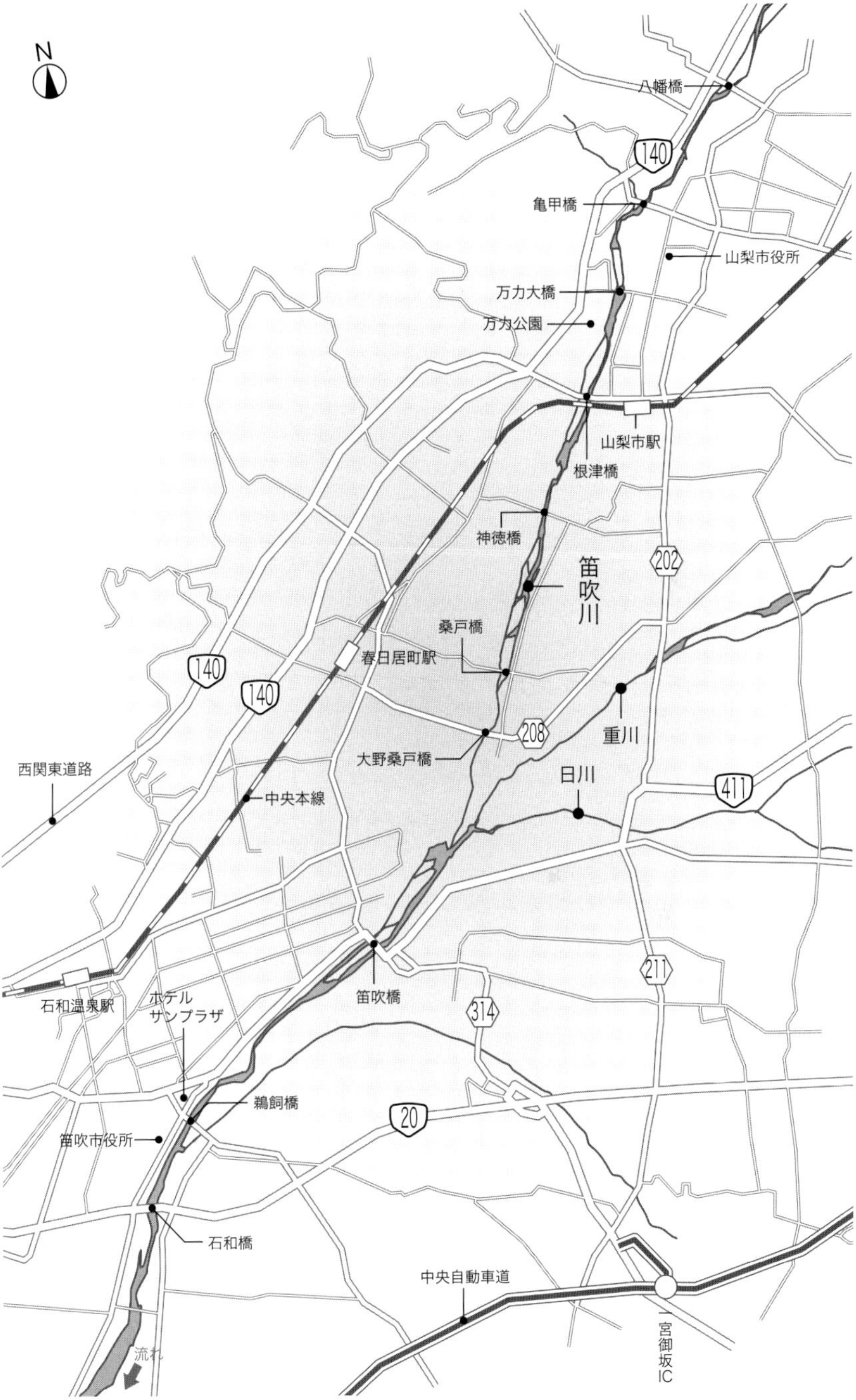
N
八幡橋
140
亀甲橋
山梨市役所
万力大橋
万力公園
山梨市駅
根津橋
神徳橋
笛吹川
202
桑戸橋
春日居町駅
140
140
重川
208
大野桑戸橋
日川
西関東道路
中央本線
411
笛吹橋
211
石和温泉駅
ホテル
サンプラザ
314
鵜飼橋
20
笛吹市役所
石和橋
中央自動車道
一宮御坂IC
流れ

川合橋より上流を望む。滑りやすい小道を降りて入川するとアユの楽園が待っている

●山梨県

桂《かつら》川

豊富な放流稚アユが大きく育ち全域で魚影の多さを誇る
初期から良型の数釣りに期待。濁り時は逃げ場の支流もあり

桂川は山梨県の東部に位置し、友釣り場の核心は大月市から上野原市の約15㎞区間。川は国道20号に沿って流れているので入川に苦労はないが、やや分かりにくい所もある。

下流に相模湖、津久井湖があるため、天然ソ上は全くない放流魚の河川だが、相模湖完成以来、毎年流域にはおよそ100万尾の稚アユが放されているので魚影は大変多い。

またアユの育ちもよいため、初期から20㎝クラスを交えた数釣りが楽しめる。1日30尾程度はザラで、40～50尾も期待できる。終盤には25㎝を超える大アユ釣りも楽しめる。また本流以外にも下流から鶴川、葛野川、笹子川の3支流があり、本流が濁った時の逃げ場となっている。

釣り場だが、ここでは特におすすめのポイントを3ヵ所をピックアップして紹介したい。

information

●河川名　相模川水系桂川
●釣り場位置　山梨県上野原市
●解禁期間　6月1日～11月30日
●遊漁料　日釣券1800円・年券7350円
●管轄漁協　桂川漁業協同組合（Tel0554-63-0083）
●最寄の遊漁券取扱所　熊坂オトリ店（Tel0554-26-2862）、小泉オトリ店（Tel0554-26-3378）
●交通　中央自動車道・上野原ICを降り左折。島田駐在所前の信号を右折し国道20号を左折して各ポイントへ

千足橋下流。初期は小型も多いが、7月以降はほぼオトリサイズ以上が掛かる流れだ

●放流量も多い巌《いわお》地区

最下流ポイントの巌地区は、川合橋上下から2㎞ほど下流の千足橋上下までの区間で数が期待できる。付近は上流と変わらない渓流相だが、比較的開けた場所もあり、やや小ぶりの石が多くなり小石底もある。放流量も多いので多数のアユが追い合う姿も見ることができる。

初期は小型も多いが、7月以降はほぼオトリサイズ以上が掛かる。ていねいに泳がせると入れ掛かりが止まらず、釣りにくいサオ抜けをねらえば、一発で素直なアユの追いも味わえる。小石底ではオモリを使いしっかりと止めて待つ。また増水時より渇水時のほうが不思議とよい。昨年の6～7月に私のアベレージは45尾ほどだった。

入川場所は千足橋と川合橋の2ヵ所。千足橋へは中央自動車道・上野原ICを降りて最初の信号を左折。上野原駅入口の信号を過ぎて坂を下り、桂川橋の信号を右折で県道506号を進み国道20号に出る。上野原高校入口の信号を左折し大月方面へ。オトリは約5km先に熊坂オトリ店がある。ちなみに、オトリ店付近に6台ほど駐車でき、横のうどん屋さん脇を降りて行くと釣り場に出られ、下流には1級ポイントが控えている。

川合橋へは、上野原高校入口信号から約4kmの四方津駅入口を左折すると四方津駅前の広場。広場の右端（大月寄り）の線路を潜るトンネルを進み左折。目安としては木の看板で「大地峠・高柄山方面」の案内がある。2つめの木の看板に従い右折すると100mほどで川合橋に到着。橋際には漁協経営の巌支部オトリ店と駐車場があり、オトリを買えば6～7台は駐車可能。

いずれの入川場所も10mほどの高低差があり、滑りやすい小道で注意が必要だが、降りてしまえばアユの楽園だ。また駐車スペースが狭いため、休日には早めの釣行が必要。

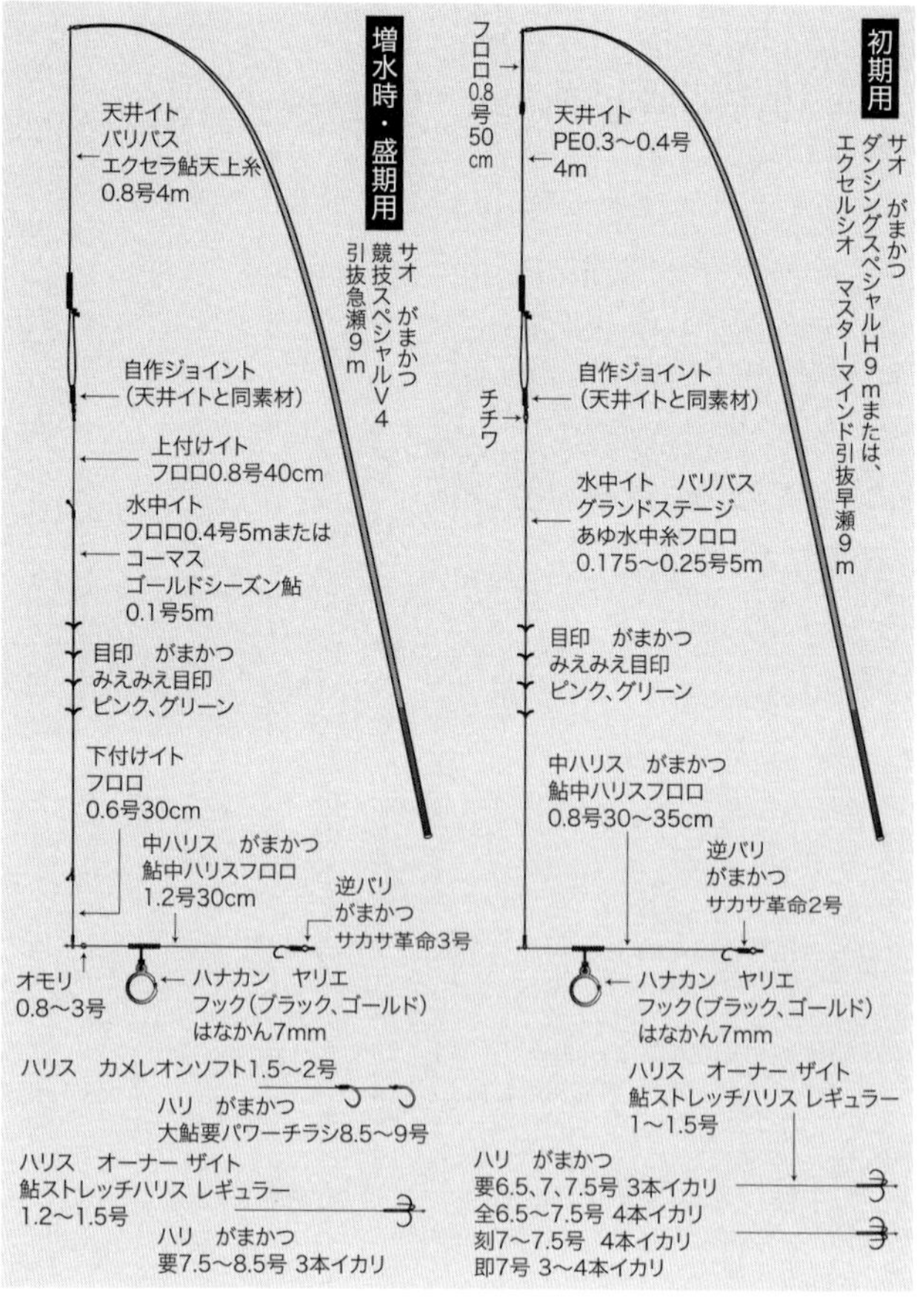

●釣り方を選ばない梁川地区

梁川地区は塩瀬橋下流にある梁川支部オトリ店の周辺がメインの釣り場だ。

四方津駅入口から国道20号を約3km大月方面に進み、最初の信号を左折すれば塩瀬橋。橋を渡り300mほど先の左へ降りる細道を行けばオトリ店に到着する。オトリ店前を中心に上流へは

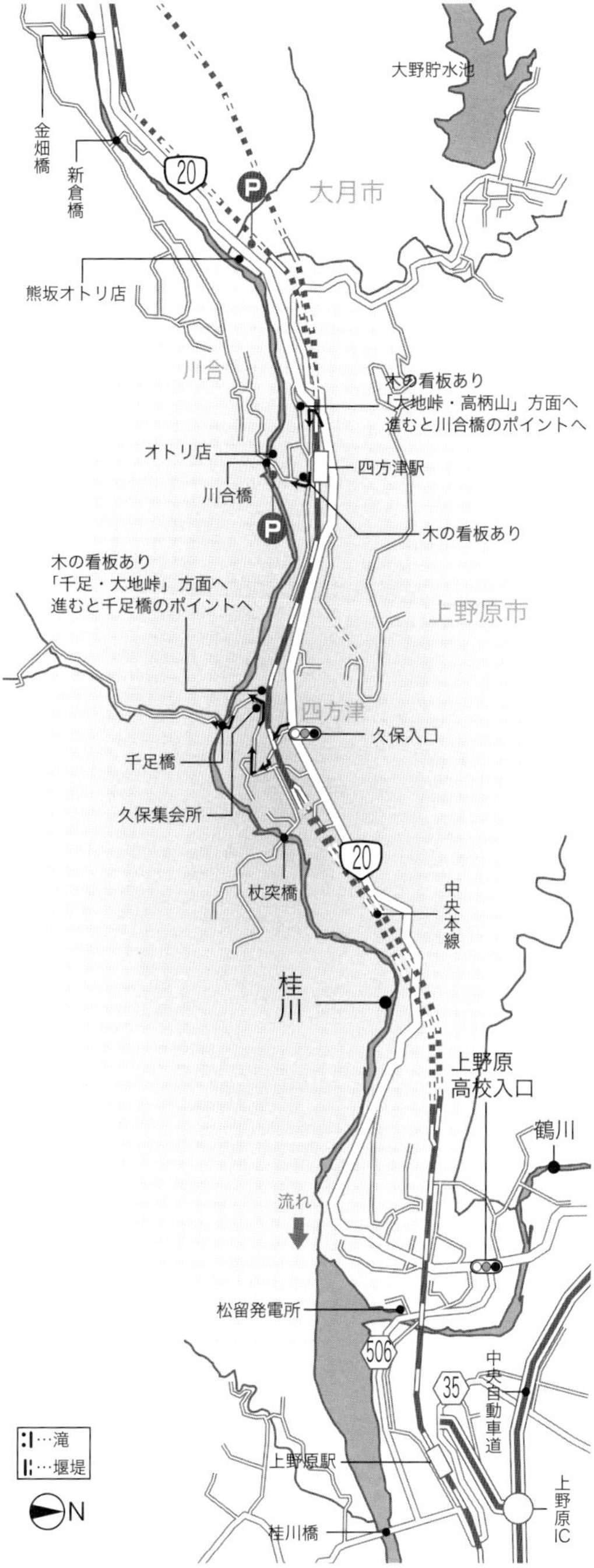

下流から奥に塩瀬橋を望む。水質がよく透明度が高いので多数のアユが泳ぐ姿を確認できる

金畑橋より上流を望む。岩盤とゴルジュの川相で入川には注意が必要

右岸側を歩いて1㎞ほど探ることができる。

下流も同じ距離を探れるが、右岸から合流する沢辺りまでが安全なポイント。川相は瀬あり、大トロあり、岩盤ありと変化に富み、泳がせでも引き釣りでも得意な釣り方で楽しめるはずだ。

虹吹橋より上流を望む。大石の点在する瀬が続く

曙橋上流の瀬を望む。台風後や大増水の後でも必ずアカが残る流れ

私はここでは半日上流、半日下流と楽しんでいる。

また、右岸に立って見釣りで自分のオトリ操作や掛けるテンション、誘い方などを試しながら釣るのもよい。透明度の高いこの地区ならではの楽しみ方だ。時期的には解禁から8月中旬がベストで、なるべく平水か渇水の状況で釣行されると安全に楽しめる。

多数のアユが泳ぐ姿を確認できる川相、水質は私の一番お気に入りのエリア。各所にある瀬の強い流れでは、真っ黄色の野アユが入れ掛かりになることも多い。

下流の金畑橋から新倉橋のある桂川清流センター付近の流れもおすすめだ。こちらへは清流センターへ行く金畑橋右岸から長い階段を降りる。注意したいのは、河原もなく岩盤落ち込み、岩盤とゴルジュの川相なので、細心の注意で入川したい。タモや引き舟を流しても、無理に追わずあきらめたほうが無難な流れだ。増水時は大変危険なため入川は控えること。

●本命釣り場の鳥沢地区

桂川のメインスポット。国道20号を西進し梁川駅前の信号を過ぎ、大きなカーブの先にあるキグナス石油の手前を左折すると虹吹橋へ出る。曲がらず国道を直進し、鳥沢駅を過ぎ少し先の大月総合体育館入口の信号を左折すると曙橋。

そのまま国道を直進すると800mほど先には小泉オトリ店入口。さらに進み宮谷入口の信号を左折して下ると宮谷橋下のポイントとなる。

このエリアの川相は瀬が多く石も大きい。また駐車場所と川への高低差も少ないので入川もしやすい。主な駐車場は虹吹橋上流のオトリ店、曙橋下流の旧佐藤オトリ店、小泉オトリ店、宮谷橋下の土手などで収容台数も多い。

解禁からの1ヵ月は、型のよい湖産が数釣れるので初期におすすめポイント。全体的に開けた川相なのでアユの育ちもよく、他区間より一回り大きい釣果が期待できる。足が立たないような流れも少なく、初心者でも安全だ。

車止からのポイント移動も上下流へと動くことが可能なので、広く流れを探ることも可能だ。増水にも強く、雨後一番早くサオがだせる。増水時は良型の一番アユがガンガン掛かってくるので、仕掛けやハリをワンランク上げて臨みたい。解禁時より7・5号のイ

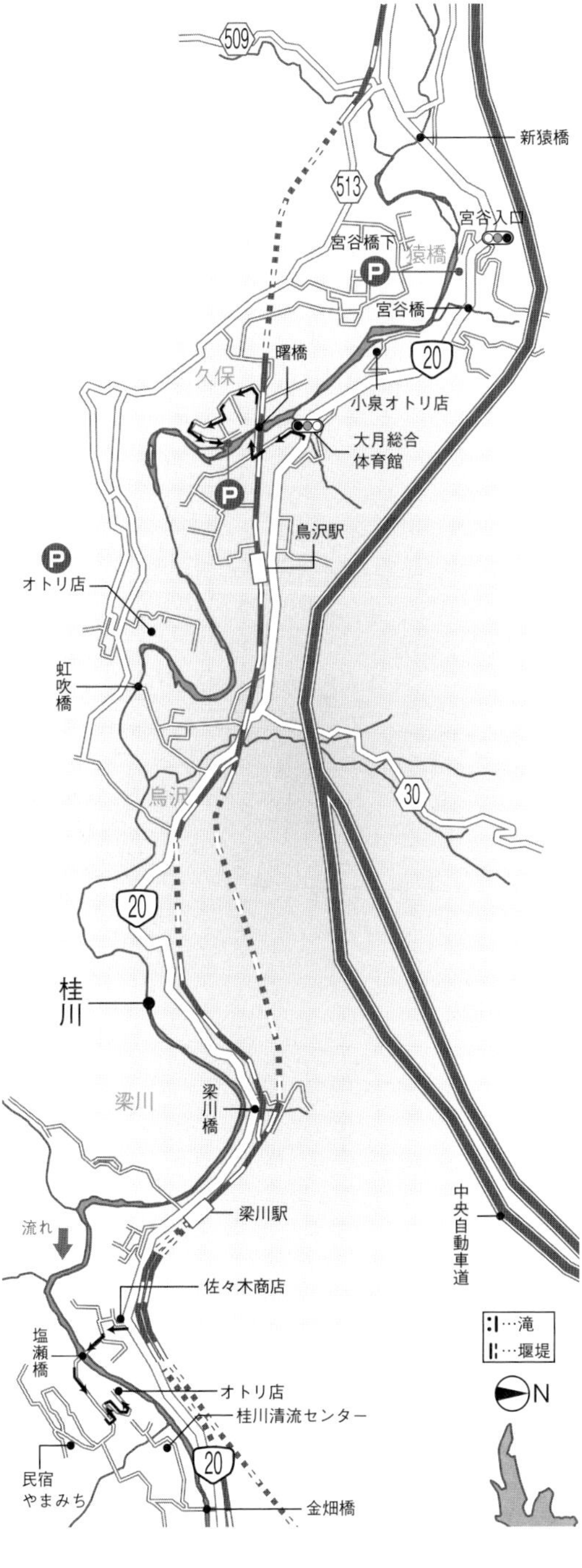

宮谷橋下流の流れ。全体的に開けた川相で初期におすすめの釣り場

2014 年度の筆者の釣果。6～7月のアベレージは 45 尾ほど

カリは必携。

曙橋の上下流の瀬は台風後や大増水の後でも必ずアカが残り、新アカの付きも早い。また多少の濁りでもバリバリ掛かることも多く、釣行の際はあきらめずサオをだしてみたい。最後に、いずれも人気場所の宿命で釣り荒れも早いので注意されたい（三好）。

●山梨県・静岡県

富《ふ》士《じ》川

大アユを育む日本三大急流の一川
広大な流れの中から入川しやすいポイントを厳選して紹介

漁協直営のオトリ店前の流れ。富士川漁協管内でも一番の放流量があり魚影も多い

漁協直営オトリ店下流の流れ。1級瀬となる幾筋もの流れがある

世界文化遺産にして日本一の山と同じ富士の名前を持つ富士川。その昔は激しい流れで、日本三大急流の1つとして知られたが、昨今では話に伝わるような流れとはほど遠く、川幅の広さだけが昔の名残を感じさせる。

それでもなお、穏やかに見える流れでも、やはり他の河川を圧倒する水量がアユを大きく育てるのか、関東きっての大アユ釣り場として釣り人を魅了している。

山梨県を流下し静岡県富士市で駿河湾に注ぐ富士川には漁業権が2ヵ所に

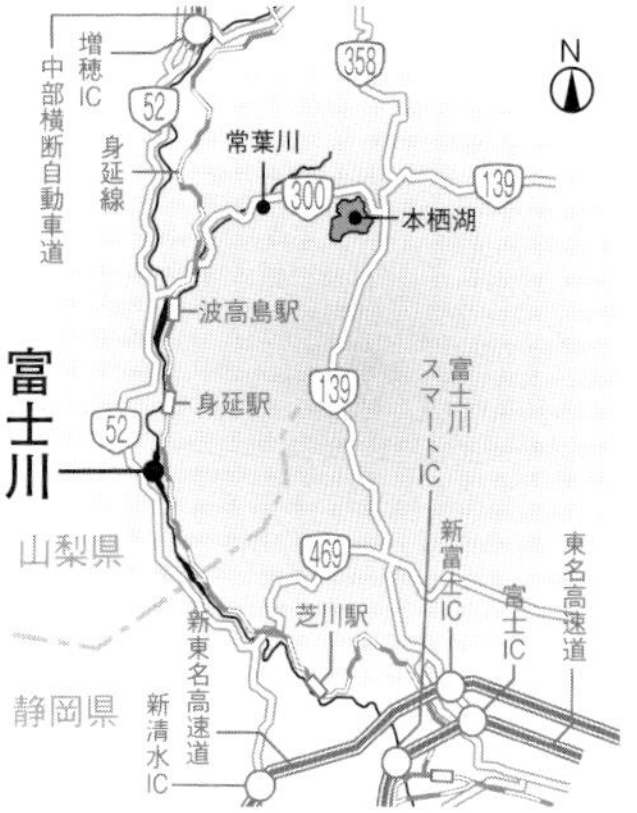

information

- ●河川名　富士川
- ●釣り場位置　山梨県南巨摩郡身延町～静岡県富士市
- ●解禁期間　6月第1土曜日～11月30日（山梨県内）、6月1日～11月30日（静岡県内）
- ●遊漁料　日釣券1800円・年券8000円（山梨県内）
- ●管轄漁協　富士川漁業協同組合（Tel05566-2-2000）
- ●最寄の遊漁券取扱所　芦沢オトリ店（Tel05566-2-2559・身延町）、佐野オトリ店本店（Tel05566-6-2045・南部町）
- ●交通　東名高速道・新清水ICを降り国道52号で山梨方面か、中部横断道・増穂ICから国道52号で各ポイント。下流部（静岡県）は東名高速道道・富士川SAスマートICを降り、川沿いを北上

設定されており、山梨県側は富士川漁協が管理、放流などを行なっている。

下流の人工建造物によりソ上は阻まれ極端に少ないが、そのアユが山梨側で尺アユにまで成長するといわれている。科学的実証はないが、山梨県側で尺アユが多く釣れているのは事実だ。

静岡県側は山梨県境より下流、富原橋までを芝川漁協が放流などを行なっているが放流量は少なく、天然ソ上などに頼っているのが現状だが、入川には遊漁券（日券１５００円・年券６０００円）が必要になる。富原橋より下流は基本的には遊漁券なしで入川できるが、放流は行なっていない。静岡県の内水面漁業調整規則に則っての釣りになる。

富士川は砂が多くトロ場はほとんど釣りにならない。必然的に瀬釣りが中心。解禁当初から23㎝クラスのアユがサオを絞るので、一般河川の最盛期のタックルなら安心だ。さらに、アユは梅雨明けと同時にサイズアップして最盛期にはレギュラーが25㎝ほどになる。サオも急瀬や荒瀬といった大アユに対応できるものがおすすめ。軟調子のサオでも楽しめるが、最盛期の混雑の中でのやり取りとなると、それなりのタックルがほしくなる。

●入川しやすいポイントを紹介

山梨側での釣りは大アユねらいがメインとなる。入川がしやすい身延町八木沢地区周辺から上流に釣り人が集中する。ここは漁協直営のオトリ店があり、いわば漁協のお膝元。富士川漁協管内でも一番の放流量があり魚影も多い。最盛期の混雑にも対応できる広大な川幅には幾筋にも流れができ、そのほとんどが1級瀬。尺アユの実績も過去に数えきれないほどだ。

富士川を下って来ると、静岡県富士宮市に入る。芝川漁協の下限となる富原橋の1つ下の橋、富士宮市と富士宮市を渡す蓬莱《ほうらい》橋の下流には、富士山の噴火で出た溶岩盤で形成された人気のポイントがある。

水深のある流れの中に岩盤や岩が多く点在し、緩やかな流れができるので終盤の大きく育った抱卵アユの絶好の付き場となっている。ソ上があれば最盛期には良型の数釣りも楽しめる。広大な駐車スペースがあり、河川敷も整備されて入川しやすい。トイレも設置

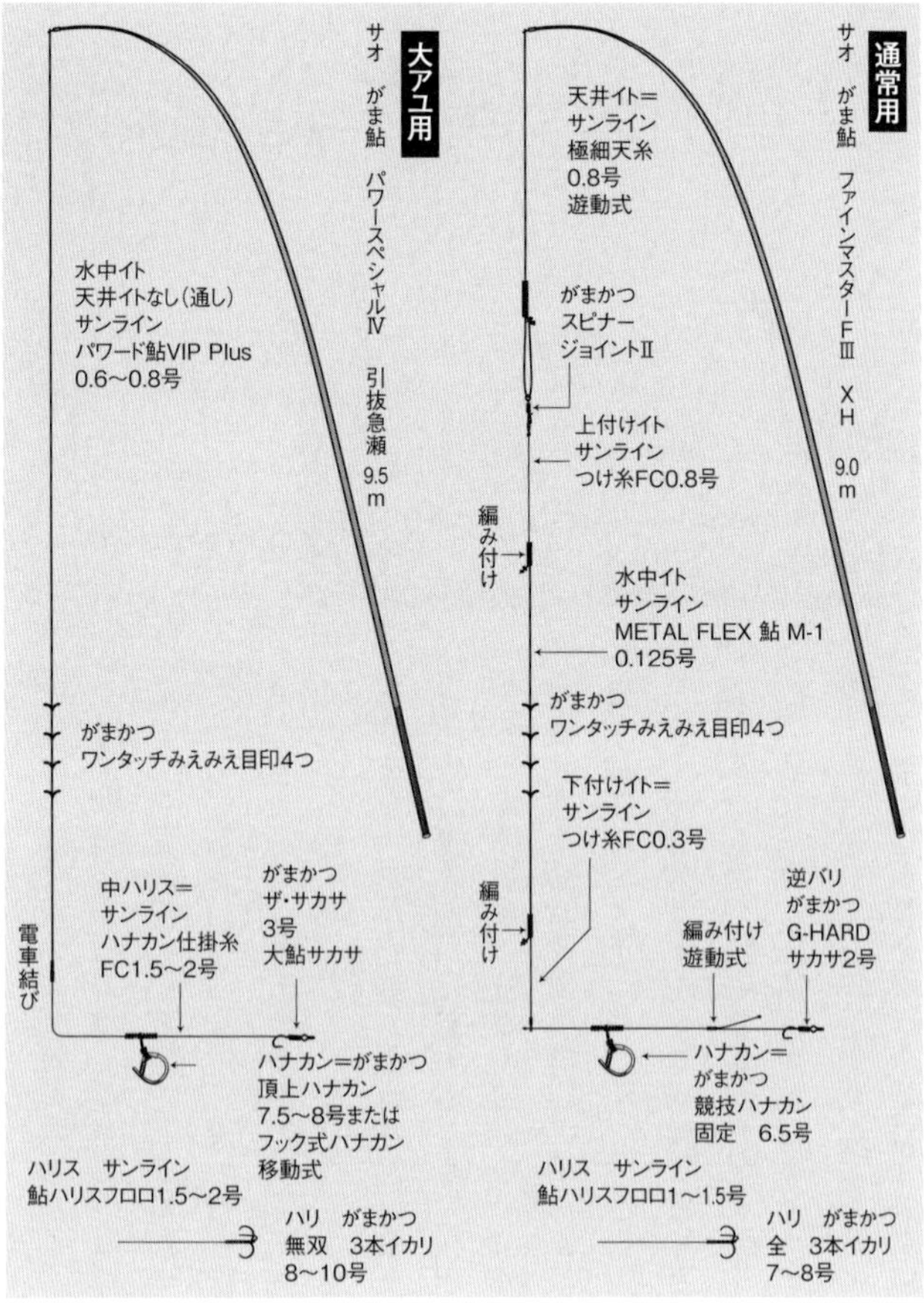

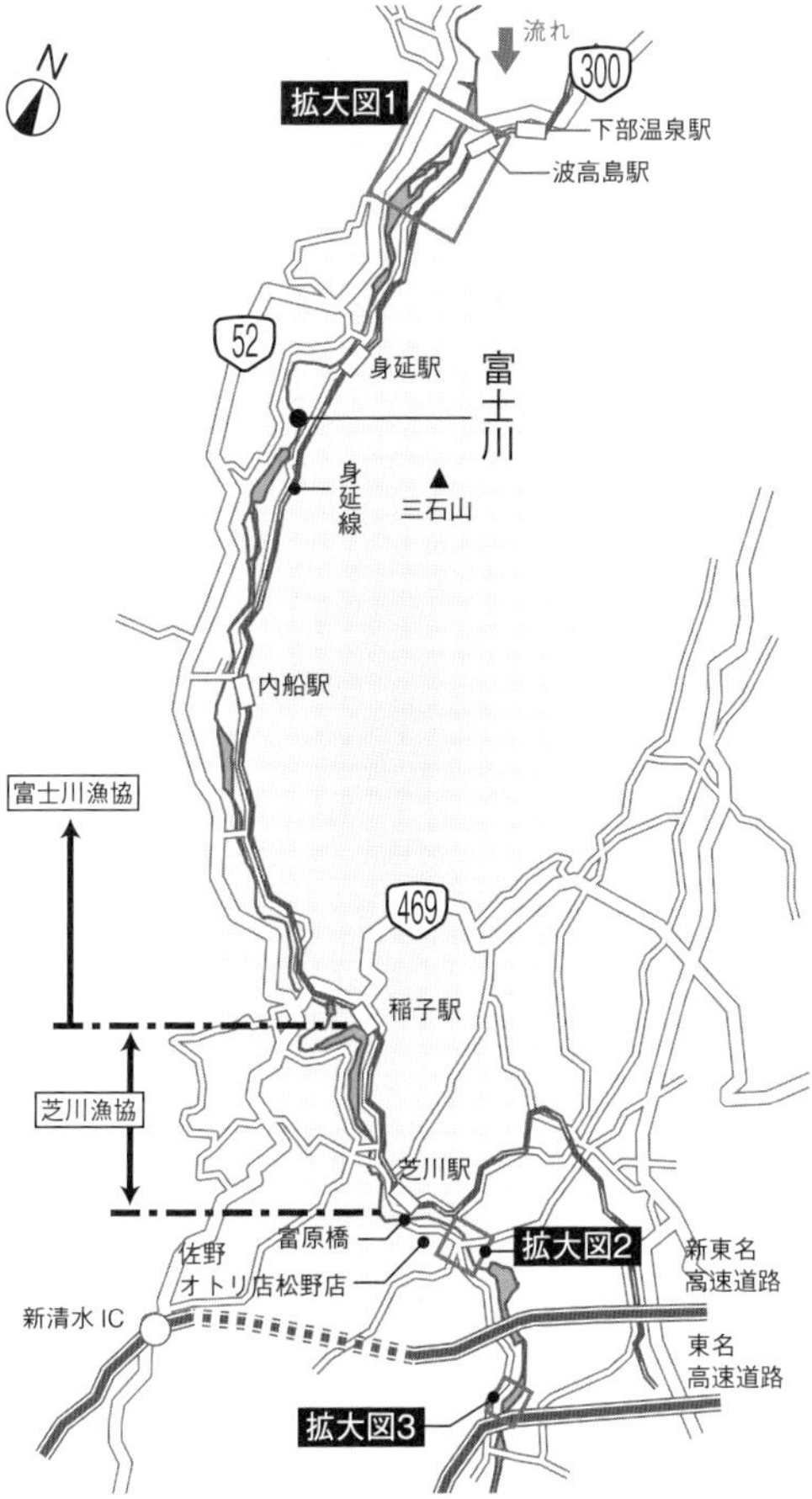

楽座前での釣果。ソ上があれば最盛期には良型の数釣りも楽しめる

されているので週末には家族連れが多く、通行の際は注意しマナーを守って利用したい。

その下流、東名高速の富士川橋が見えてくる。そのすぐ上流が通称・楽座前と呼ばれる釣り場だ。富士川では珍しいトロ場での釣りが楽しめる。こぶし大の底石、膝丈くらいの水深の広いトロ場は絶好のポイント。広い川幅から一気に絞り込まれる流れは瀬釣りファンを納得させること間違いなしだ。

東名高速・富士川スマートICから5分というアクセスのよさも魅力。

●釣行前に必ず川況を確認

富士川は雨に非常に弱いので、ひと雨の濁りで1ヵ月以上釣りができなかったり、シーズン中ほとんど一度もサオをだせない年さえある。上流に位置する甲府盆地で集中豪雨があると、富士川に雨水が一気に流れ込む。下流で釣りをしていると増水に気が付かず、

蓬莱橋下流・水辺の楽校前の流れ。溶岩の岩盤で形成された人気ポイント

通称・楽座前と呼ばれる釣り場の全景。富士川では珍しいトロ場がある

中州に取り残されるといったことが何度かあったので注意が必要だ。

逆に、盆地の市街地を流れてくることなどから、最盛期には高水温でオトリの水合わせすらできないこともある。減水でオトリ缶が露出することもあるので、水位の変化に注意しつつ釣りを楽しんでもらいたい。

富士川はオトリ店が少なく、入川場所も限られるので、初めて訪れる釣り人のために入川しやすく、オトリの入手がしやすいポイントに絞って紹介したが、広大さゆえに未開拓のポイントはいくつもある。

ただし、河原へと続く入川口はほとんど封鎖されているため、重い荷物を持って炎天下の中、はるか先のポイントへ歩かなければならない。「もし、釣れなかったら……」と考えると足がすくんでしまうが、思わぬ所で好釣果に恵まれることもある。前述のとおり、濁りなど諸事情で安定した釣果を得ら

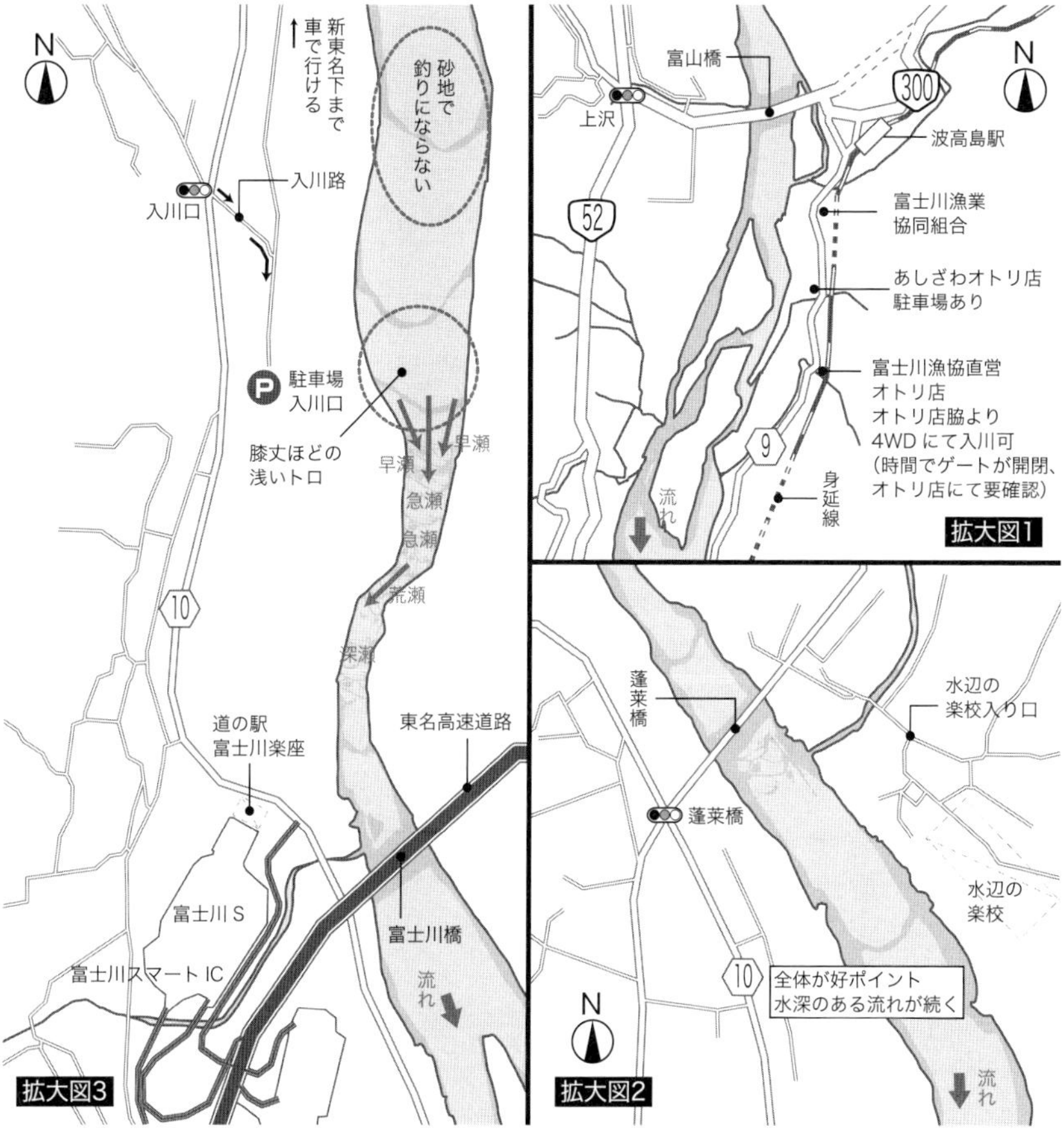

楽座前の釣り風景。広大な駐車スペースがあり、
河川敷も整備されており入川しやすい

れないこともある非常にクセの強い川なので、釣行前には情報収集を必ず行なってほしい（望月）。

●山梨県

常葉《ときわ》川

福士川と人気を分ける富士川支流。山梨県産アユは追い気充分
穏やかな流れは初心者でも気楽に友釣りを楽しめる

常葉バイパス南交差点近くとなる自動車整備工場裏の川相。こぶし大の底石が入る浅く穏やかな流れ

富士川の左岸側から流れ込む支流が常葉川だ。そのほとりには、武田信玄の隠し湯で知られる下部温泉郷がある。文豪・井伏鱒二もこよなく愛し、創作活動に熱中した歴史ある温泉街だ。

川沿いの国道300号を上っていくと、千円札の裏側に描かれている本栖湖と富士山のデザインの元となった景色の場所に出る。近くには日蓮宗総本山である身延山久遠寺もあり、観光スポットも多い。

●穏やかな流れは初心者向き

富士川の支流で福士川と人気を二分する常葉川だが、放流量は毎年400kgほど。山梨県産のアユがほとんどで、県独自に改良され冷水病に強く追いのよいアユであることは、同じアユを放流している福士川同様、ここ数年解禁から好釣果を出しており実証ずみ。漁協のお膝元の支流なので管理もきちんとされており、昔から実績のある川でファンも多い。解禁日は例年6月の第1土曜日になっているので、詳細は漁協に問い合わせていただきたい。

釣れるアユのサイズは13～23cmで、シーズンを通してのレギュラーサイズは18cm前後となる。泳がせ中心の釣り

下部ホテル社員寮の下流となる土手下の流れ

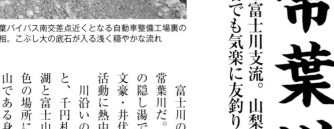

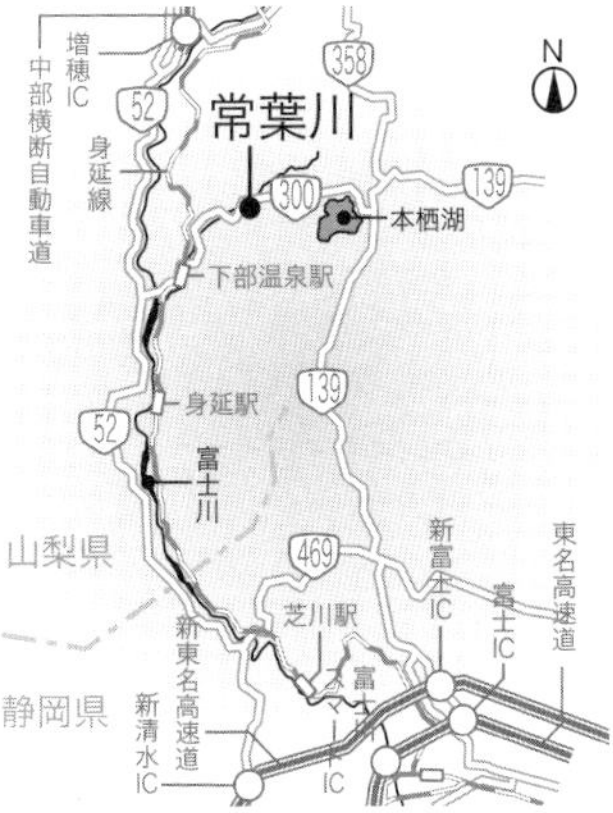

歩道橋より下流を望む。泳がせ中心の釣りになるので、9mの早瀬クラスのサオがよい

information

●河川名　富士川水系常葉川
●釣り場位置　山梨県南巨摩郡身延町
●解禁期間　6月第1土曜日～11月30日
●遊漁料　日釣券1800円・年券8000円
●管轄漁協　富士川漁業協同組合(Tel05566-2-2000)
●最寄の遊漁券取扱所　芦沢オトリ店(Tel05566-2-2559)
●交通　新東名高速・新清水ICを降り国道52号を山梨方面へ進むか、中部横断道・増穂ICを降り国道52号を静岡方面へ進み国道300号経由で常葉川へ

下部温泉郷入り口に架かる橋より下流を望む。下部川が合流すると川相が一気に開ける

になるので、9mの早瀬クラスのサオに水中イトはナイロン系の0・175号もあれば充分だ。流れは穏やかで初心者や女性でも気楽に楽しめる。

国道300号を本栖湖方面に進むと常葉バイパス南交差点がある。この交差点に架かる橋から富士川合流地点までの4㎞ほどがメインの釣り場になる。交差点の角にある自動車整備工場（小林自動車）の裏は、こぶし大の底石で水深は浅く穏やかな流れを見せるポイント。国道沿いに駐車スペースがあり、入川しやすい。

200mほど下った左岸に下部ホテルの社員寮がある。その前から流れは右岸側の土手下を流れるようになる。増水によって川の流れが変化するので、入川前にようすを確認されたい。

土手は車で走行可能で、500mほど先の行き止まりに駐車スペースがあり、そこから歩道橋で左岸側に渡り入川できる。歩道橋下流から下部温泉郷入口までは好ポイントが続く。

●下部川の出合下から開ける川相

下部ホテル裏から下流の吊り橋まで、１kmほどゆったりとした流れが続く。下部ホテル裏は道路との高低差があるが、国道沿いの駐車場脇にある階段で途中まで下りることができ、その先は河原までケモノ道状の入川路がある。その年の状況により入川できない可能性もあるので、よく確認したうえで安全に入川されたい。

下部温泉郷より下部川が合流すると川相が一気に開け、吊り橋が目に入る。その近くにも駐車スペースがあるが、農作業の邪魔にならないように駐車すること。吊り橋下流は瀬が続く好ポイント。ここから富士川合流地点までは流れが極端に変わることもなく、安定した釣果を期待できる流れで、放流量も多いが釣り人の姿も多い。

桃川橋より下流は、２０１４年より

吊り橋下流の流れ。左岸の土手が流れに接する辺りに吊り橋が架かっている

桃川橋より上流を望む。安定した釣果が期待できる釣り場

最下流部に架かる波高島鉄橋を望む。放流量も多いが釣り人の姿も多い区間

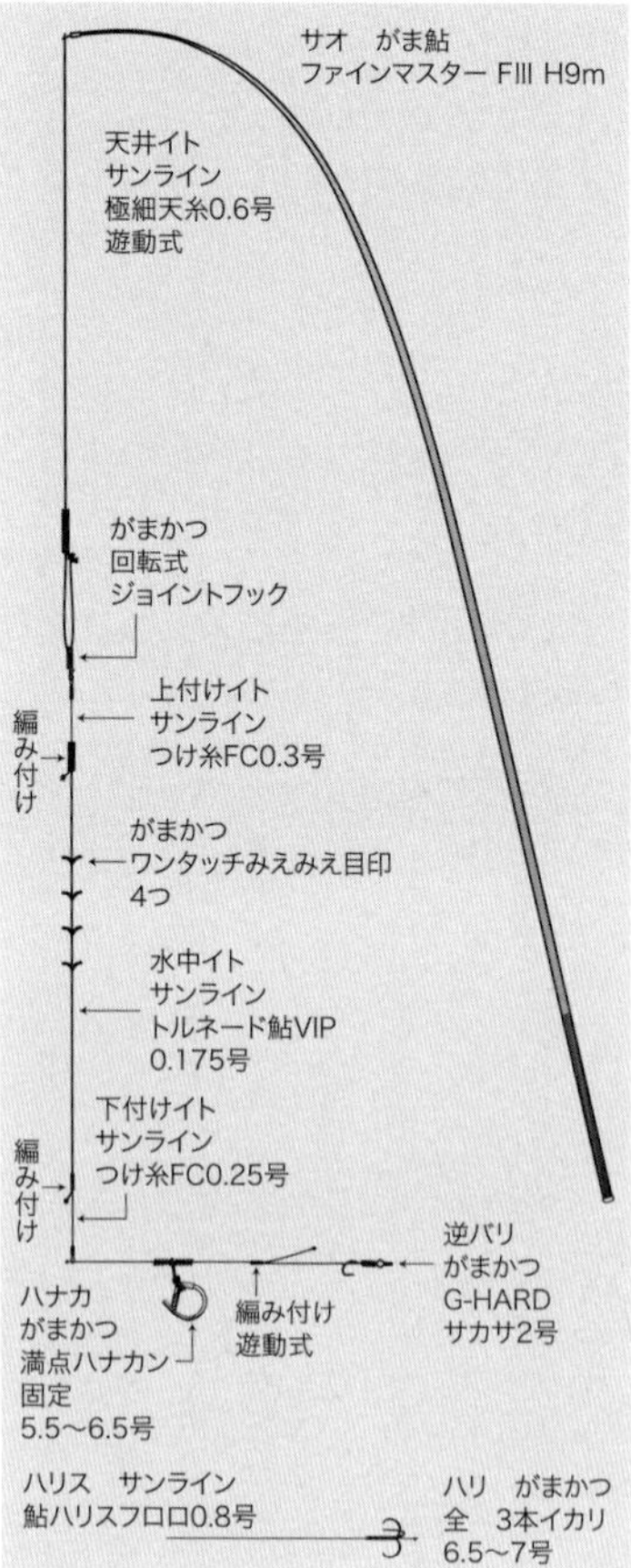

中部横断道路が建設中のため川を大規模に工事している。漁協の目と鼻の先での工事なので、きちんと復旧するとは思うが、今後の流れがどうなるのかは現時点では全く予想できない。今後に期待したい。

最後に、常葉川にはオトリ店がほとんどなく、釣行前には必ず入手場所を確認してから釣行されたい（望月）。

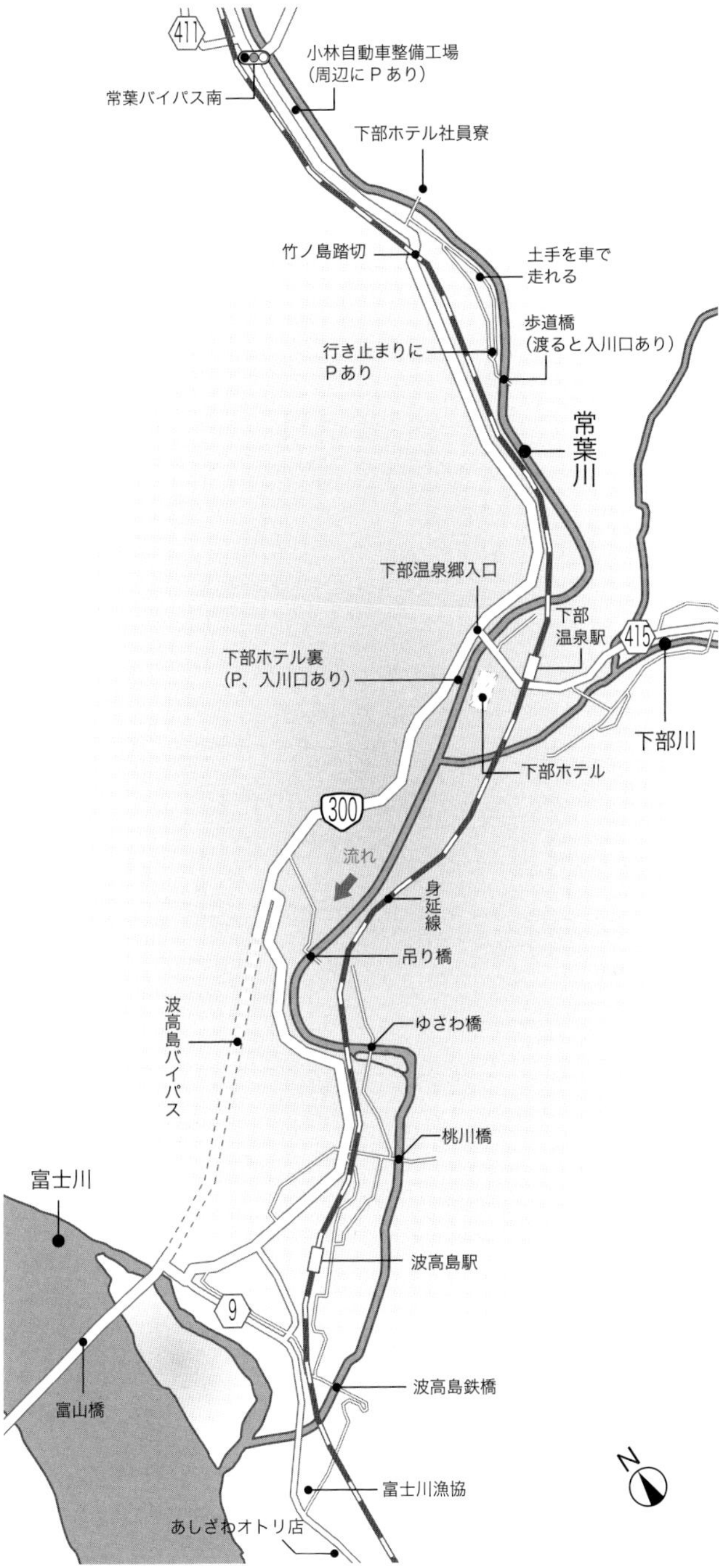

解禁直後は好釣果が望めるので期待しているファンも多く混雑必至

●山梨県

福《ふ》士《く》川《し》

解禁日は混雑必至。小河川ながら水質、アユの追いともに良好 トロや緩やかな瀬が主体の流れはビギナーにも最適

山梨と静岡の県境に位置する南部町。町を東西に分断するように、日本三大急流の富士川が流れている。その富士川に右岸から流れ込むのが福士川だ。お隣の静岡県を流れる興津川とは水源が分水嶺をなし、水質のよい透明度の高い流れを誇っている。釣れるアユはほぼ放流魚に頼っているが、駿河湾からの天然ソ上も多少は見られる。

例年、富士川漁協によって400kgほどの放流が行なわれている。小河川なのでかなりの放流量といえる。そのほとんどが県独自に改良された冷水病に強い山梨県産のアユで、追いのよさは、ここ数年解禁当初に私自身が好釣果を記録しており実証ずみだ。鵜《う》の対策も地元組合員の早朝からの地道な見回りにより、最小限の被害で食い止められている。

解禁日は6月の第1土曜日。解禁直後は好釣果が望めるので期待しているファンも多く混雑は必至。シーズンを

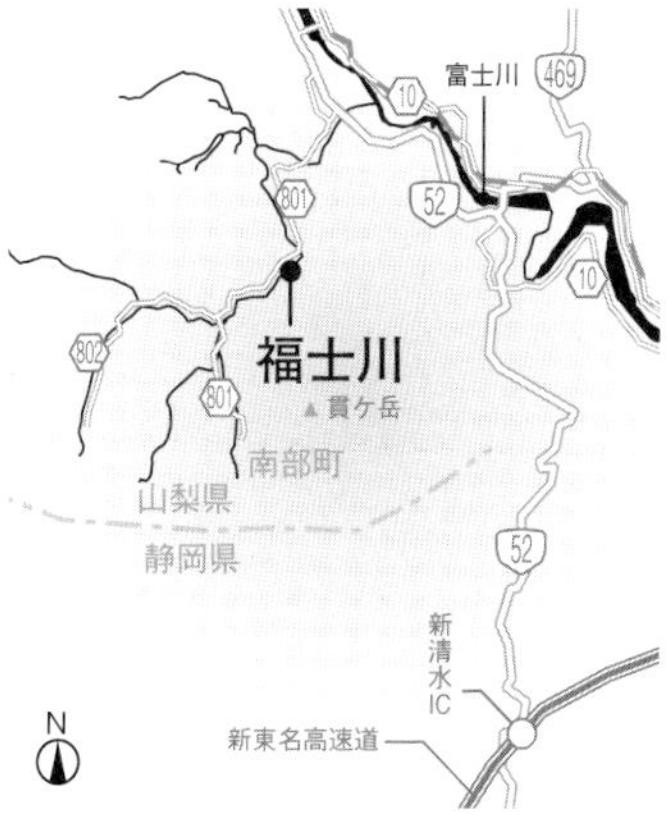

information

●河川名　富士川水系福士川
●釣り場位置　山梨県南巨摩郡南部町
●解禁期間　6月第1土曜日～11月30日
●遊漁料　日釣券1800円・年券8000円
●管轄漁協　富士川漁業協同組合（Tel05566-2-2000）
●最寄の遊漁券取扱所　魚辰オトリ店（Tel05566-6-2447）、佐野オトリ店本店（Tel05566-6-2045）
●交通　新東名高速・新清水ICを降り国道52号を山梨方面へ。南部町役場前を左折し県道801号、802号経由で上流部へ

通してのレギュラーサイズは18cm前後だが、23cmまで期待できる。泳がせ中心の釣りになるので、9mの早瀬クラスのサオに、ナイロン系の水中イトで0・175号もあれば充分だ。

●川幅が狭い上流域は短ザオが有利

富士川合流から上っていくと、上皐月橋より上流は渓流相になる。アマゴ釣りの好ポイントが連続するのだが、そこから2kmほど上流にある最終集落の徳間地区に架かる幡竜橋まで放流が行なわれている。

上流域は水温が低いので、早朝や解禁直後は活性が低いが、最盛期になれば美形の香り高いアユに出会える。下流域とは違い川幅が狭くなるので、短ザオが有利になる。また穴場ポイントも多く、人に気づかれず大釣りなんてこともある。

1つ注意してもらいたいのは、上流域にはヤマビルが多いこと。被害のほとんどは、入川時や帰りの草むら、林の中を移動した時に起こる。足元に注意して留まることなく、できる限り早足で河原まで行くこと。河原にはいないので安心して釣りを楽しみたい。

上皐月橋から下流、皐月橋にかけてはフラットな流れが続く。川と道路が離れていることもあり、シーズンを通して釣り人は少ない。昔は好ポイントの連続する人気エリアだったが、現在では砂地の場所が多くなり、ポイントも限られてしまう。とはいえ釣り人が少ない場所なので、貸し切り状態で大釣り！　ということもあるので川のようすを見てから入川されたい。また、有害鳥獣の電気柵などがあり感電やケガの恐れがあるので、入川場所などはオトリ店で確認していただきたい。

●入川しやすく駐車にも困らない

皐月橋から下皐月橋の間は福士川で最も人気のポイントで釣果も望める。

徳間地区に架かる幡竜橋を下流より望む。
川幅が狭くなるので短ザオが有利

上流部にある「森のオアシス公園」上流の流れ。
草むらや林の中を移動する時はヤマビルに注意

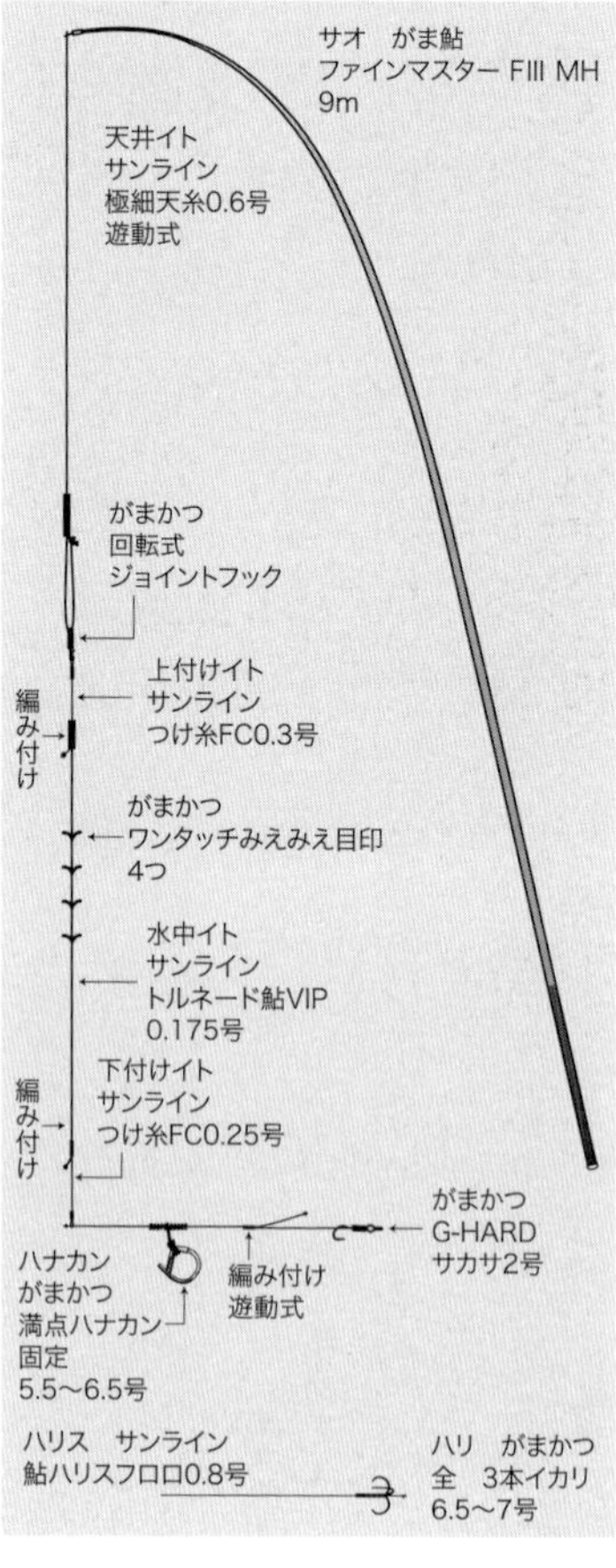

荒い流れはなく、大小さまざまな岩や石の間を流れが縫う。トロや緩やかな瀬が主体で、入門者の練習にももってこいだ。

天王堰堤下はアユの溜まり場となり入れ掛かりになることもある。放流量も多く、混雑の中でも釣果を約束してくれるので、私も解禁直後は川の状況を確認するためにここでサオをだす。

下皐月橋から上福士川橋の間は少し落差があり瀬が点在するが、難しい釣りを強いられることはない。下皐月橋下流は流れが右岸側を走り、比較的水深のある瀬から開けた瀬につながる。この場所は昔から変わらず良型が飛び出す。瀬が落ち込んだ先の淵（山小淵）は砂地で釣りにはならないが、右岸の岩盤にはアユが付く。淵からは開けたチャラ瀬となり、小型が多いが数釣りが期待できる。終盤には下ってきたアユが無数に付き、良型交じりでかなり楽しめる。

上皐月橋より上流を望む。穴場的なポイントの多い流れが上流へと続く

中皐月橋より下流を望む。フラットな流れが続く

旧福士保育所より下流を望む。トロや緩やかな瀬が主体で入門者の練習にも最適

上福士川橋より矢島福士川公園を望む。車で乗り入れができる人気の場所だ

解禁当初の福士川での釣果。18cm 前後のレギュラーサイズが数釣れる

上福士川橋より下流は、富士川合流に向けて開けた釣り場になる。矢島河川公園前は車の乗り入れができる唯一の場所で人気が高い。石組みがしっかりしている瀬があり良型が付く。ただ、夏休み中は水遊びの子供が多いので注意。

福士川に沿って道路が通っているので入川もしやすく、駐車に困ることもほとんどない。町で公衆トイレをいくつか設置しており、掃除も行き届いているので女性でも安心して楽しめる。

最後に、福士川は増水時の回復が早いので、富士川の逃げ場として考えている釣り人も多い。しかし、透明度のある流れをのぞき込めば、ギラギラとヒラを打つアユが目に飛び込んでくる、釣り心をくすぐられる魅力的な川なのだ（望月）。

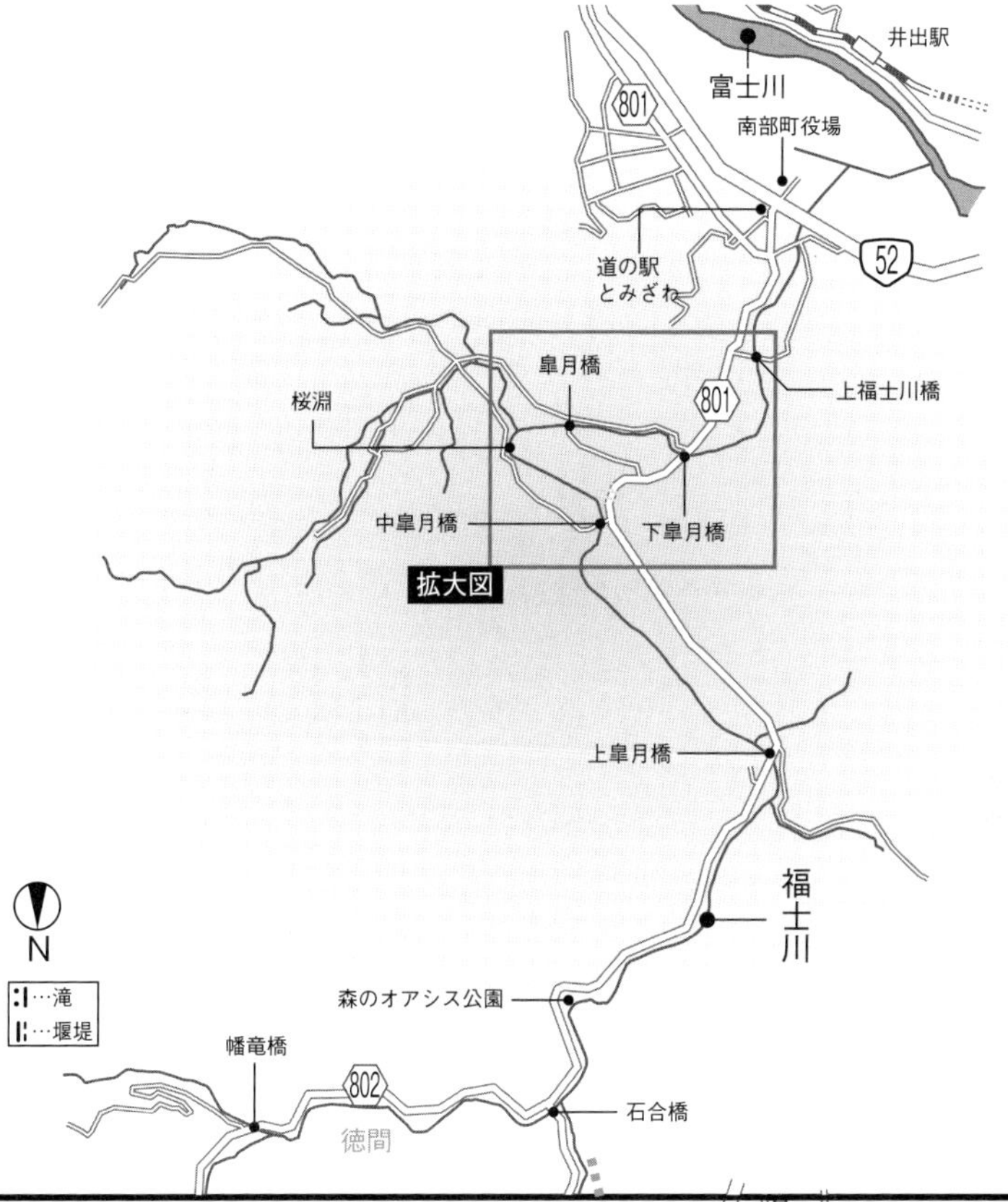
井出駅
富士川
801
南部町役場
道の駅
とみざわ
52
皐月橋
上福士川橋
桜淵
801
中皐月橋
下皐月橋
拡大図
上皐月橋
福士川
N
…滝
…堰堤
森のオアシス公園
幡竜橋
802
石合橋
徳間

拡大図
大小さまざまな岩と
石の間を川が流れ、
放流量が多い
上福士川橋
矢島河川公園
（駐車可、入川口あり）
旧福士保育園
（駐車可、トイレあり）
石垣から入川
土手道は車が通り抜けられるように駐車。農道なので注意
天王堰堤
オトリ店
魚辰釣具店
桜淵
トロ場（右岸の岩盤にアユが付く）
矢島公民館（駐車可、入川口あり。車が通れるように止めること）
皐月橋
矢島堰
下皐月橋
4WD
入川可
段々瀬
右岸に流れが着き水深もほどほどある
高速道建設中で通行止め
堰堤下はアユが
溜まる好ポイント
佐野
オトリ店本店
中皐月橋
801
…ポイント
中部横断道路建設中

●長野県

千《ち》曲《く》川《ま》

稚魚放流から育った個体が8月には尺に届く大アユ処
中流域の上小漁協管内は数釣り、大型ねらいともに有望

深瀬や岩盤、大石を流下する激流で掛かる魚体の引きはパワー満点のやり取りが楽しめる

長野県千曲川水系におけるアユ釣りは、下流から「更埴」「上小」「佐久」の3漁協に分かれて管理されている。いずれも天然ソ上のない完全放流河川だが、この中で私が最も楽しみに通うのが上小漁業協同組合管内だ。

アユの成長もよく、例年解禁となる6月中旬から下旬には20㎝級、7月下旬には25㎝級に育ち、8月には尺の可能性も秘めた大アユ処である。

種苗アユ（主に人工・湖産）はすべて稚魚放流で流れに強く、良質のコケが付く強い瀬の中に入る傾向がある。深瀬や岩盤、大石ゴロゴロの激流で掛ける魚体は体高がありパワー満点。激流派には堪えられない釣趣がある。

放流河川ゆえに冷水病が不安要素であるが、アユの生息に適しているのか

下流側から上田橋手前の瀬を望む。お盆頃になれば体高のある尺クラスも期待できる

information

●河川名　千曲川
●釣り場位置　長野県上田市～東御市
●解禁期間　6月第3日曜日～12月31日
●遊漁料　日釣券2160円・年券1万2900円
●管轄漁協　上小漁業協同組合(Tel0268-22-0813)
●最寄の遊漁券取扱所　鯉西(Tel0268-23-2438)
●交通　上信越自動車道・上田菅平ICを降り国道144号、18号経由で下流部へ。上流部は東部湯の丸ICを降り県道81号、国道18号を利用

大打撃を受けることは少なく、毎年コンスタントな釣果を残している。難といえば、上流域で雷雨があると田畑からの濁水が流入するため、回復が遅れる点。しかし、依田《よだ》川や鹿曲《かくま》川といった支流は雨にすこぶる強く、逃げ場があるのも遠方からの釣り人にはうれしいところ。

近年は、水質抜群の支流・依田川の人気が沸騰。放流も重点的に行なわれており、本流以上に数&型が揃うので、こちらをメインにねらっての釣行もよいだろう。ただし高い標高に位置する河川のため釣期も短く、9月中旬をもってメインシーズンは終幕となる。

●瀬釣りの醍醐味を堪能

まず本流エリアであるが、例年数ヵ所の友釣り専用区が設けられる。専用区内は入川が容易なエリアと重なり、放流量も多くおすすめのポイント。ただ、7月中旬には投網が解禁となる専用区外も放流量は充分にあるので、深瀬や荒瀬をねらう釣り人はあまり気にする必要はないだろう。

　私が最もサオをだすのが、下流域となる古舟橋から小牧橋の区間と、中流域の依田川との合流点。駐車場も多く入川が容易なうえ、荒瀬・深瀬のポイントが連続しており、瀬釣りの醍醐味を堪能できる。

　梅雨と重なる解禁当初は、水量や水温などの影響から流心での釣りは苦戦することも多いが、水量や濁りを嫌ったアユが分流に逃げ込んでいることも多い。常田新橋上流の左右岸に流れる分流などはシーズン初期にねらいめとなる。

　梅雨明けとなる7月中旬からは盛期に突入し、白っ川や新アカなどの特殊

上田電鉄の鉄橋を上流側から望む。瀬肩を静かに泳がせると数釣りが期待できる場所

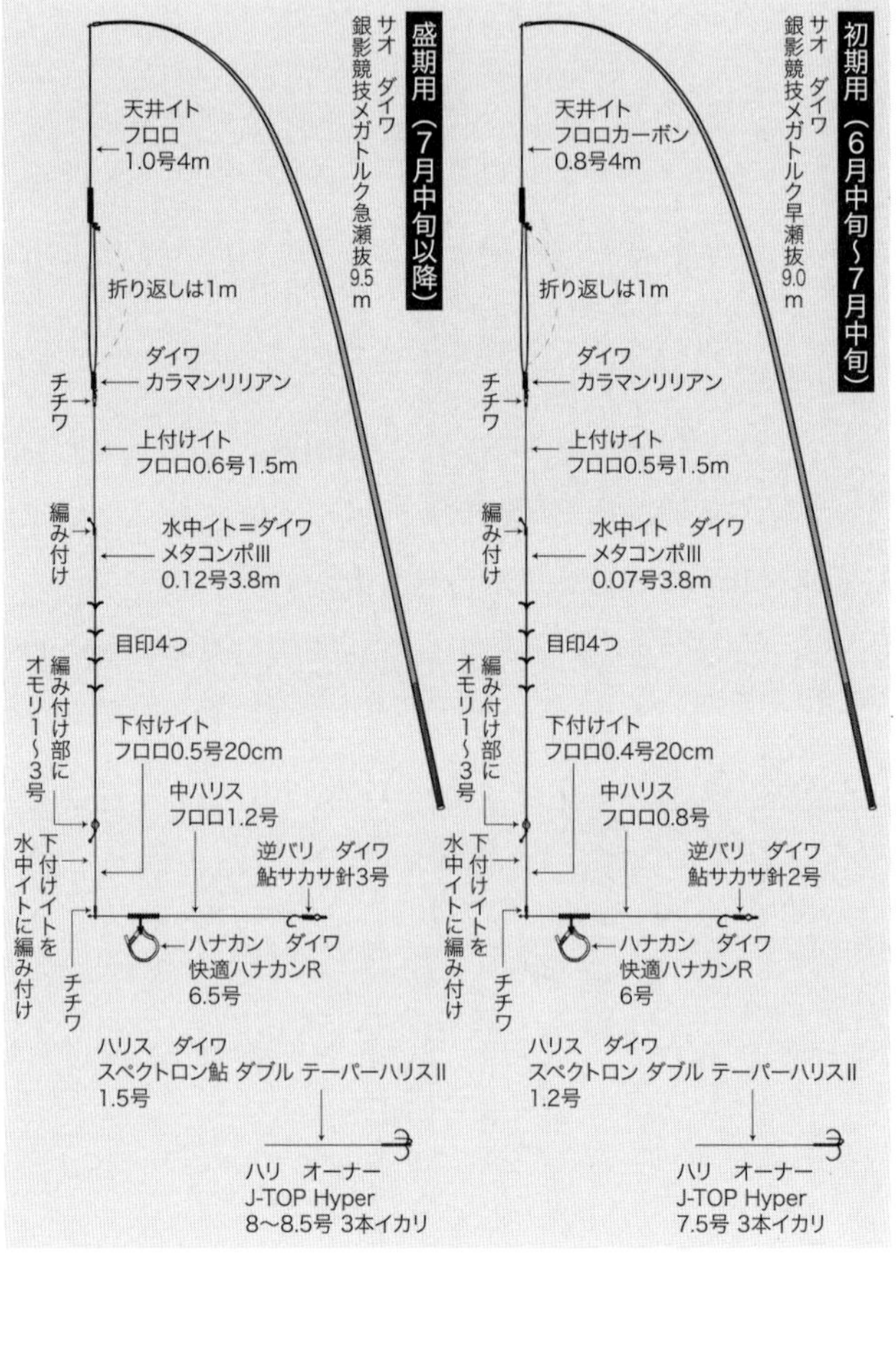

な状況を除けば立ち込みが断然有利。サオ抜けの瀬の芯をねらってパワフルな野アユを拾う釣りになる。

お盆頃になると、数釣りこそ期待できないが、体高があり「ど太い」アベレージ23～25㎝に交じって尺近くの大アユも掛かり、荒瀬を引きずり回される。1日釣ってツ抜けすれば、充分な重量感&満足感を得ることができるだろう。

●長ザオにワンランク大きいハリ

1尾を確実に取り込んでいく釣りになるため、タックルはトラブルの少ない太仕掛けで、掛けバリもチラシか3本イカリがおすすめ。体高のある野ア

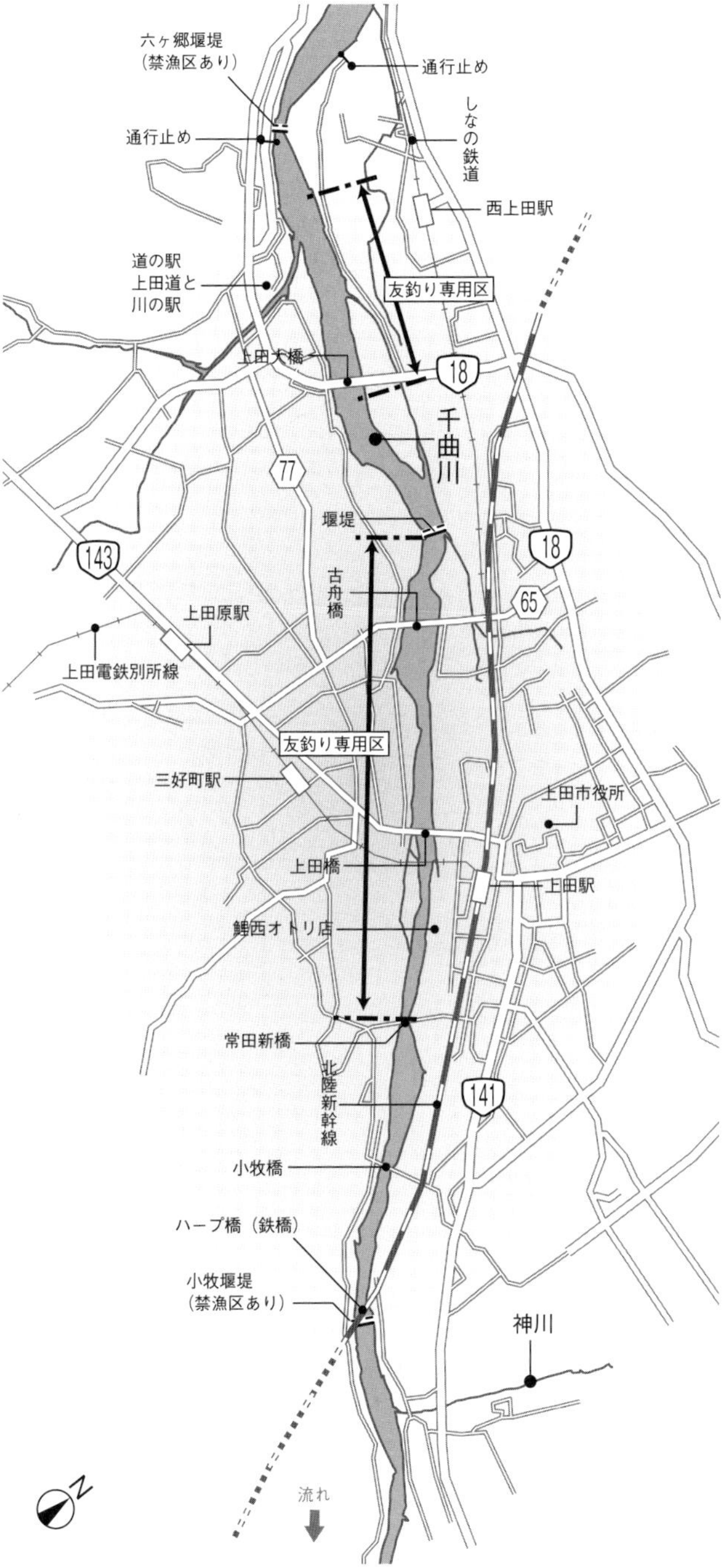

常田新橋から上流を望む。左右岸に流れる分流はシーズン初期にねらいめとなる

鯉西オトリ店前から下流を望む。鉄橋へ続く長大な瀬は１級ポイント

シーズン初期がねらいめとなる鹿曲川合流付近の流れ

大石橋から上流を望む。早瀬、深瀬、瀬肩と変化に富んだポイントが続く

ユと豊富な水流が相乗し、取り込みにはサイズ以上に苦戦することが多い。通常よりワンランク大きなハリを用いるとよいだろう。

立ち込んでも瀬の芯まで届かないポイントも多々あるので、長ザオも武器になる。なお、本流でも最上流エリアとなる鹿曲川合流付近では、発電所（ダム）の影響により極端に水量が少なくなるので、シーズン初期がねらいめ。大石の間に点在するタナなどアユの付き場を捜し当てれば好釣果が期待できる。

また支流の依田川は、大半が友釣り専用区に指定されるうえ、放流量も多く本流以上に人気が高い。アユの歩止まりもよく、解禁当初から2週間程度は大釣りが期待できる。

梅雨が明け渇水となると場荒れにより少々釣りづらくなるので、サオ抜けとなるアシ際や立木の枝下などをねらいたい。雨にはすこぶる強く、かなりの増水でも大きく濁ることは少ない。「遠方から釣行したのに本流は濁りで……」という時でも、がっかりすることはない。むしろ盛期ともなれば増水時には野アユの活性が上がり、好釣果につながることも多い。型も本流に負けず劣らずで、8月に入れば25㎝級も出る。ポイントは水通しのよい瀬の芯が中心になるので、支流といえども河川の規模以上に頑丈なタックルで挑みたい（山田）。

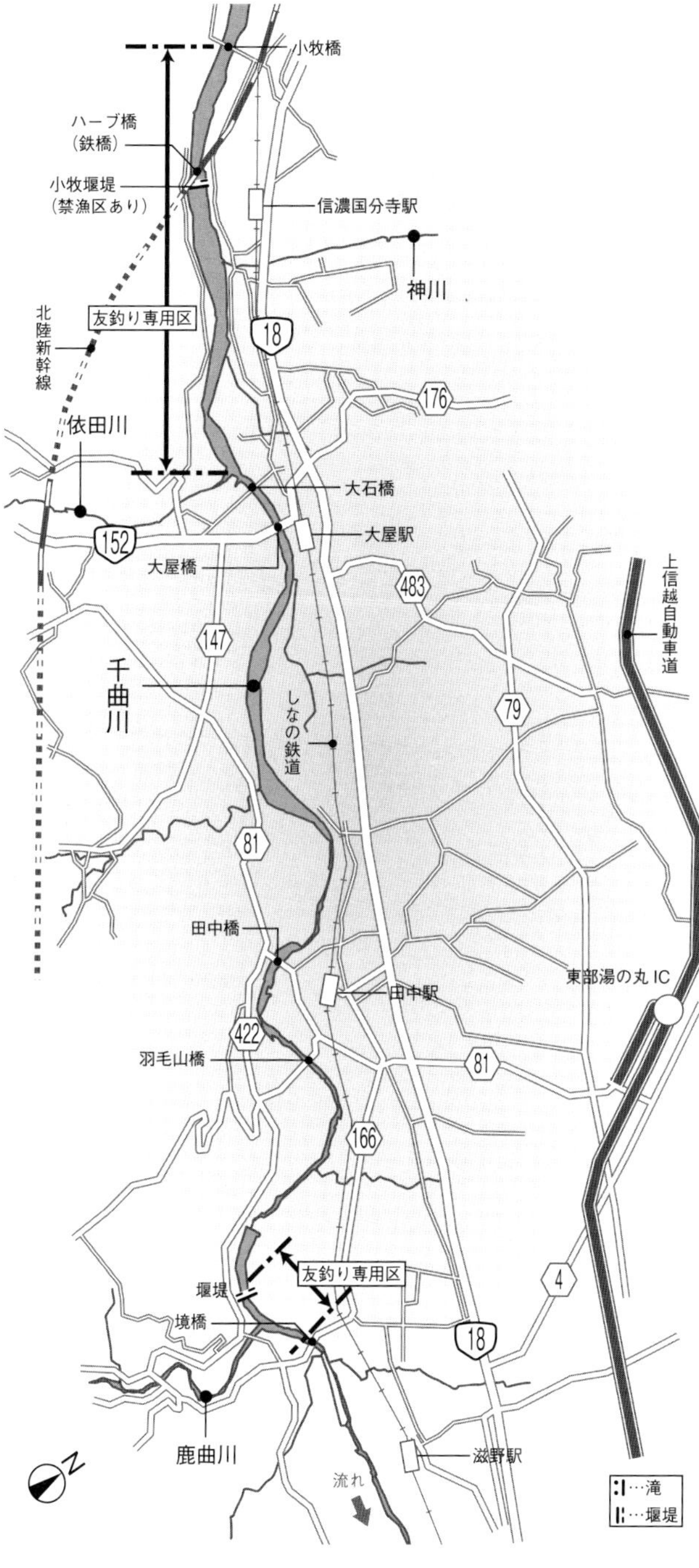

●長野県

依《よ》田《だ》川

千曲川水系の中でも人気の支流。シーズン後半は大アユも国道が沿う流れは入川しやすく、初心者にもおすすめ

三角橋より下流を望む。河川敷まで車で乗り入れられ、開けた河原は初心者でもチャレンジしやすい

長野県小県郡長和町から上田市にかけて流れる清流・依田川は、千曲川の支流でおよそ30㎞の流程。源となる白樺高原や霧ヶ峰・美ヶ原などの山間部では、安定した雨量があるため水量も豊富で、アユの成育にも充分な環境となる。

落差のある渓流相のせいか、増水しても千曲川本流よりかなり早く水量、濁りとも平常に戻る。シーズンを通してサオをだせる機会が多く、釣り人にとっては何よりうれしいことである。

本流が増水してサオをだせず、川相を眺めていると濁りのない水が一筋。そこが依田川の注ぎ込む大石橋下流だ。そして依田川は、その合流点から上流の腰越橋までの流れが友釣り専用区に設定されている。

●10月初旬まで楽しめる下流域

依田川は水温が低く、アユの成長に比較的時間がかかるといわれているが、

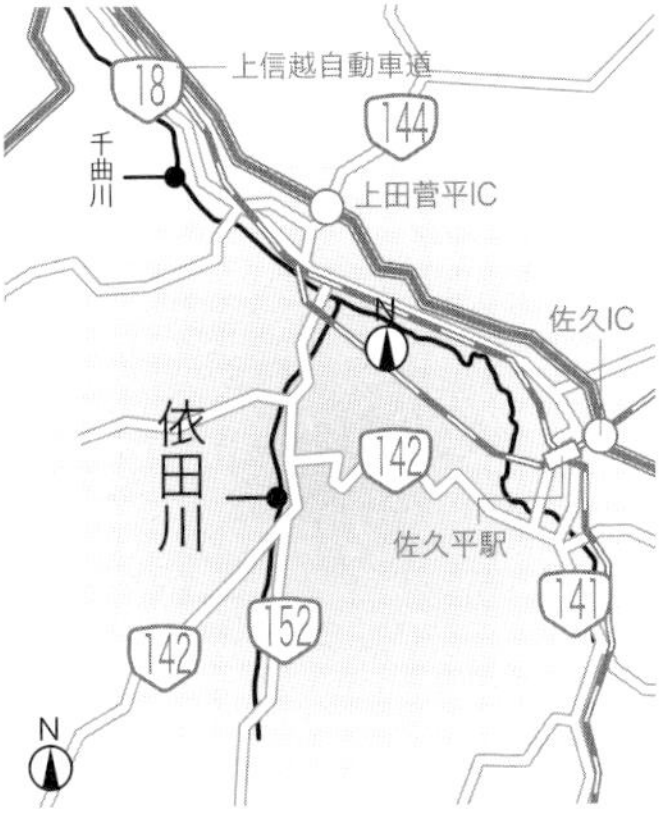

information
●河川名　千曲川水系依田川
●釣り場位置　長野県上田市
●解禁期間　6月第3日曜日～12月31日
●遊漁料　日釣券2160円・年券1万2900円
●管轄漁協　上小漁業協同組合（Tel0268-22-0813）
●最寄の遊漁券取扱所　金井屋オトリ店（Tel0268-42-5502）
●交通　上信越自動車道・東部湯の丸ICを降り国道18、152号で上流部へ

下流域に関しては解禁初期から終盤まで本流から差してくる良型のアユを楽しめる。

なかでも新幹線・高架橋の上下流は安定した釣果が望め、釣り人の姿が絶えない人気ポイント。底石もだいぶ小さくなり押しも強いが、目印がふっ飛ぶようなアタリもしばしばある。依田川ではもっとも遅い10月初旬まで友釣りができるため、大アユねらいにももってこいの場所だ。

●中流域は依田川のメインエリア

依田橋から塩川堰堤までにかけての流れは、トロ場、チャラ瀬、深場、早瀬、急瀬とさまざまで、自分好みのポイントを選んでサオがだせる。大石が点在し、橋脚や堰堤など上下左右の流れに変化があり、アユが溜まる条件が数多く存在するエリアだ。この中流域から下流は琵琶湖産のアユが毎年放流され、依田橋から内村川合流までの間が最も放流量が多い。

　周囲の公園や総合体育施設の駐車場が利用できるうえ、河川敷に直接車を乗り入れられる道が数ヵ所整備されているため、RV車以外の乗用車でも気軽に釣行できる。私自身、シーズンを通して一番足を運ぶのもこのエリアだ。

　私の場合は長瀬橋、三《み》角《すみ》橋、依田川橋と橋の上から川相や釣り人の入川状況、魚影などを確認してから、最後に金井屋オトリ店に立ち寄っている。毎日川の状態を見ている店主の情報は、何より頼りになる。世間話をしながら的確な河川情報やアドバイスをいただき、最初のポイントを選定して入川するのがパターン。初めて依田川を訪れるなら、ぜひ利用してほしい。

　仕掛けは普段から使用しているタイプで問題ないが、あまり細イトにこだわらず、安心してオトリを引ける太さで臨みたい。渓流魚の大ものも生息するので、水中イトごとプッツン！　な

東郷橋より上流を望む。奥に見えるのが新幹線の高架。安定した釣果が望め釣り人の姿が絶えないポイント

長瀬橋より上流を望む。テトラの入った奥側のトロ場がねらいめ

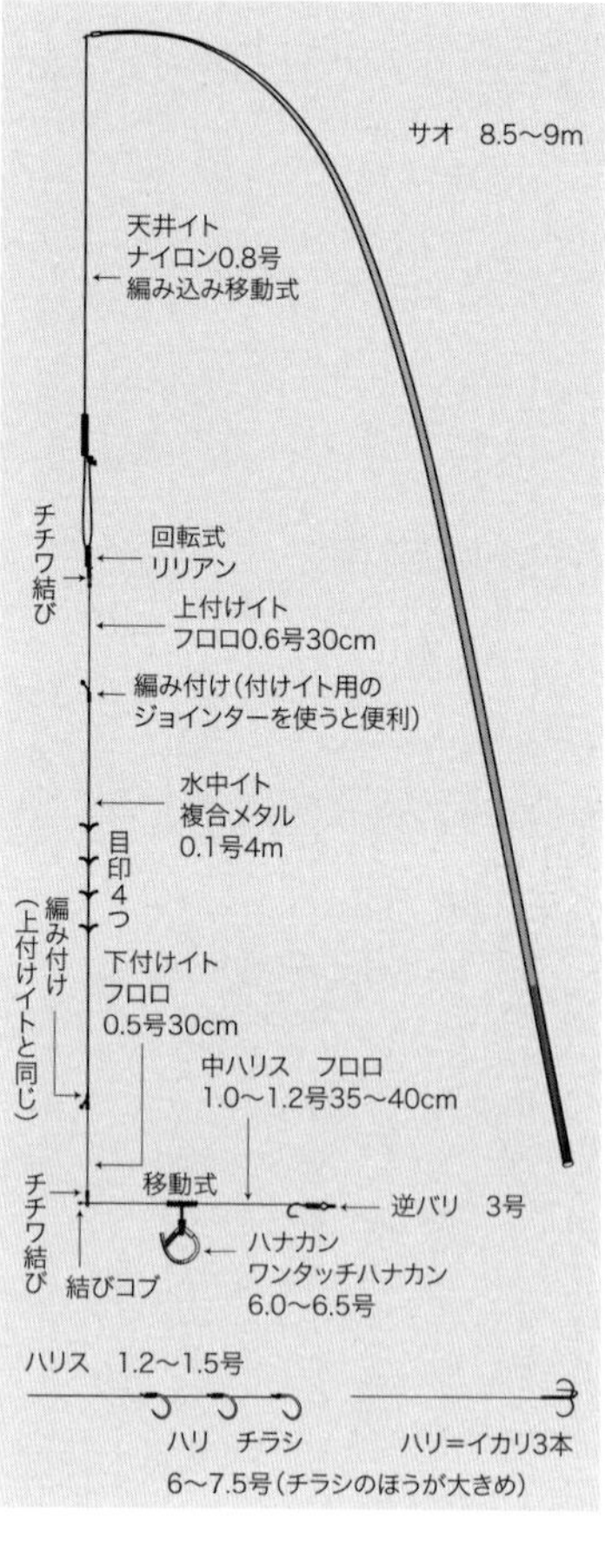

んてこともある。

参考までに私の仕掛けと釣り方を紹介したい。仕掛けは大きさに合わせた標準サイズで、水中イトは0・1号のメタル系を解禁初期から盛期まで通して使用。ハリは標準より0・5～1号大きなものを使うことが多い。まずはイカリで釣り、ケラレやバラシが多くなってきたらヤナギやチラシに変えるようにしている。

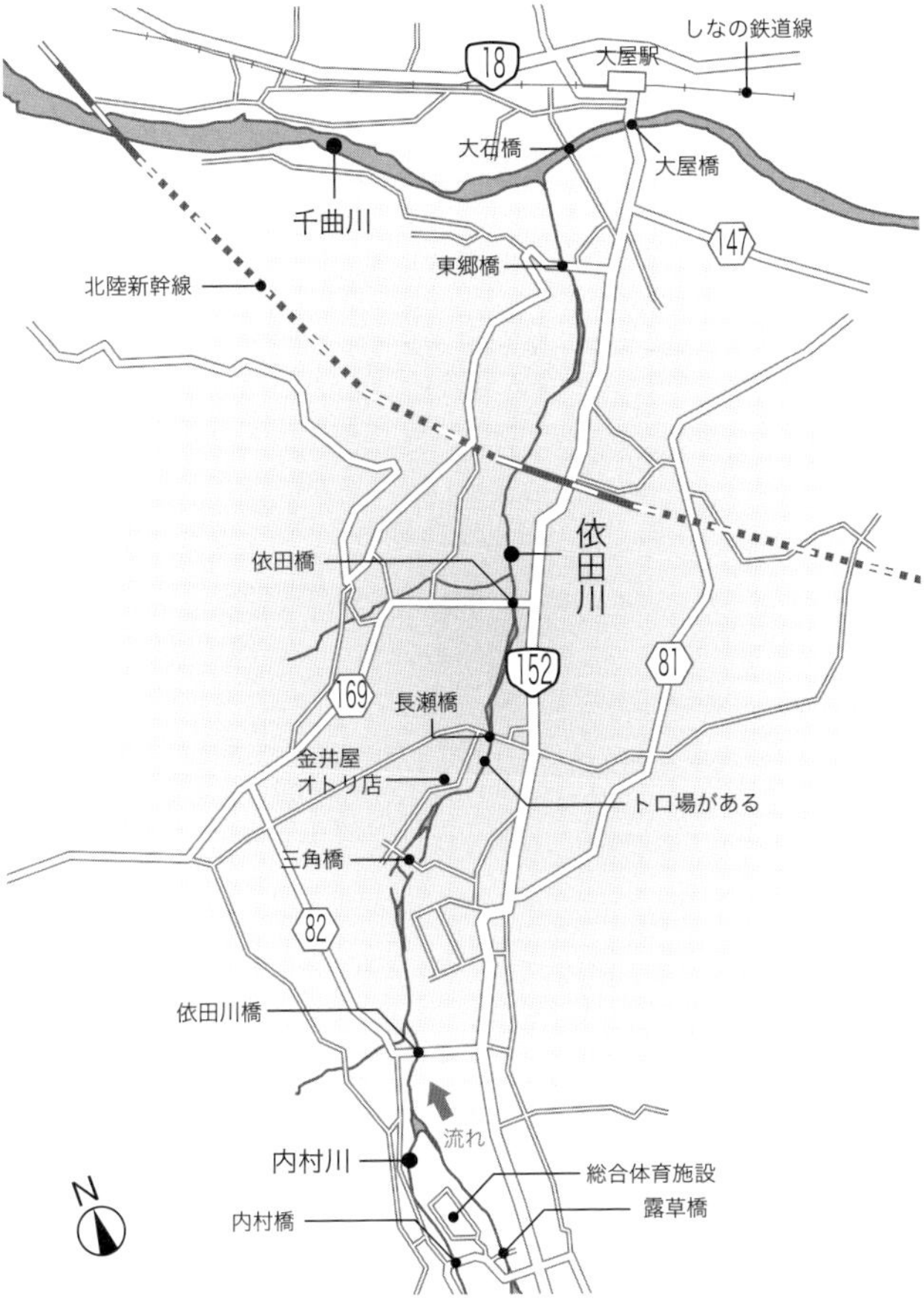

三角橋より上流を望む。堰堤の上下流などにもアユが付きやすい

金井屋オトリ店前の川相。流れに変化がありアユが溜まる条件が揃ったポイントだ

釣り方はオモリを付けた瀬での引釣りがほとんどで、差し上がるアユを待つのではなく、居着きの魚を拾う感覚でポイントを少しずつ移動して流すことが多い。

●上流は渓流相で大型ねらい

塩川堰堤から上流域となるが、人工産のアユがたっぷり放流され魚影は多く、解禁初期でも比較的釣り人が少なくねらいめだ。この辺りになると石も大きく川幅も絞られ、急瀬や荒瀬のポイントが点在する。

岩盤が続く荒瀬に差して来るアユは、追い気も強く掛かると強烈な引きを楽しめるはずだ。川幅こそ狭いが木陰や岩陰があり、「渓流のアユ釣り」感覚で、真夏でも一日中涼しい友釣りを楽しむことができる。

国道152号に沿う流れは移動や入川もしやすく、ポイント選びも楽。8月中旬に投網が全面解禁になるが、お

依田川橋周辺の流れを望む。下流の依田橋から上流・内村川合流までの間は最も放流量が多い

依田川橋には河川敷に広い駐車スペースがあり入川も容易だ

互いマナーを守れば終盤まで充分に友釣りを楽しめる。

依田川は、長野県東信地区のアユ釣りを楽しめる河川の中では、最も水質がよく、美しいアユが釣れる川であると私は自負している。ぜひ、一度釣行されて依田川のファンになっていただきたい（岩崎）。

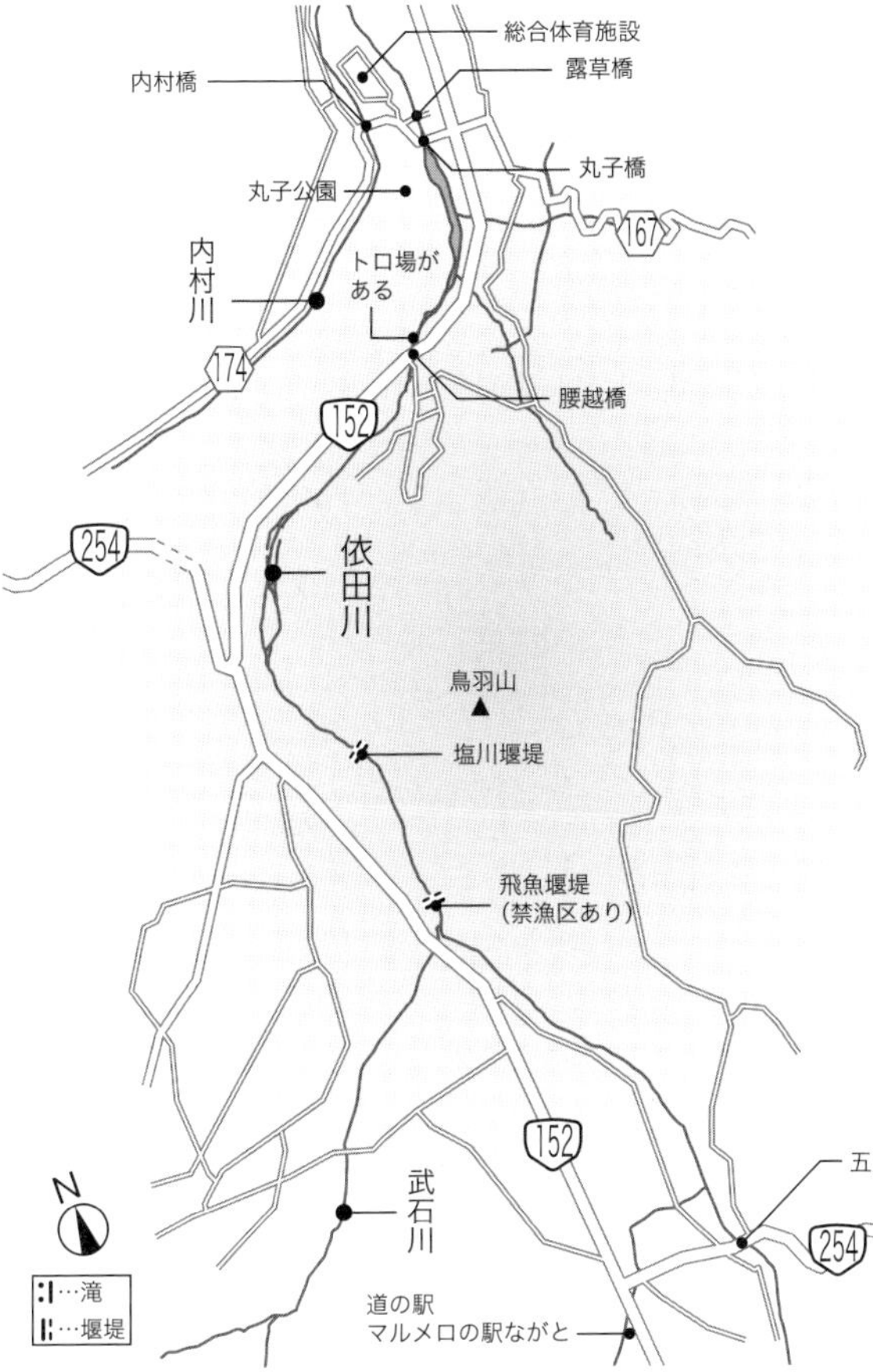

武石川出合付近では落差のある流れとなり「渓流のアユ釣り」感覚で楽しめる

丸子橋より上流を望む。あまり細イトにこだわらなくても釣果は得られる

●新潟県

魚《うお》野《の》川

広大な流れに関越道が沿って走る。ICからのアクセスも抜群 比較的釣果が安定している上流域、大型期待の中下流域

大勢のファンが足繁く通う魚野川。アユ釣りの大会会場としてもよく知られている

魚野川は群馬県と新潟県の分水嶺、谷川岳を源に、川口地区で信濃川へと注ぐ約40㎞の流れを誇る。関越自動車道が魚野川沿いに走っているため、各ICを利用すれば釣り場までの距離も短い。近年、圏央道の開通で首都圏からのアクセスも容易になった。

上流にダムのない川として今も健在で、放流は信濃川河口をソ上する稚アユを採捕した汲み上げと、魚沼漁協の中間育成稚アユを中心に行なっている。水温が低いせいか、掛かると素晴らしい引きをみせると人気が高い。

現在（２０１４）は最下流の新潟の新洗堰と寺泊、大河津分水の魚道設置により、上流部まで天然ソ上が見られるようになった。メインシーズンは9月いっぱいだが、最近は10月中旬まで長ザオを伸ばす釣り人の姿を見るようになった。

ここでは魚野川を上流、中流、下流の3エリアに分割し、比較的釣果の安定している上流域を中心に紹介したい。

●上流域

湯沢、石打、塩沢地区は初期が数、型ともによく、7月の解禁日は多くの釣り人で賑わう人気のエリア。最近は10月中旬まで場所によって友釣りが可能になった。

【湯沢地区】

湯沢地区は本流と支流の大源太川が主な釣り場だ。河床は大石が点在する次世代に残したい好環境である。サオは9mがベストで、大源太川は川幅が狭いので7mを使う所もあるが、全体

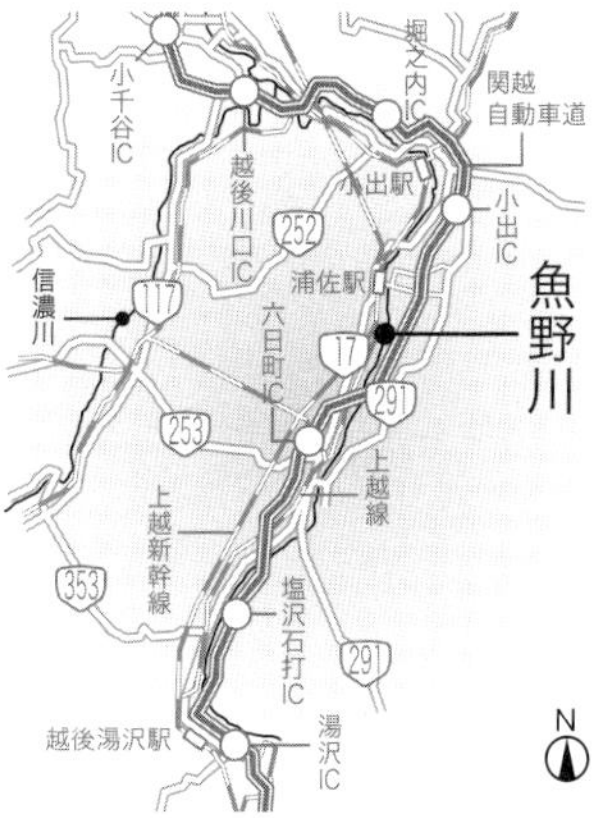

雄大な流れに磨かれたアユは大きく育ち、釣り人にスリリングな駆け引きを楽しませてくれる

に釣りやすく、初心者でもある程度楽しめる。

本流は瀬釣りよりも立てザオでの泳がせ釣りが面白い。また魚野川はダムがないため、上流部は雨に強く濁っても澄むのが早く、シーズン中、釣りが全くできない日は数日しかない。

水の透明度は高く、渇水時は要注意。不用意に動き回るとアユが警戒して釣れない。数釣りは「木化け、石化け」と心得たい。解禁日から9月いっぱいがよく、遊漁券・オトリは神弁橋下の花水木オトリ店で購入できる。

立柄橋・穴沢公園河川緑地は駐車スペースが充分にあり、車を横付けできる人気の場所。誰が名付けたか、シルバーシートと呼ばれている。大源太川は岩原橋から上流右岸、左岸ともに駐車できる。

湯沢地区の最下流となる東京電力石打発電所取水口堰堤から下流は、魚の密度は少ないが良型が釣れるため釣り人の姿が絶えない場所だ。

車が入れるのは堰堤から下流1kmほどで、そこから先は、下流の石打地区・五十嵐橋までは徒歩のみで2km近くある。途中に人家はなく深山幽谷、何かあっても誰も来ないので、夕立などによる急な増水には充分な注意が必要だ。できれば複数での釣行をおすすめる。

information

●河川名　信濃川水系魚野川
●釣り場位置　新潟県南魚沼郡湯沢町～魚沼市
●解禁期間　7月10日～11月30日（10月1～7日まで資源保護のため禁漁）
●遊漁料　日釣券2700円・年券1万6200円
●管轄漁協　魚沼漁業協同組合（Tel025-792-0261）
●最寄の遊漁券取扱所　花水木おとり店（Tel090-3343-2782・湯沢地区）、石打RFCおとり店（Tel090-7840-0917・石打地区）、流心会（Tel090-7567-7613・六日町地区）、多聞橋クラブ（Tel090-1883-9984・浦佐地区）、マウンテンクリークハウス（Tel025-792-5451・青島地区）、吉田屋釣具店（Tel025-794-2031・堀之内地区）
●交通　関越自動車各ICから国道17号利用。上流部＝湯沢、塩沢石打IC。中流部＝六日町、小出IC。下流部＝堀之内IC

【石打地区】

五十嵐橋上下流は大石の点在する好ポイントの連続。水量は少ないが解禁日から数、型ともに揃う。小場所ゆえ休日の混雑は否めない。ここも水の透明度が高く渇水時は要注意だ。

釣り方は後方から姿勢を低くして、静かにオトリを入れること。野アユから釣り人の姿が見えないように泳がせ釣りを行なうのが数釣りの秘訣だ。不用意に川の中を歩き回るのは、魚を追い払っているだけ。これでは釣れる魚も釣れない。また狭いポイントを足で稼ぐ拾い釣りも意外に面白い。

石打発電所の放水口合流から下流は水量が一気に増え、河床は大石で足場はすこぶる悪い。そのうえ超荒瀬となり、弱ったオトリは底石に潜って根掛かりすることも多いが、回収は危険なのでイトを切るしかない。元気なオトリで臨むのが必須条件。激流の中を稲妻のように泳ぐアユが、サオを折れんばかりに絞り込む上級者向けの場所である。

さらにサオ、イト、ハリをワンランク上げないと掛かっても取り込めない。ここは発電所の排水が交流するため水温が低く、8月からお盆頃がよい。

姥島橋の上下流は台風の影響で全体にフラットになった。それでも川は自然に戻ろうとして、出水の度に川筋ができ回復は進行中である。

駐車は姥島橋下流左岸にスペースがあり、姥島橋下流に入るにはここに車を置いて徒歩で釣り下る。途中、送電線下から仁田川合流上下が好釣り場だ。石打IC裏は石が粗く良型が釣れるが、駐車スペースが少ないのが難点。それゆえサオ抜けをねらえば、思わぬ大釣りもある。

通称・日通裏および道の駅裏（大駐車場あり）のポイントは台風の影響が色濃く残っていたが、石底の川相となりソ上のチビアユの溜まり場になっている。チャラ瀬の釣りで小型が多いが、数が釣れると人気の場所だ。石の粗い

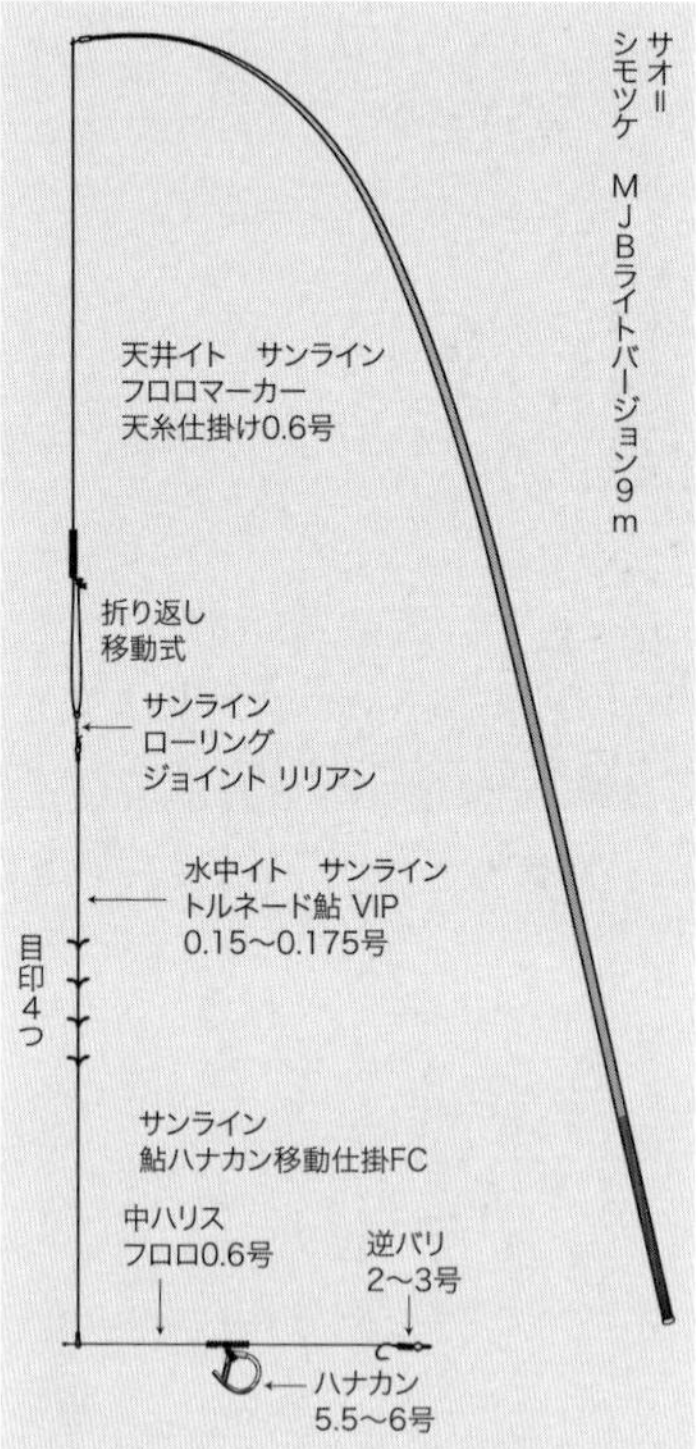

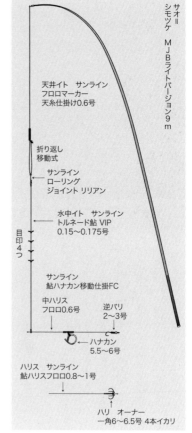

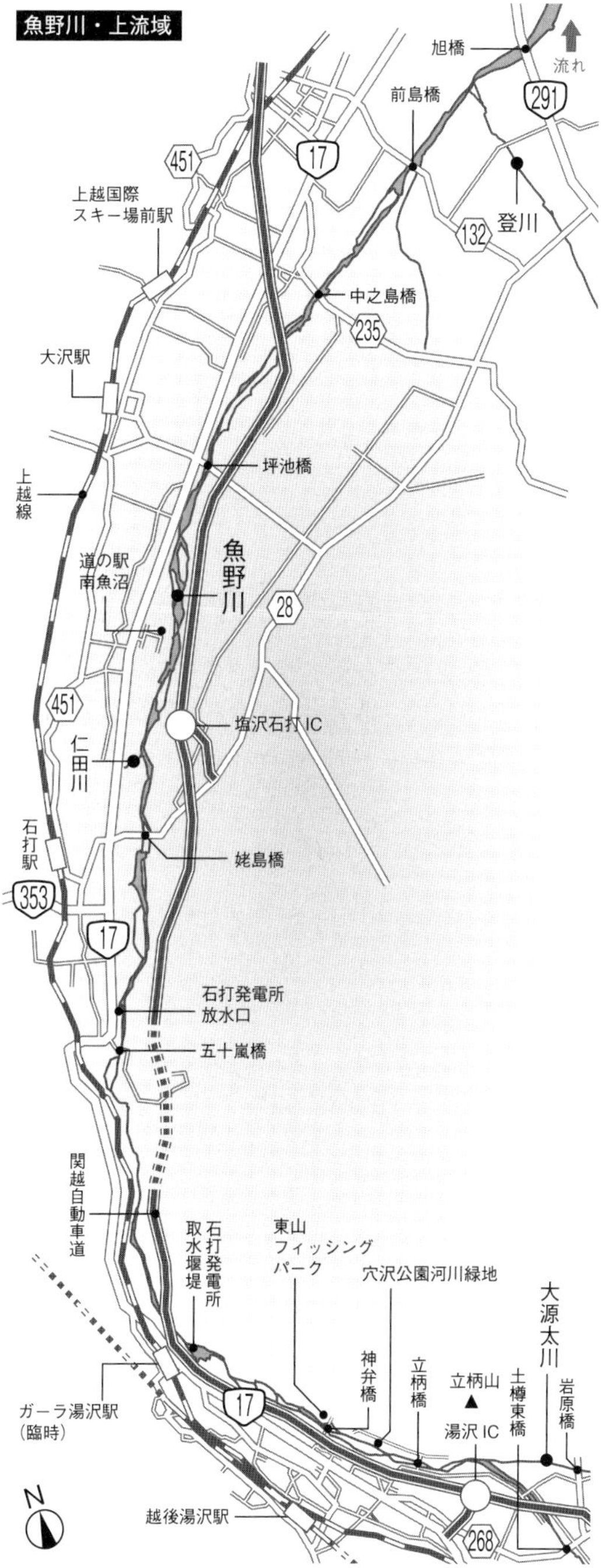

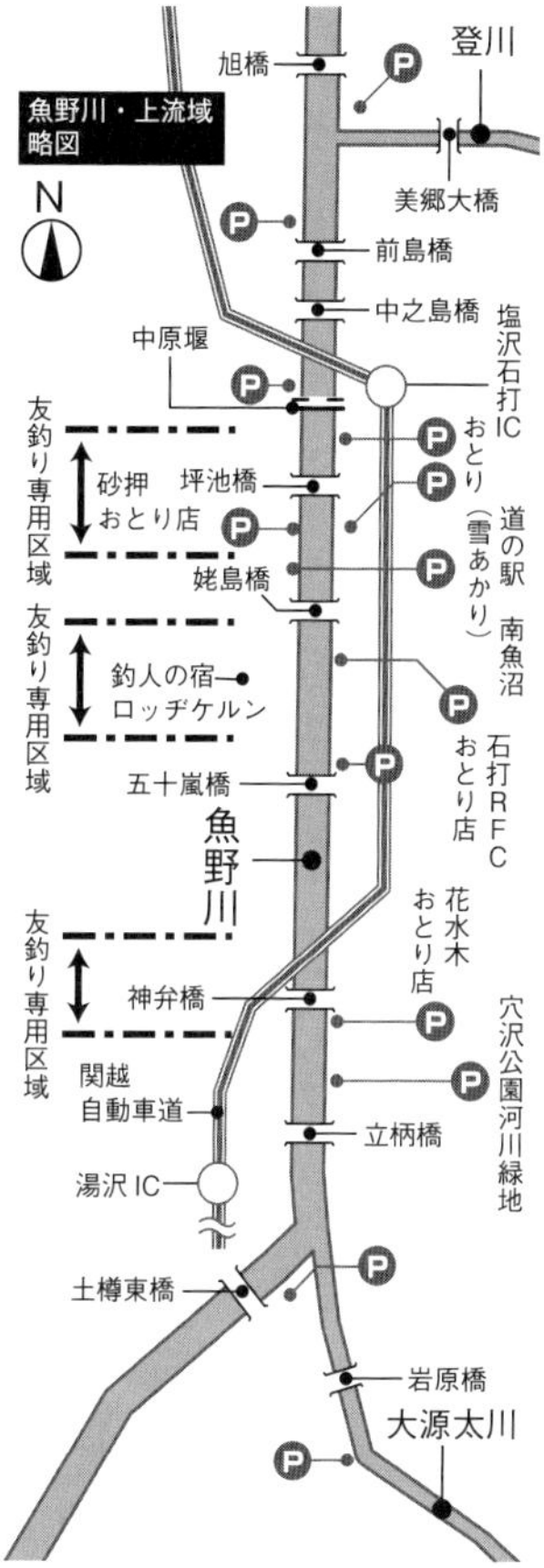

瀬では20cmクラスも掛かるので、油断していると一気にオトリもろとも持っていかれるので要注意。

友釣り銀座とも呼ばれている坪池橋の上下流は川がフラットになって、2014年の初期は釣果、型ともによくなかった。後半には河床が洗われて回復傾向にあり、終期には釣果も聞かれたので今後も期待できそうだ。

　このエリアは両岸ともに駐車スペースがあり、川幅が広く足場もよいため初心者から上級者まで楽しめる。

　関越道下、中之島橋上下流は川幅が広くなり駐車スペースもあるため入川しやすい。川底の石も比較的小さく水の押しが強いので、引き釣りが有利。7月後半が数、型ともにねらえ大釣りも夢ではない。

　遊漁券、オトリなどは姥島橋近くの石打ＲＦＣおとり店や、釣り人の宿「ロッヂ　ケルン」（Tel　025-783-2868）、坪池橋上流左岸にある砂押おとり店で購入できる。


【塩沢地区】


　塩沢地区は台風の影響で堆積物が多くなり、２０１４年度は河床状態がよくなかった。登川合流付近は埋まった石を掘り出した結果よく釣れたそうである。登川合流右岸に充分な駐車スペースがある。

　最近人気の支流・登川は解禁日から終期まで楽しめるが、駐車できる場所が限られる。水量は少なく河床はゴロタ石で、水温も高いので泳がせ釣りの独壇場となる。天然ソ上のチビアユも多く見られるので、渇水時は木化け、石化けで気配を消しての数釣も楽しい。

　本流の旭橋から下流は、河床が石底

石打地区・五十嵐橋より下流を望む。大石の点在する好ポイントが連続

石打地区・東電放水口の合流付近の流れ。水量が一気に増え超荒瀬となる

石打地区・姥島橋下流の流れを釣る

石打地区・坪池橋上流の流れ。友釣り銀座とも呼ばれる人気ポイントだ

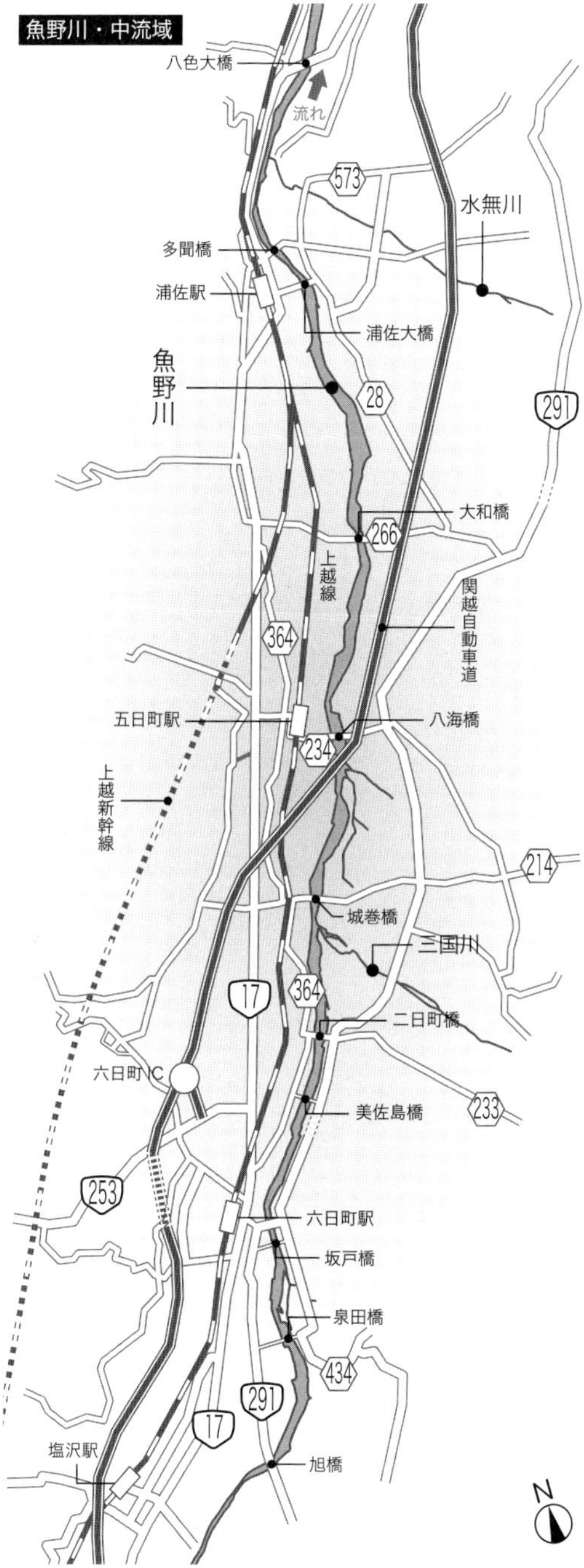

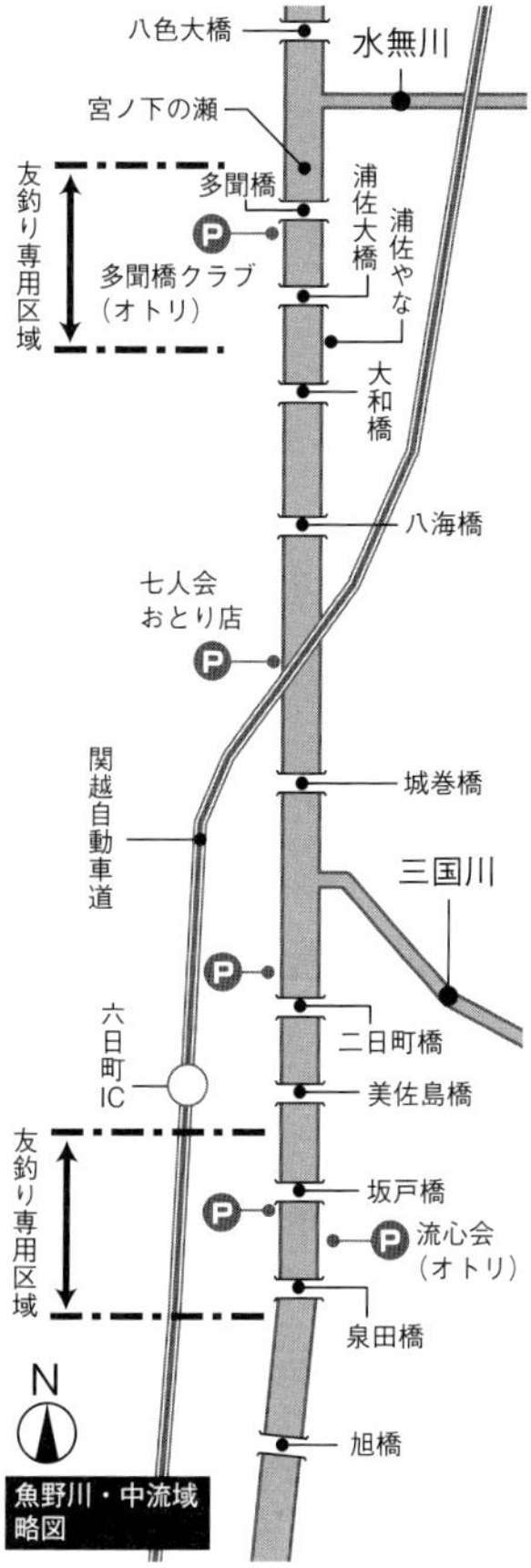

で安定している所をねらうと釣果が得られるが、現在そういう場所が少なくなっているのは残念だ。

●中流域

六日町、大和地区はいずれも大石が堆積物で埋没している所が多い。河床のよいポイントではそこそこ釣れるが、

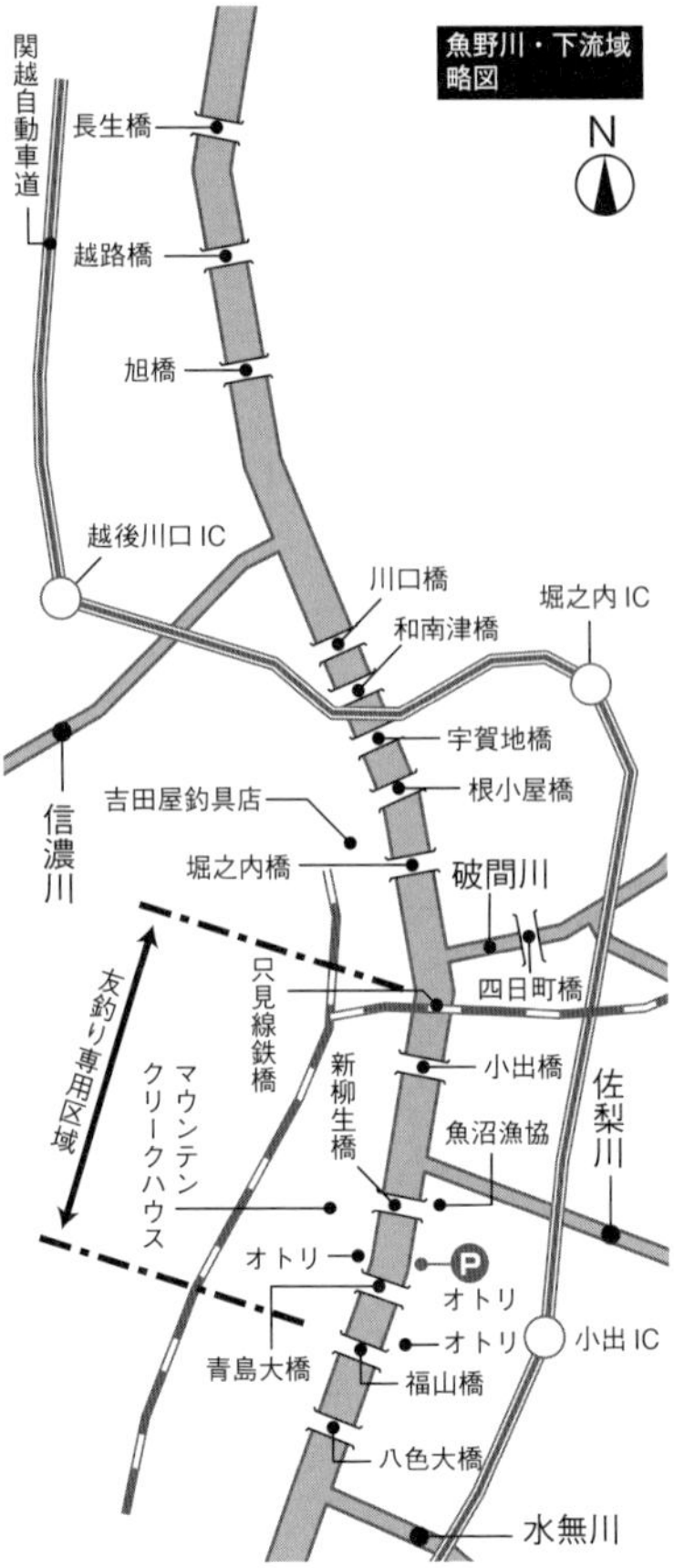

中流域・浦佐地区にある多聞橋下流の瀬。
尺アユも夢ではない人気の場所

下流域・小出地区の佐梨川合流付近の川相。
数、型ともに望める流れだ

釣果は場所によって大きく変わる。六日町坂戸橋下右岸にオトリ店があるので情報を聞くとよいだろう。

八海橋上流、関越道下は有名ポイント。左岸上流の河川敷にオトリ店があり、ここで情報を聞いてからの入川をおすすめする

浦佐地区は浦佐やなから浦佐大橋、多聞橋下流が屈指の好場所。多聞橋下流にもよい瀬（宮ノ下）があり、今も健在で尺アユも夢ではないと人気の場所だ。遊漁券、オトリは多聞橋下左岸に地元名手たちが運営する多聞橋クラブのオトリ店があるので利用したい。

●下流域

小出地区の八色《やいろ》大橋から堀之内地区にかけては、以前はアユ釣りファン垂涎の的で、「友釣りといえば小出」といわれるほど超有名なエリアであった。

福山橋から青島大橋、新柳生橋から佐梨川合流は数、型ともに望める人気

の場所だったが、近年河床環境が変化し、フラットになったため、河床の安定している波立ちのある所がよい。なかでも只見線鉄橋付近、通称駅裏は良型が釣れるので現在も人気がある。なお、中下流域は水量も多く大河の釣りになるので、引き釣りがよいだろう。

破間川合流、堀之内地区から下流は中期以降に訪れたい。ビール瓶大の大アユが釣れる。釣況などは堀之内地区の吉田屋釣具店で確認できる。また、佐梨川合流部右岸にある魚沼漁協でも情報は得られる。

小出地区は堤防が整備され駐車スペースも充分で、数多くオトリ店もあるので入川するには便利だ（中澤）。

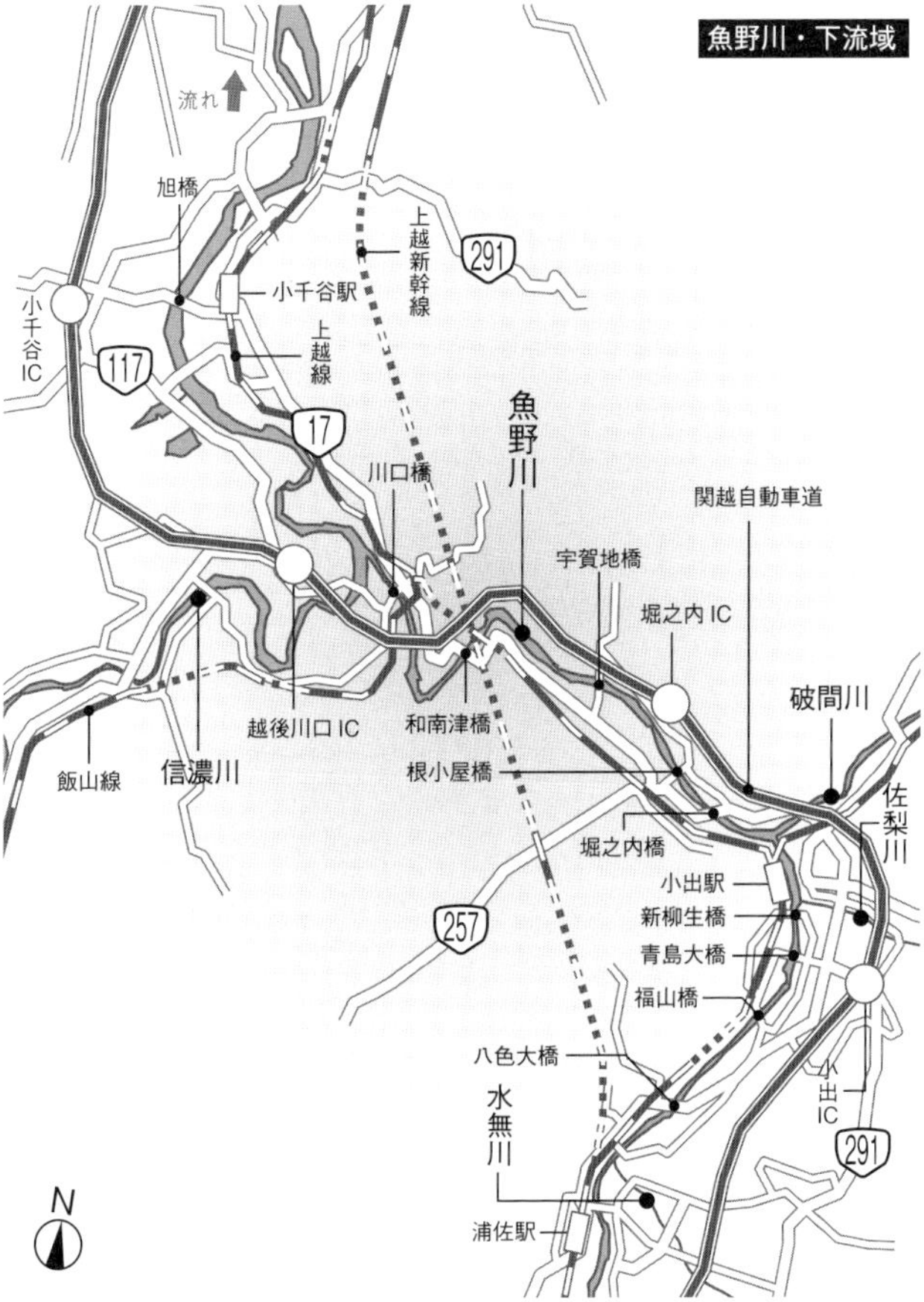

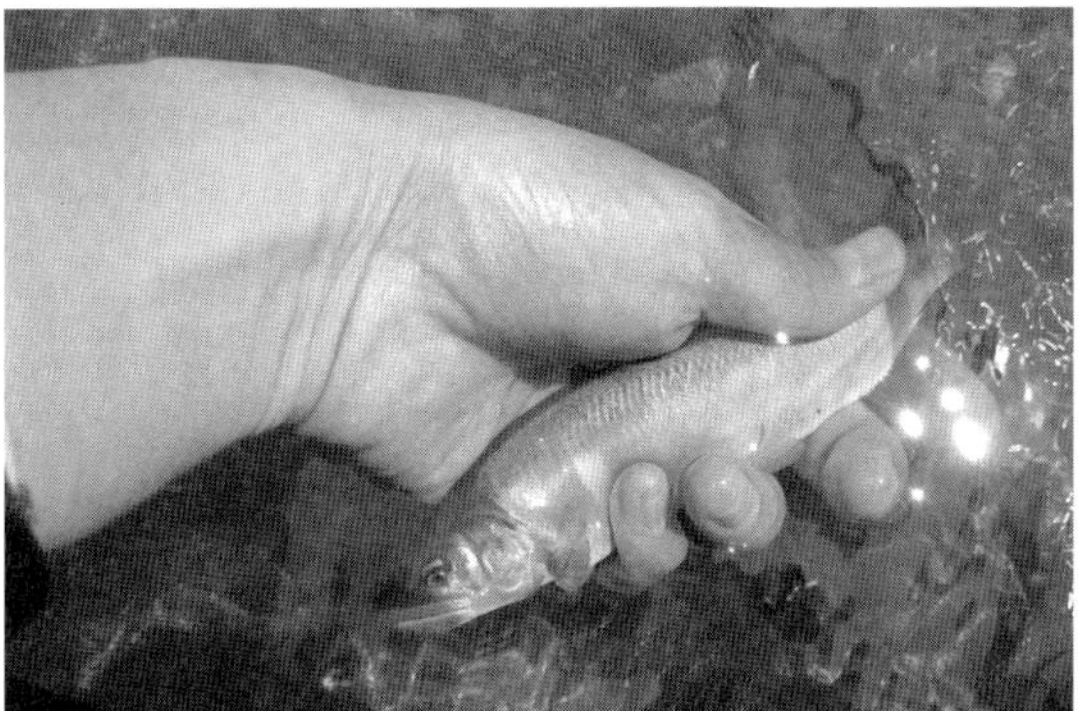
放流は信濃川河口をソ上する稚アユを採捕したものと、
魚沼漁協の中間育成稚アユを中心に行なっている

●新潟県

府《ふ》屋《や》大《おお》川

香り高き天然アユとの駆け引きが楽しい日本海側の小河川 初心者には川幅のある下流域がおすすめ。真夏はアブに注意

府屋橋から大谷沢橋の流れを望む。8～9mのサオが使える初心者におすすめの区間

山形県境近くで日本海へと注ぐ府屋大川は、例年4月頃から天然アユのソ上が見られるようになる。最上流部の中継から奥の山熊田にはかなりの積雪があるため、雪解けと同時にアユのソ上が始まり、魚道のない堰堤も乗り越えて、7月1日の解禁間近までソ上していることもある。

また、大川には天然アユを守る2つの大きな特徴がある。1つは合流する小俣川上流域には河原がなく、樹木が流れに覆い被さっていて釣り人が入川しにくいこと。もう1つは、例年7月25日頃から出現するメジロアブの大群だ。アブが出ると釣り人は敬遠して川へ近づかなくなる。特に、上流部は8月下旬まで出るので注意が必要となる。つまり、釣り人からアユを適度に遠ざける環境を、周囲の自然が作り出しているのだ。

府屋大川の天然アユは、香りがよく、掛かったアユをタモで受けるだけで匂いが漂う。そんな天然アユとの駆け引きが楽しめるポイントを、下流と上流の2区域に分けて紹介したい。

●初心者にもおすすめの下流域

府屋大川は河口から2㎞ほど行くと小俣川と分流する。この合流点から下流域は8～9mのサオが使える。上流域は川幅が狭まり、7mクラスのサオが必要となる。

川相は平坦な流れでポイントには大きな変化はないが、例年魚影は多い。解禁初期には70～80尾の約果を手にする釣り人も多い。小学校前と大谷沢橋

下は河川敷まで車の乗り入れができるので入川しやすい。

　特に、府屋大川へ初めて来られる釣り人には川幅のある下流域をすすめたい。大谷沢橋上下流は瀬、流れ込み、ゆったりとした浅い淵など数多くのポイントが揃う。また解禁初期から終盤まで20㎝前後の型が望めるのが特徴。ここ数年多くの釣り人が入川しているため、アユが成長する間もない状況だが、毎日同じ場所で同じ数が釣れてしまうほどの魚影を誇っている。

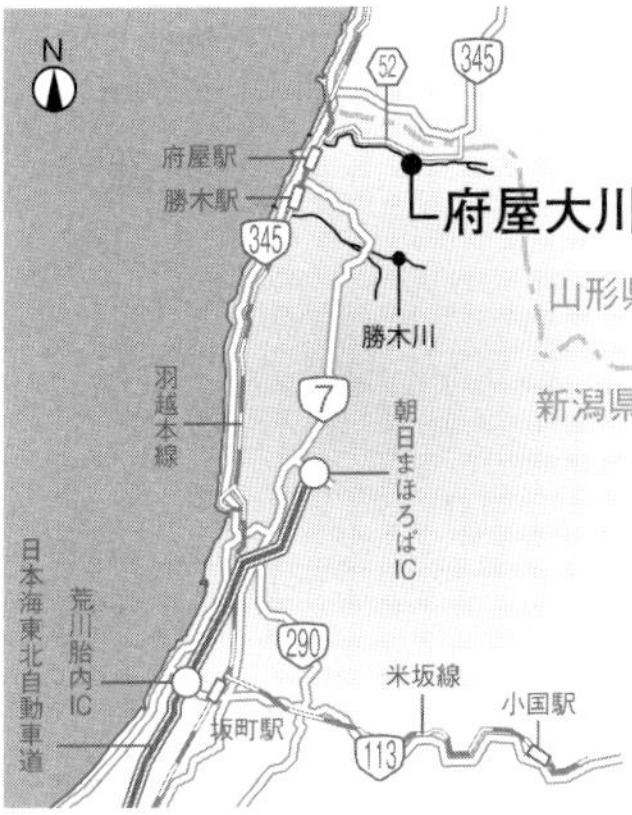

仕掛けはこだわらず、金属ラインやナイロンなど各自の好みでよい。普段あまり使わない細イトを試すチャンスでもある。ねらい方としては探りながら移動し、連続して掛かったポイントで粘るのがよい。同じポイントで一日中掛かることもあるので、移動する前に充分に見極めたい。
　小俣川の合流より上流域は瀬、淵などメリハリのある川相となる。ほとんどの区間で川と道路が並行しているので、ようすを確認しながら入川したい。

information
●河川名　府屋大川
●釣り場位置　新潟県村上市
●解禁期間　7月1日～11月30日（10月1～7日禁漁）
●遊漁料　日釣券1600円・年券6000円
●管轄漁協　山北町大川漁業協同組合（Tel0254-62-7120）
●最寄の遊漁券取扱所　大滝オトリ取扱所（Tel080-6679-8025）、山北町大川漁協孵化場（Tel0254-77-3179）
●交通　日本海東北自動車道・朝日まほろばICを降り、国道7号を山形方面へ進み県境手前の県道52号を右折して上流部へ

近年は解禁日には中継地区までアユがソ上していることが多い。

　駐車スペースが少なく入川しにくいのが難点。駐車は通行に支障がない所を選びマナーに気をつけてほしい。

●川幅が狭まる上流域は7mザオ

　上流部は大谷沢橋入口より上流へ500mほど進み、右折して県道248号へ入り中継方面へ向かう。すぐに小俣川橋を渡り次の橋が本流に架かる巻渕橋。小俣川の合流点より上流を本流と呼んでいるが、正式には中継川となる。ここでは本流として紹介したい。

　本流の塔下地区では巻渕橋の上下流が好ポイント。次に渡るのが和留沢橋で、この上流300mほどに壊れた堰堤があり、仮設魚道が設けられている。2015年5月26日、地元有志の富樫智さんの仮設漁道設置を手伝った折、目の前をソ上するアユの多さに驚かさ

れた。

　和留沢橋から2・5㎞ほど行くと荒川口のT字路で、左折して山熊田・中継方面（県道248号・旧出羽街道）へ入る。荒川口から4㎞ほど進むと左手に中継橋がある。その上流の開けた堰堤下までが上流域の釣り場だ。小俣川の合流から約9㎞の流程となる。

　小俣川も、小規模な流れだがソ上は多い。合流点より500mほど上流の製材所前に壊れた堰堤があるが、これを越えるアユも多く、上流の日本国までソ上することもある。

　上流域で釣りをするための注意点を挙げると、川幅が狭まるのでサオは7m以下が使いやすい。仕掛けは少々太めで、ハリもワンランク上のものを使う。天井イトは余分に用意しておく。居着きのアユが多いが、上流域は同じポイントで釣り返しが利かない。

　また、前記したが特に上流域は河原がほとんどなく、両岸から覆い被さる木々が釣りの邪魔をする。こんなポイントの連続ではあるが、釣れるアユは下流域より少しサイズアップする。川幅が狭いので同じ区域に何人もの釣り人が入れないため、くれぐれもマナーに注意されたい。

　8月1日からは潜りの引っ掛け漁と投網漁が解禁となり、上流域はこれらの地元の方が多く入るのでこちらも注意が必要だ（堂前）。

府屋大川のアユ。天然ソ上の魚体はタモで受けるだけでよい香りが漂う

巻渕橋より上流を望む。塔ノ下地区では1級のポイントとなる

和留沢橋上流300mほどにある壊れた堰堤の仮設魚道をソ上するアユ。魚影の多さの証
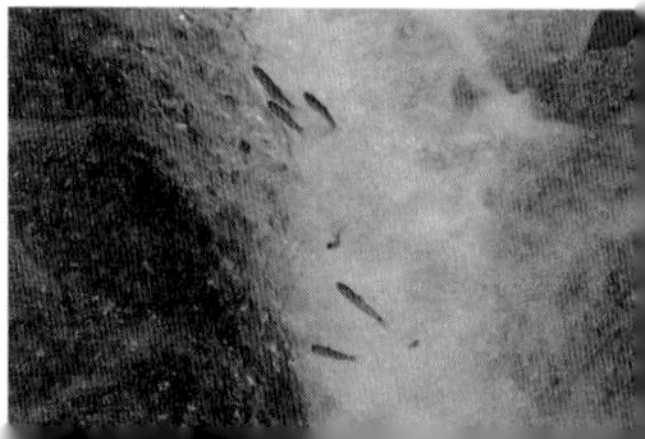

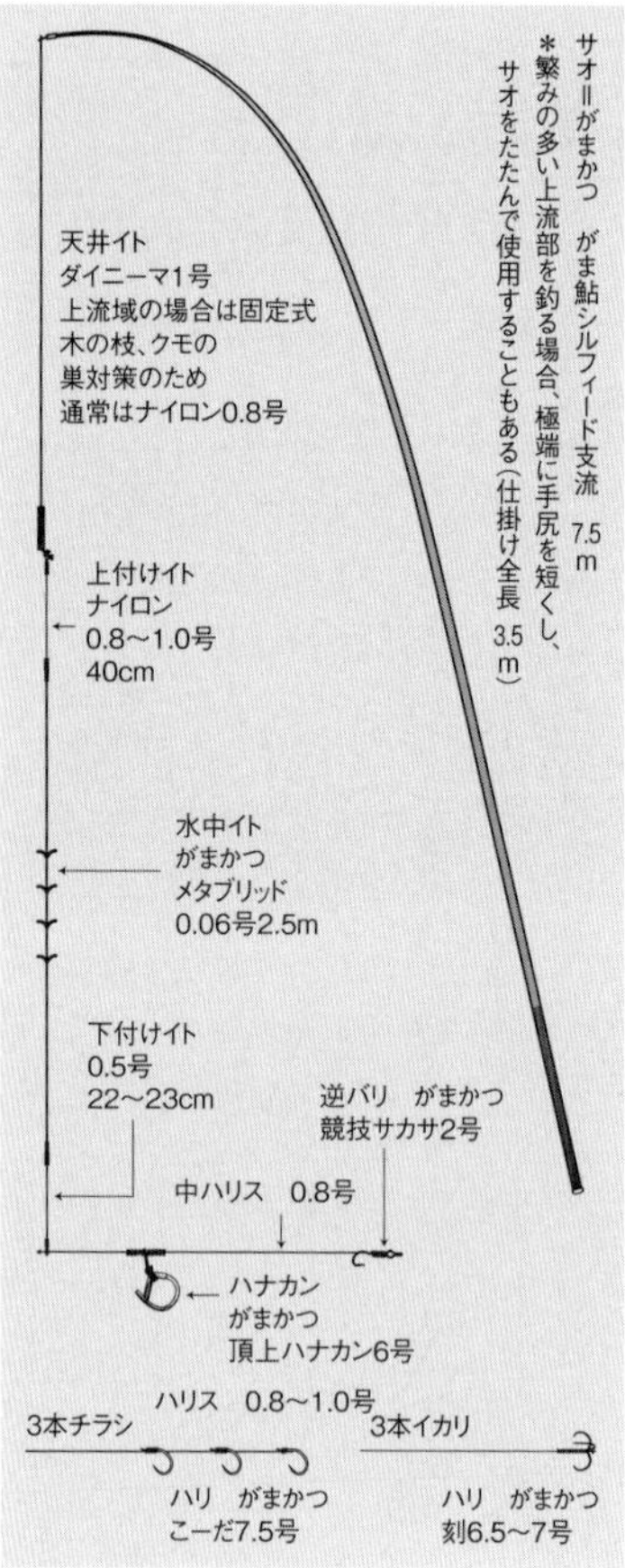

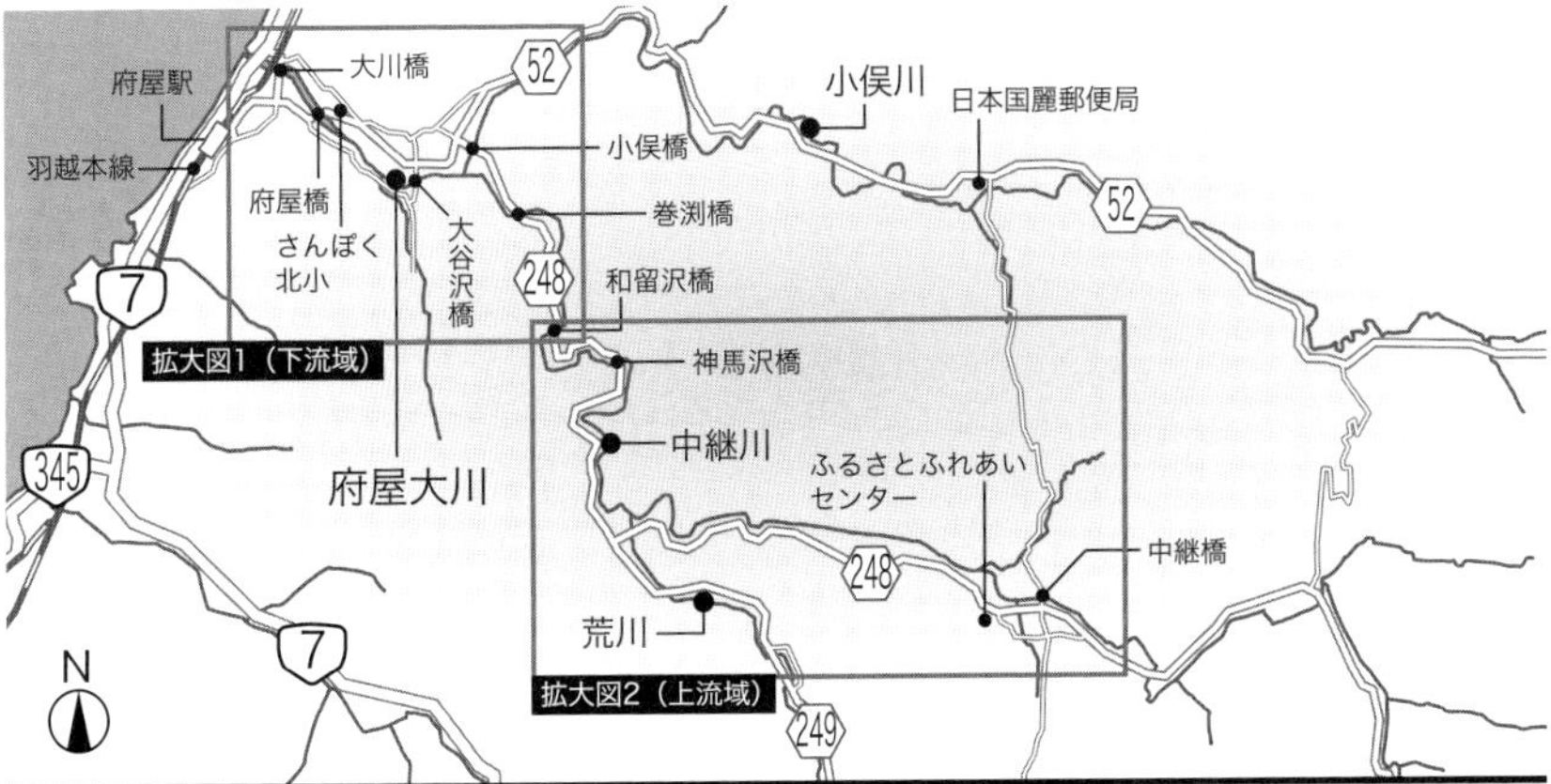
府屋駅
大川橋
52
小俣川
日本国麗郵便局
羽越本線
小俣橋
府屋橋
巻渕橋
さんぽく
北小
大谷沢橋
248
和留沢橋
7
拡大図1（下流域）
神馬沢橋
中継川
345
府屋大川
ふるさとふれあい
センター
中継橋
荒川
N
7
拡大図2（上流域）
249

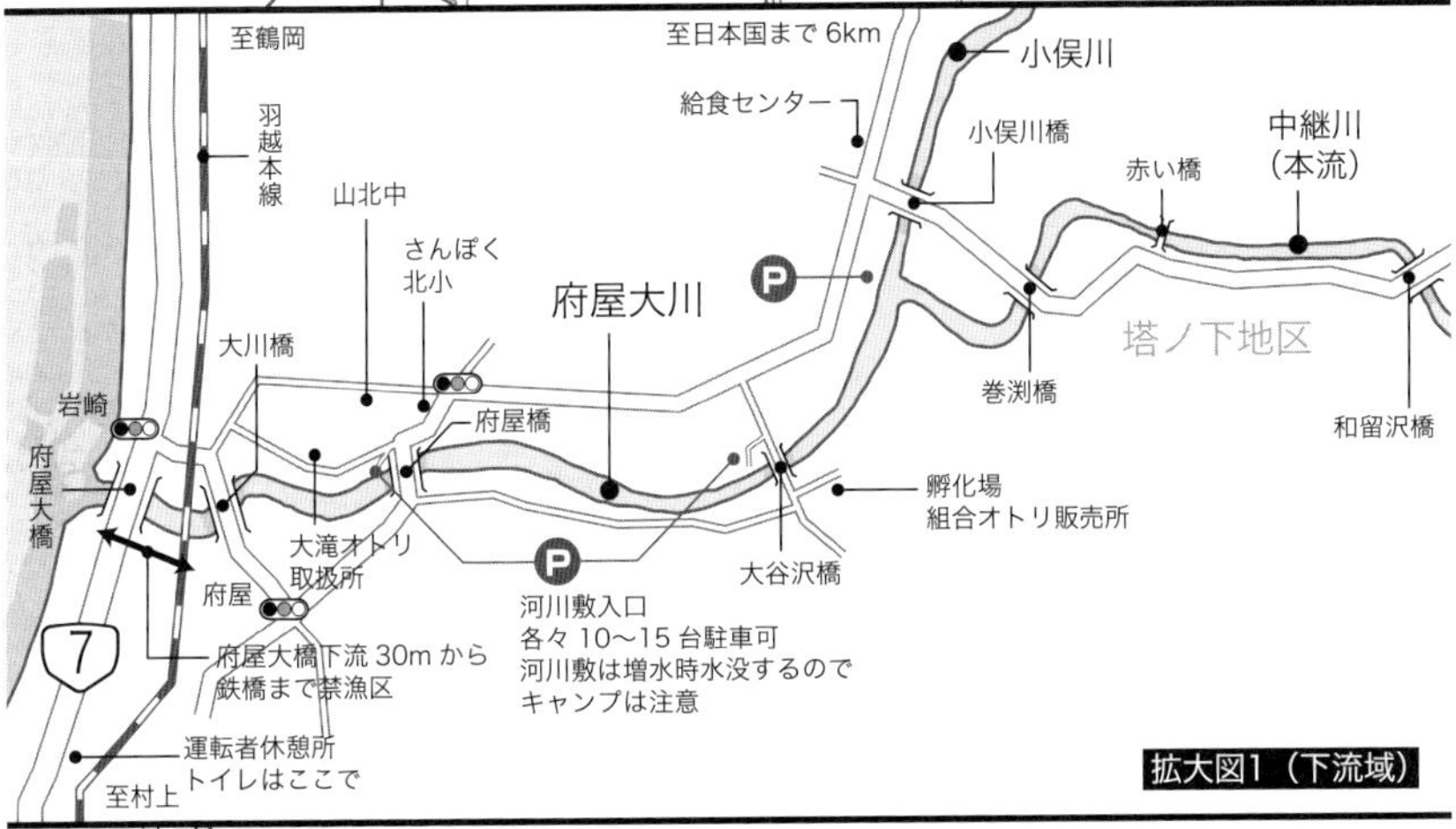
至鶴岡
至日本国まで 6km
小俣川
給食センター
羽越本線
小俣川橋
中継川
（本流）
赤い橋
山北中
さんぽく
北小
府屋大川
塔ノ下地区
大川橋
巻渕橋
和留沢橋
岩崎
府屋橋
府屋大橋
孵化場
組合オトリ販売所
大滝オトリ
取扱所
大谷沢橋
府屋
河川敷入口
各々 10～15 台駐車可
河川敷は増水時水没するので
キャンプは注意
7
府屋大橋下流 30m から
鉄橋まで禁漁区
運転者休憩所
トイレはここで
至村上
拡大図1（下流域）

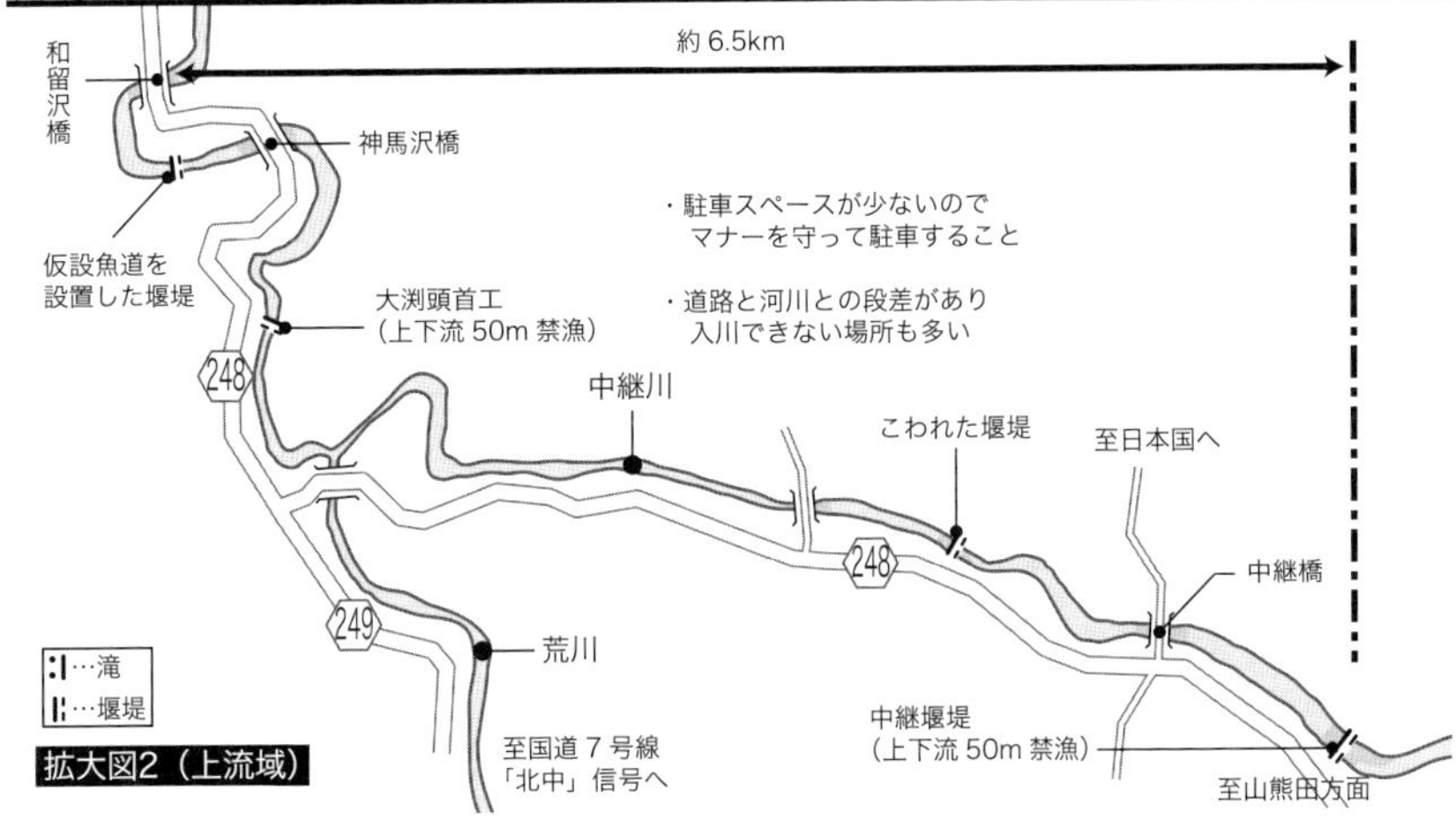
約 6.5km
和留沢橋
神馬沢橋
・駐車スペースが少ないので
マナーを守って駐車すること
仮設魚道を
設置した堰堤
大渕頭首工
（上下流 50m 禁漁）
・道路と河川との段差があり
入川できない場所も多い
248
中継川
こわれた堰堤
至日本国へ
248
中継橋
249
荒川
…滝
…堰堤
中継堰堤
（上下流 50m 禁漁）
至国道 7 号線
「北中」信号へ
拡大図2（上流域）
至山熊田方面

間瀬橋より上流を望む。下流域に位置するポイントで魚影は多い

●新潟県

勝《が》木《つ》川《ぎ》

日本海側の小河川。開けた川相は釣りやすく区間も長い 好調時はオトリを入れてからの掛かりの早さが抜群

勝木川は、府屋大川の隣を流れる小規模河川。日本海に注ぐ川の例に漏れず天然アユがソ上し、河口に近い羽越本線の勝木駅前辺りから上流が釣り場となる。

河口近くに架かる間瀬橋の上下流から下大鳥トンネルまでの間は、8m前後のサオが使用できる。それより上流域は川幅も狭まるため7m以下のサオが使いやすい。下流域ほど魚影は多く、間瀬橋から上流のカントリーエレベーター前、スタンド裏くらいまでは川の幅も広く釣りやすい。府屋大川に比べると川の規模は小さいが、樹木など流れに被る障害物が少なく、釣れる区間は長い。

●足元の流れもチェックしたい

釣れるのは天然がほとんどで、ソ上の多い年はどこにでもアユがいる感じだ。しかも、ここぞと思われるポイントには必ずよいサイズが付く。オトリ

information

●河川名　勝木川
●釣り場位置　新潟県村上市
●解禁期間　7月1日～11月30日（10月1～7日禁漁）
●遊漁料　日釣券1600円・年券6000円
●管轄漁協　山北町大川漁業協同組合（Tel0254-62-7120）
●最寄の遊漁券取扱所　大滝オトリ取扱所（Tel080-6679-8025・府屋大川）、山北町大川漁協孵化場（Tel0254-77-3179・府屋大川）
●交通　日本海東北自動車道・朝日まほろばICを降り、国道7号を山形方面へ進み勝木川へ

を入れてからの掛かりの早さは抜群で、入れ掛かりが20尾、30尾と続くこともしばしばある。ただし、川の規模が小さいためすぐに場荒れする傾向は否めない。アユの掛かりはとても早いので、移動しながら好ポイントを捜すことをおすすめする。

勝木川のように場荒れが早い小規模河川では、「近いポイントを遠くから釣る」ことを心がけるようにしたい。特に、警戒心が強くなってしまったアユを相手にする時には、岸寄りなどの近いポイントを遠くから流すことが釣果を得るコツ。

また、大半の場所では片岸からしかサオをだすことができない。両岸から釣りが可能な所はほとんどないといっていい。ここで陥りがちなのが、対岸側の流ればかりを探って、足元のポイントを見過ごしてしまうことだ。瀬肩の足元などはねらいめなので、岸から離れてオトリを入れてみたい。

勝木川橋より上流を望む。樹木など上空を覆う障害物が少なく釣りやすい川相だ

間瀬橋上流、さんぽく南小学校前付近の流れ。川幅もあり８ｍクラスのサオも振れる

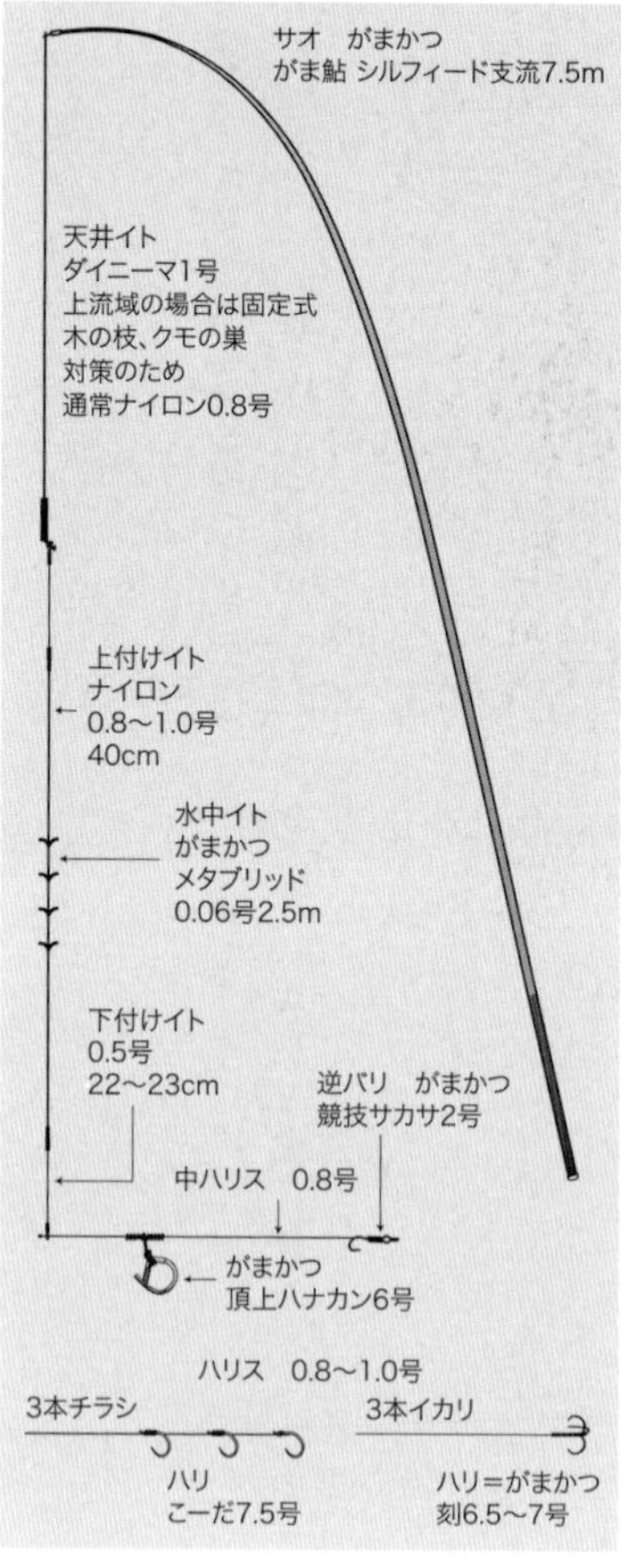

また足元のポイントを釣るには、オトリ缶を入れる場所を上流か下流へ離す必要がある。そのため、掛かったアユをタモで受けてからの処理を上手に行なうことも大切だ。

●上流域はソ上していれば良型期待

上流域にある上大鳥トンネルと笠取トンネルの間の桜並木に沿って、段々の瀬が続くポイントがある。国道7号が勝木川をこの間で4回横切っている。山と川が近く流れが複雑になっている区間であり、国道の下をくぐって入川できる。例年この区域までアユがソ上し、サイズも大きいのが特徴。ただし、全くソ上しない年も時にはあるので注意してほしい。また、この区域から上流は7月20日頃から8月末までメジロアブが多い。この期間に入るなら装備を整えて臨みたい。

8月下旬から9月に入ると釣り人も少なくなり、トロ尻の瀬肩やトロ場で遊びアユなどが見えるようになる。水面が鏡の状態の時など、下手から気付

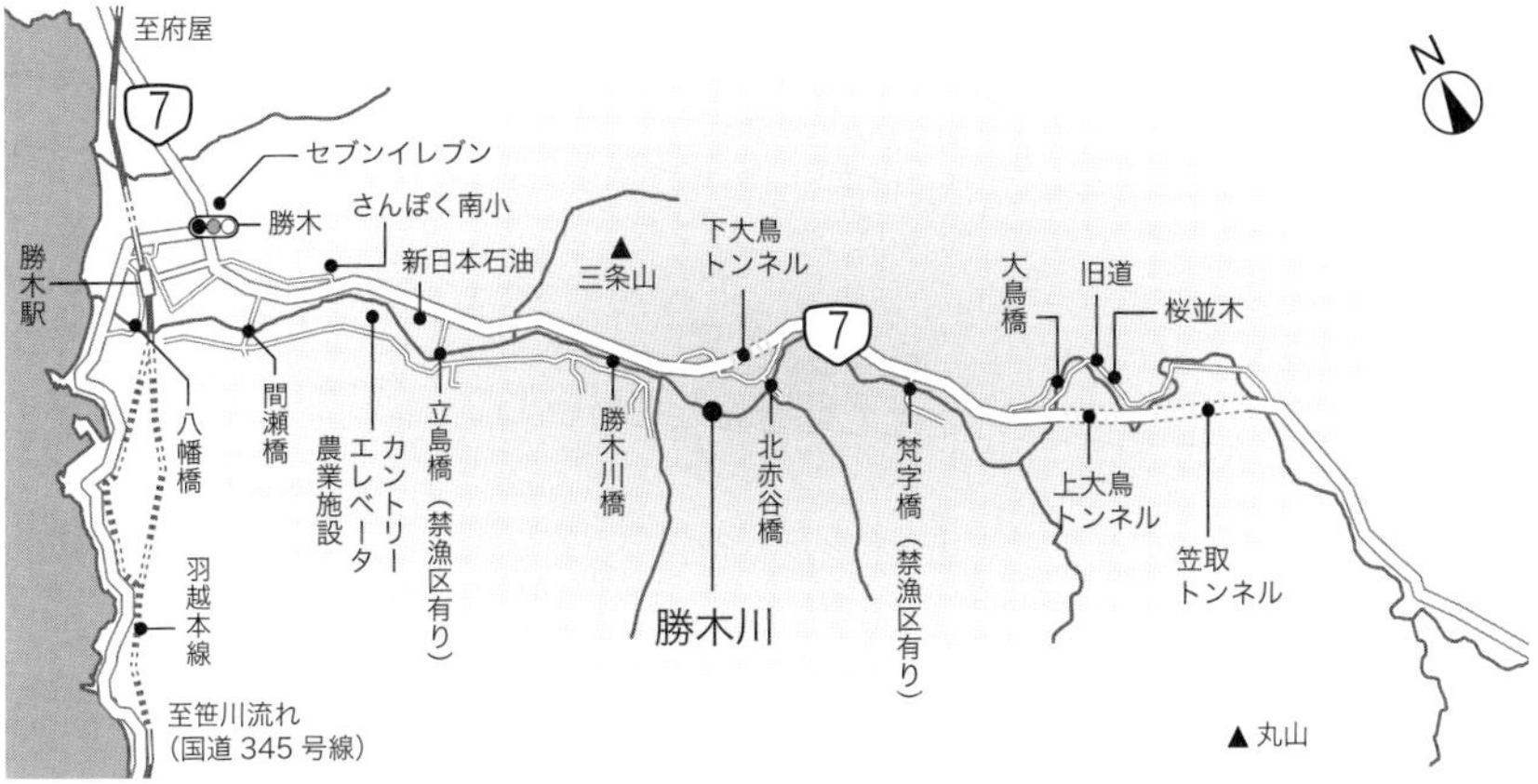

かれないようにオトリを泳がせてもサッと逃げてしまう。元気なオトリを入れているのに……と疑問に思うことが度々あった。

しかし、ゆっくり近付けると今度は逃げない。それで合点がいった。オトリが泳ぐスピードが速いとラインが水面を切って波紋が立ち、それにおびえて野アユが逃げるのだ。水面に風波でも立っていれば問題なくアプローチできるはず。こんな見釣りが楽しめるのも勝木川の特徴だ。

なお、8月1日より潜りの引っ掛け漁と、投網漁が解禁になるので、上流域は釣り場としては荒らされてしまうことも多く注意されたい（堂前）。

北赤谷橋より下流を望む。この付近から川幅も狭まり木立も目立つため7m以下のサオを使用したい

下大鳥トンネル前の流れを見る。トロ尻の瀬肩やトロ場で遊びアユを視認しながら掛けることも可能だ

えちごトキめき鉄道の鉄橋下より下流を望む。数釣りが可能な好ポイント

●新潟県

能《の》生《う》川

中流域にダムや発電所がない自然豊かな天然ソ上の小河川 水量が少なく澄んだ流れはハミ跡、魚影を容易に確認できる

新潟県糸魚川市の東部を流れる能生川は、北陸地域には珍しく中流域にダムや発電所がない自然豊富な小河川。過去には近隣の上越市へ能生川から取水し、飲料水として利用する計画があったが、地域住民の反対で計画が中止になった経緯がある。

自然豊富な河川でありながらアクセスは容易。北陸自動車道・能生ICから各ポイントまで近く、しっかり川を見てから入川することができる。管轄する能生内水面漁協の放流量は例年人工産200kg程度と少ないが、それを補うだけの天然ソ上が充分にあり、シーズン初期から後期まで安定した釣果が望める。

数年前までは穴場的な川だったが、近年は高速道路や情報網の発達、周辺にコンビニができるなど、遠方から訪れる釣り人にも身近な川になった。

この川のポイント選びは、比較的ハミ跡が石にはっきりと付き、水量が少なく澄んでいるので、高い位置から見てハミ跡や魚影の多さを確認すればよい。両岸に沿って道路が走るので容易に川のようすも見られる。

河口から大石のある川相でポイントに迷ってしまうかもしれないが、例年、解禁当初は上流部で釣果が安定し、シーズンが進むにつれて下流部に移ってくる傾向がある。

初期は大石のある瀬を引き釣りで放流アユをねらい、天然ソ上がナワバリを持ち始める梅雨明け以降はトロやチャラがねらいめとなる。特に渇水が進んでくると、上飛ばしでしか反応しな

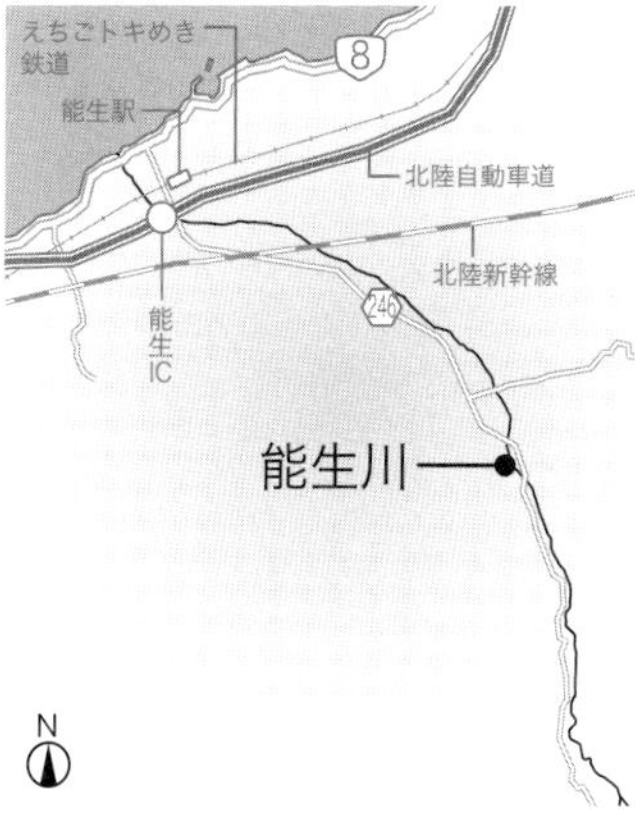

北陸自動車道が交差する場所より下流側の流れ。警戒心の強い天然ソ上魚がターゲットなのでアプローチに注意したい

い場合があるので、釣果を伸ばすには泳がせ釣りが有効といえる。

注意したいのは、9月21日～10月7日までの期間、能生谷橋から河口までが資源保護のため禁漁に、さらに10月1～7日は全川禁漁となる。それでも、新潟県では珍しく10月末日まで解禁期間があるので、大きな出水がなければ10月中旬まで楽しめる。

掛かるアユのサイズは大きくても22㎝程度なので、ナイロン、フロロなら0・15号前後、複合ラインなら0・06号で対応できるが、泳がせ釣りがメインになるので、オバセが作りやすい水中イトを使用したい。またアユが小さくても追いは激しいので、小バリはバラシやケラレが多くなり、おすすめできない。6・5号の4本イカリをメインに考えたい。

天然ソ上がメインとなる河川では、釣り人が集中するポイントより、入りにくい場所で好釣果に恵まれることが少なくないので足を使って探りたい。

●えちごトキめき鉄道～能生谷橋

能生谷橋から北陸自動車道・能生ICより500mほど下流に架かった、えちごトキめき鉄道の鉄橋下は数釣りが可能な好ポイント。

能生谷橋上流左岸と下流へは、左岸河川道路脇に駐車スペースがあり、コンビニやオトリ店も近くシーズンを通して釣り人が多い。本命ポイントは能生ICから鉄橋まで続く早瀬とチャラ瀬。

information

●河川名　能生川
●釣り場位置　新潟県糸魚川市
●解禁期間　7月10日～10月31日（10月1～7日禁漁）
●遊漁料　日釣券2160円・年券7560円
●管轄漁協　能生内水面漁業協同組合（Tel025-566-5262）
●最寄の遊漁券取扱所　原建築（Tel025-566-5160）、鮎宿たかとり（Tel025-566-2720）
●交通　北陸自動車道・能生ICを降り、右折で県道246号を上流方面へ。下流方面は左折して県道88号河口が近くなるので上流より多少川幅が広がり、石も小さくなるので泳がせ釣りが有効だ。

この辺りは天然ソ上魚がターゲットなので警戒心が強く、渇水が進むと釣りにくくなる傾向がある。なるべく水面に影を落とさない場所からのアプローチを意識したい。

●北陸新幹線・橋脚周辺

河口から約5㎞に位置する中流域の釣り場。北陸新幹線の橋脚上流にある萬青橋から、下流にある大きな吊り橋の白山大橋にかけては足場がよく、両岸に道路が沿うので駐車スペースも多く入川しやすい。

本命ポイントは新幹線の橋脚直下にあるトロ場と上流の瀬。初期はトロ場、上流の瀬、中～後期はトロのヒラキを泳がせ釣りでねらう。大石が多く流れが複雑で、少々の増水ではアカが飛びにくい。渇水しても大きなトロ場があ

能生谷橋より上流を望む。石は小さくなるので泳がせ釣りが有効だ

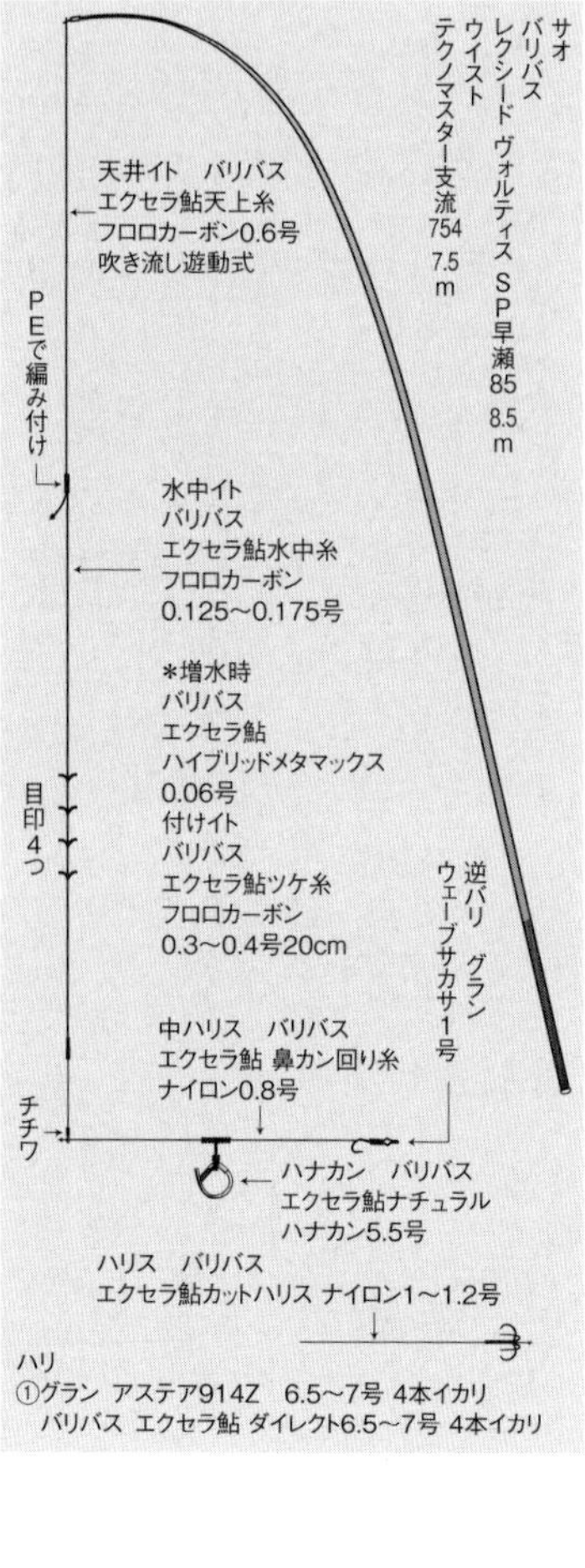

萬青橋より下流を望む。道路が川に沿い駐車スペースも多く入川しやすい。奥に新幹線の橋が見える

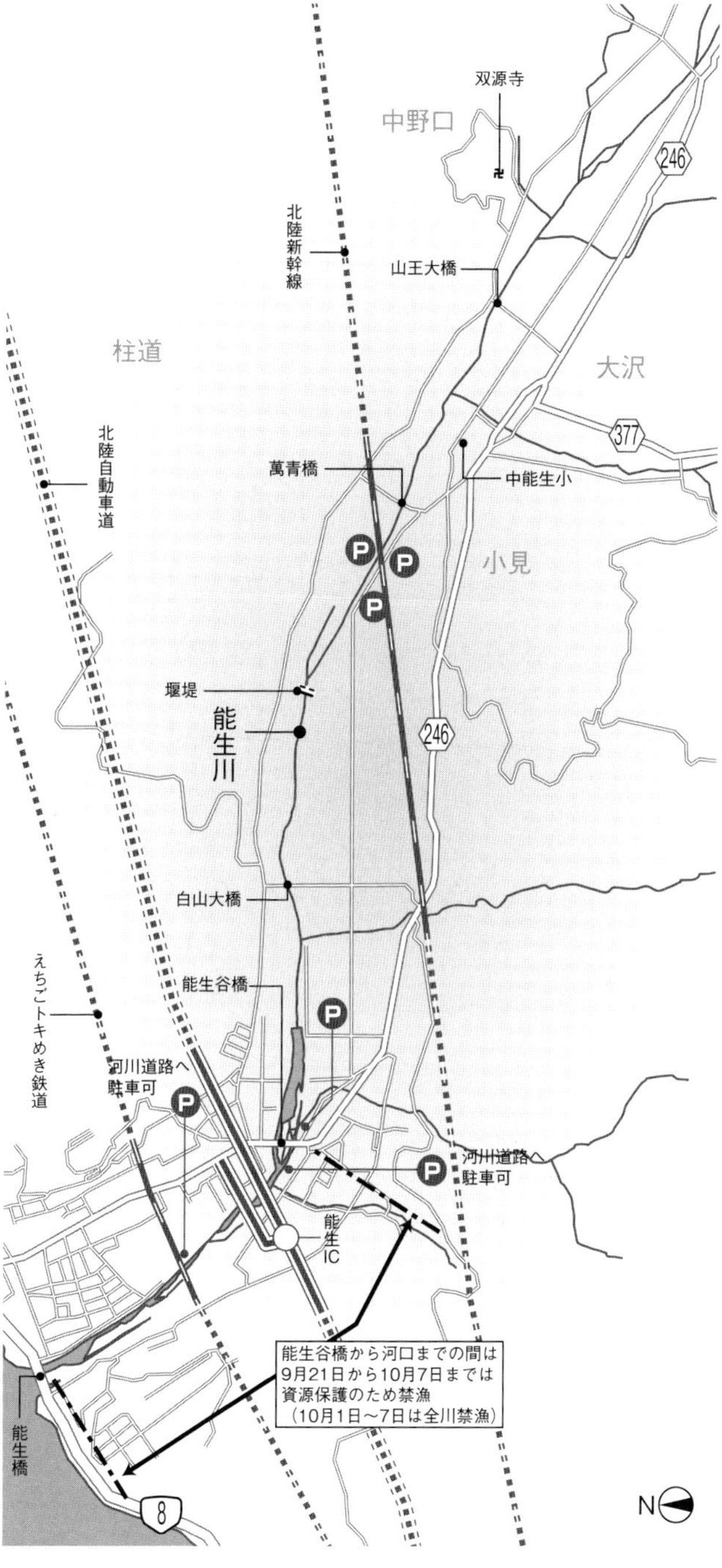

るのでシーズンを通して魚影が多い。

新幹線橋脚から下流約500mにある堰堤までは好ポイントが多く、釣り返しも利くので1ヵ所に固執せず、いろいろな場所にオトリを通して探ったほうが得策だ。

最後に、糸魚川市能生はズワイカニをはじめ海の幸が豊富だ。能生川にほど近い国道8号沿いにある道の駅「マリンドリーム能生」では、格安で海の幸が売られている。遠征釣行のおみやげ購入にも最適だ（若山）。

●新潟県

早川《はや》

河口まで続く渓流相。堰を境に下は天然、上は放流ねらい
天然ソ上エリアは束釣りも可能な抜群の魚影の多さ

放水口合流から下流の流れ。天然ソ上の魚影が多く釣りやすい。奥に見えるのはえちごトキめき鉄道の鉄橋

早川は新潟県唯一の活火山である頚《くび》城《き》山塊・焼山と火打山を水源とし、糸魚川市梶屋敷で日本海に注ぐ小河川だ。焼山は3000年前にできた新しい火山。地盤が脆弱《ぜいじゃく》で少々の雨で濁りやすく、近年は河床低下が著しい。

河口まで渓流相の流れが続き、美しいアユが釣れるのが早川の特徴だ。釣り場は糸魚川市五十原地区で出合う支流・前川合流点から河口までの約8km間だが、天然ソ上は河口から約2km上流の田屋堰堤で残念ながら途切れてしまう。堰堤上流は量は少ないものの放流はなされており、8月には大きく育ったアユが地元の釣り人には人気だ。

河口から田屋堰堤までは、ソ上距離が短い影響でアユの密度が抜群に高く、流れのすべてがポイントといってよい。私自身、2014年の解禁翌日は108尾の釣果に恵まれた。初期は大石のある瀬をねらい、渇水・アカ腐れになってくるとチャラ、トロがよく釣

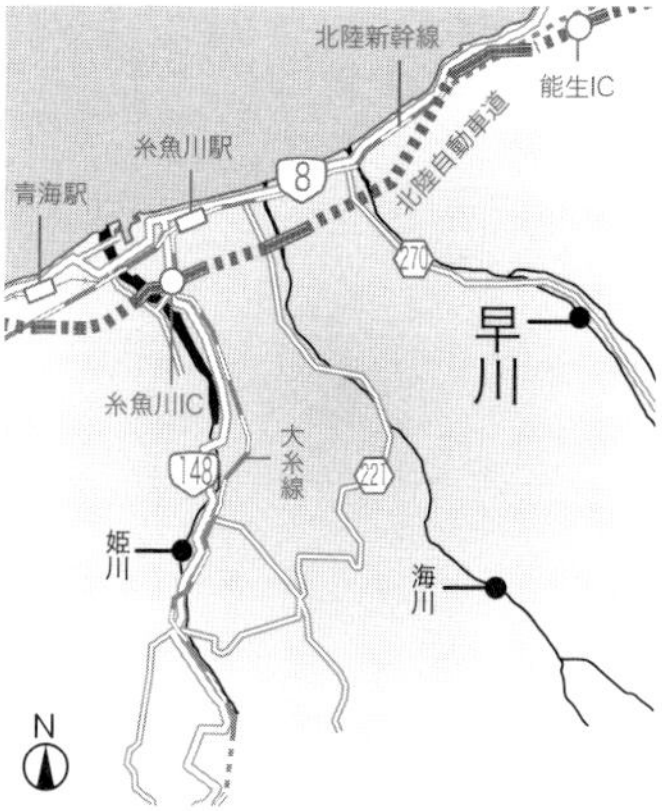

北陸自動車道下の瀬の流れ。ツルツルした
石が密集し、ハミ跡があれば期待大

れる。

渇水が進むと青藻が大量に生えて釣りづらいこともあるが、アユが多い所は青藻が少なく石もきれいだ。そんな場所を見つけて探りたい。また、早川は石が大きく浮石のため投網でアユを取るのが難しく、シーズン終盤まで気分のよい釣りが楽しめる。

田屋堰堤上流は7月中旬から釣れ始め、8月のお盆頃が盛期になる。上中流域で釣れるアユは体高があり、8月後半には25㎝クラスも望めるが、渓流相のためヘビータックルは必要ない。

火山特有のザラザラした大石が多く、なかなかポイントを絞りにくいが、ツルツルした石が密集したハミ跡がある場所には必ずアユが付いている。しっかりと川見をしてから入川すること。

平水～渇水の状況では、魚影が多くよく釣れるのだが、増水に弱くシーズン中に何度か白っ川になることも少なくない。糸魚川内水面漁協の遊漁券は早川、海川、姫川と共通なので、オトリ店で状況を確認してから川を選んで入川することも可能だ。

早川上流部には、笹倉温泉・焼山温泉があり、釣りで疲れた身体を温泉で癒《いや》すのも乙だ。それでは、早川の代表的なポイントを紹介したい。

●北陸新幹線・橋脚～放水口合流

水量は上流で取水されているため少ないが、天然ソ上の魚影が多く釣りやすい。駐車スペースは北陸新幹線・橋

information

●河川名　早川
●釣り場位置　新潟県糸魚川市
●解禁期間　7月1日～9月30日
●遊漁料　日釣券2000円・年券9500円
●管轄漁協　糸魚川内水面漁業協同組合（Tel025-552-7828）
●最寄の遊漁券取扱所　糸魚川内水面漁協　早川友鮎仮設販売所（Tel025-552-7828・午前6時～8時30分まで）
●交通　北陸自動車道・糸魚川ICもしくは能生ICを降り、国道8号、県道270号で早川の各釣り場へ

脚下流にある支流・姥川の出合上下と旧・鉄工所横にある。アクセスが容易なため釣り人も多いが、アユも多いのでポイントは無数にある。

例年、新幹線・橋脚下の瀬と放水口上流の瀬とヒラキがよく釣れる。魚影が多いため、狭いポイントでも釣り返しが利き数が揃うのが特徴。サイズはシーズンを通して12〜18cmと小型が多いが、天然ソ上のアユは香りがよく、食べても美味しい。

注意点は、晴れている日の午後から北風（海からの風）が強くなるので、短ザオも用意しておきたい。

●越橋周辺

上流域の越橋周辺は川相、放流量ともに1級で入川しやすいポイントも多い。橋両岸の河川道路に駐車スペースがある。左岸道路側に駐車すると少し距離があるが、川まで草が刈ってあり足場はよい。私がよくサオをだすのは、越橋の約500m上流にある堰堤付近だ。2本の流れ出しが合流する深瀬から、その下流の早瀬をねらう。水量もそこそこあり大石が多く川相がよい。

天然ソ上が多い下流域と比べると魚影はそれほど多くなく、野アユのナワバリ範囲は広い。少し止め気味でオトリを操作するのがキモだ。一つ一つの石をていねいに釣ると釣果が伸びる。

●前川・坪野大橋周辺

早川の支流となる渓流相の小河川で、

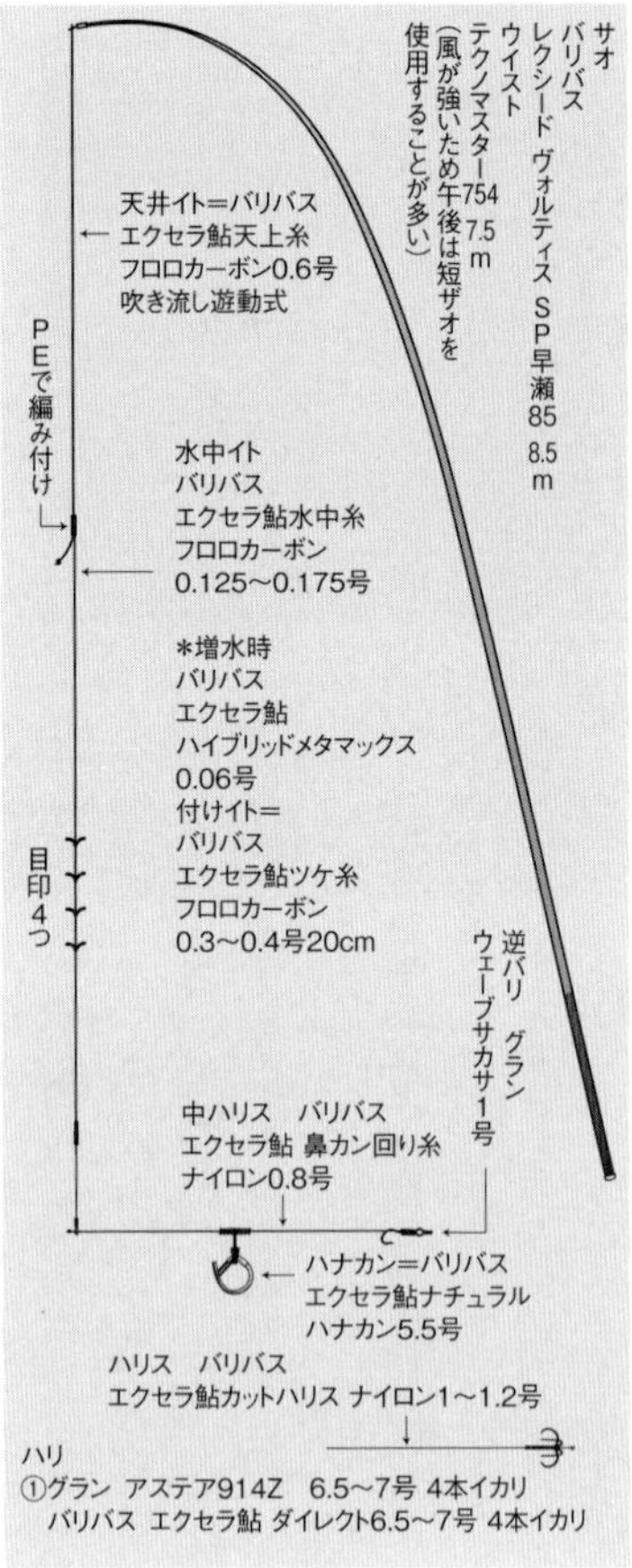

北陸自動車道下から上流を望む。解禁初期は大石のある瀬がねらいめ

最上流域のアユ釣り場でもある。釣り場は、例年放流がなされる坪野大橋の上下流がねらいめだ。川原が狭くヤブが多いので6～7m前後の短ザオが使いやすい。

本流に比べて水温が高く魚の成長が早いので、解禁当初から釣りになる。また水源も異なるため、本流が濁っていても澄んでいることがある。大石が多くアカが飛びにくいので、増水時の逃げ場としてもおすすめだ。

なお、高速道路下流部で床止め工事を行なっているため（2015年）、川の流れが変わる可能性もあるので留意していただきたい（若山）。

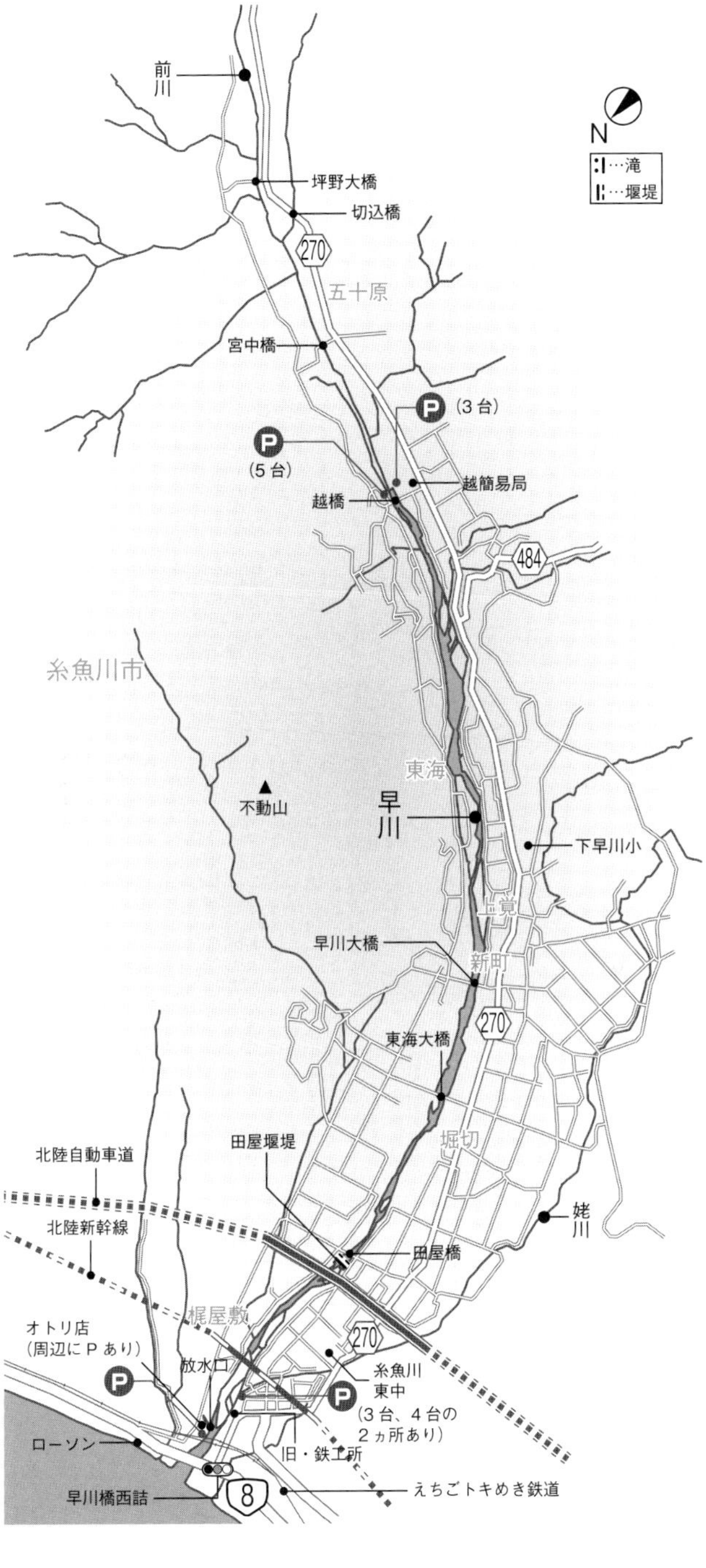

●新潟県

海《う》川《み》

近隣の河川に比べて増水に強くアカが飛びにくい中流域・稲坂橋までは流れも緩やかで初心者にもおすすめ

海川中央橋より下流を望む。駐車スペースが多く釣り人で賑わう場所だ。遠くに見えるのは新幹線が渡る橋

海川は、隣を流れる早川と同様に焼山を水源とし、「越後の上高地」と呼ばれる海谷高地を経て糸魚川市押上で日本海に注ぐ小河川。源流域は新潟県内でも屈指のイワナ釣り場として有名である。また、海谷高地は近年トレッキングコースとして整備され、県内外の観光客で賑わっている。

天然アユは河口から10㎞程度上流の真木地区までソ上するが、メインの釣り場は約7㎞上流の川島地区までで、河原が開けておりサオをだしやすい。中流域にある稲坂橋までは比較的石が小さく、流れも緩やかで小型ながら引きのよいアユの数釣りが可能で、ビギナーでも釣りやすい。橋より上流は大石が多く渓流相へと変化する。

海川は増水に強く、近郊の早川や姫川と比べてアカが飛びにくく回復も早いのが特徴だ。ただ、近年は河川工事の影響で川の流れが変わった場所も多い。アカが飛びにくい所や渇水時によ

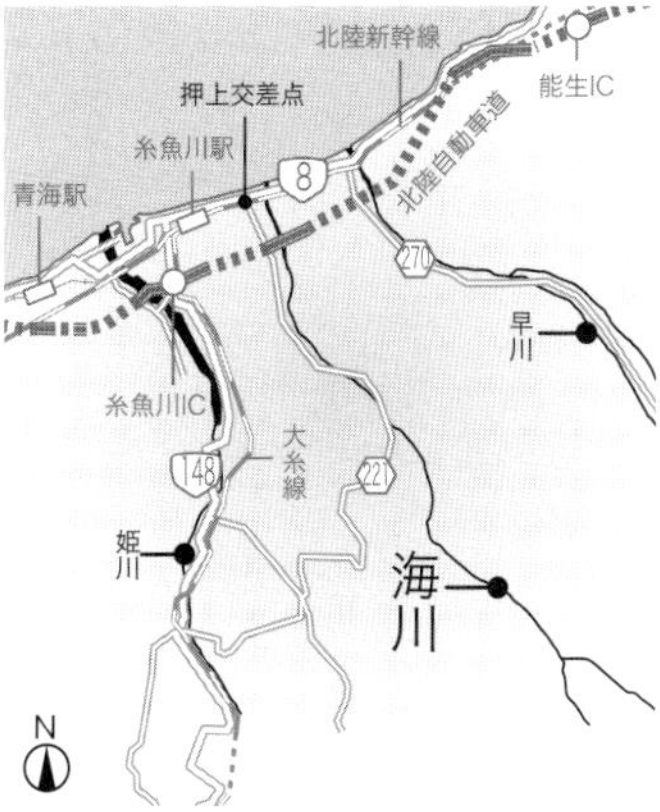

厚田橋より上流を望む。水深がなく泳がせ釣り主体。遠くに見えるのが北陸自動車道

information

●河川名　海川
●釣り場位置　新潟県糸魚川市
●解禁期間　7月1日～9月30日
●遊漁料　日釣券2000円・年券9500円
●管轄漁協　糸魚川内水面漁業協同組合（Tel025-552-7828）
●最寄の遊漁券取扱所　田中おとり店（Tel090-5414-3592）、田村おとり店（Tel090-2497-8368）
●交通　北陸自動車道・糸魚川ICを降り、国道148号から国道8号を右折で能生方面へ。押上西交差点を右折し県道221号で海川の各釣り場へ

く釣れる場所が年によって変わるので、サオをだす前に状況をオトリ店で確認するとよいだろう。

チャラ瀬、浅瀬が多いので、橋上からでもアユの姿を確認しやすい。浅場には群れアユが多く見られ、それをねらいサオをだす釣り人も多い。しかし天然ソ上のアユは群れの密度が低く釣りづらいので、ナワバリをしっかり持ったアユをターゲットに絞ったほうが得策だ。

ポイントの見立てだが、チャラ瀬が多く迷いがちになるが、見える範囲で一番速い瀬からサオをだし反応をうかがいたい。朝イチのチャラは追いが悪く、瀬でよいオトリを確保してからチャラ瀬を流してみたい。

●厚田橋～海川中央橋周辺

海川中央橋周辺は駐車スペースが多く釣り人で賑わう場所。浅瀬とチャラ瀬が広がり、足場もよく釣りやすい。

例年、初期は中央橋下流の瀬と、その下に架かる北陸新幹線の橋脚上流の瀬がねらいめだ。

梅雨明け後は厚田橋下流の左岸にぶっつけるトロと、その上の瀬肩のチャラがよい。水深がなく泳がせ釣りが主体になるので、よほどの増水でない限りナイロン・フロロを使って上飛ばしで流す。所々に床止めのブロックがあり、その周辺は深みとなるので魚が溜まりやすく釣り返しが利く。

お盆の渇水期になると水温が高くオトリが弱りやすくなるので、オトリ缶はなるべく深い場所に沈めること。増水時は石が小さく底流れが速くなるので、背バリよりオモリが使いやすい。

●西海橋～井沢橋周辺

中流域の釣り場となり、駐車スペースは橋周辺にある。そのたもとから川原へ下りやすい。例年7月中旬から釣れ始め、8月に入ると数、型ともによ

西海橋より下流を望む。例年７月中旬から釣れ始め、8月には数、型とも期待できる

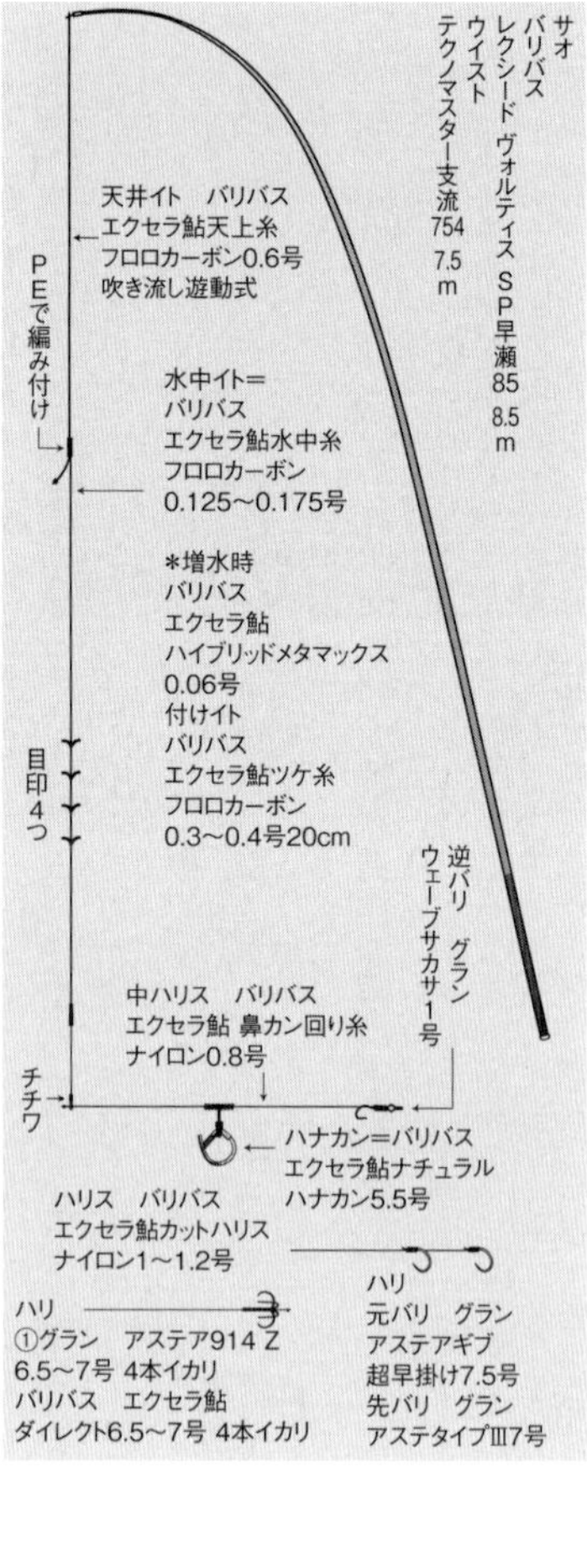

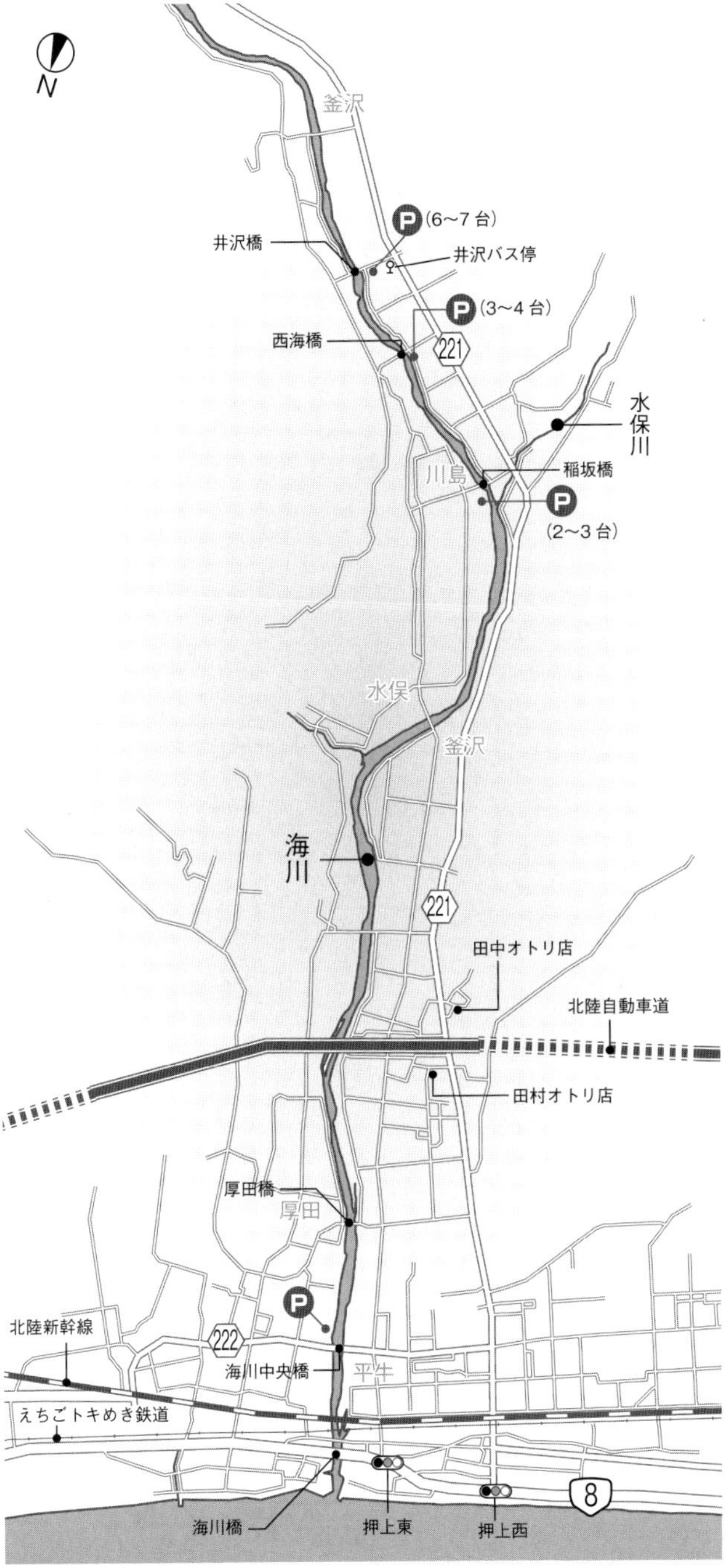

くなる傾向がある。
大石のある瀬が連続する渓流相だが、瀬のヒラキにある小さなチャラや小トロがねらいめになる。1級ポイントは西海橋上流の瀬だが、流してみて芳しくなければ、上手な人に入られた後と判断して、釣り上がりながらサオ抜けを探りたい。
上流から中流域は朝イチの反応が比較的悪いので、水温が上がる8時頃からサオをだしたほうが賢明だ。
近年は淵が少なくなり変化に乏しくなった印象がある海川だが、天然ソ上は依然豊富。いまだに魅力のある川といえる（若山）。

●新潟県

姫川《ひめ》

日本海が目の前の河口付近から釣りを楽しめる天然ソ上河川
中流域は一人一瀬の開放感、支流・根知川も釣りやすい流れ

県道486号に架かる姫川橋より下流を望む。すぐ先に日本海が広がっている

姫川は長野県北安曇郡白馬村の親海湿原を水源とし、新潟県糸魚川市で日本海に注ぐ延長60㎞の一級河川。流域の大半で白馬岳を始めとする標高2000mを超える山々が連なり、非常に急峻な地形で、過去に豪雨による氾濫・地滑りが多く発生した暴れ川として有名である。

流路が糸魚川静岡構造線（フォッサマグナ）にほぼ沿っており、過去にマグニチュード6～7の地震が多く発生している。2014年11月の長野県神城断層地震の震源は、糸魚川静岡構造線上にある神城断層のズレによるものだった。

急峻な西頚城山地と北アルプスから排出される土砂と、脆弱な蛇紋《じゃもん》岩によ る地盤の影響で、濁りが入ることが多く、サオをだせる日は少ないが、本来の水質はとてもよい。1999年以降4回にわたり水質調査で日本一に輝き、水質のよさは折り紙付きだ。

天然アユは翡翠《ひすい》の産地で有名な小滝川の合流地点まではソ上するが、釣り場としては、糸魚川市根小屋で右岸から合流する根知川の合流から河口までがメインになる。

解禁当初は、支流の根知川や糸魚川市大野地区周辺で安定した釣果が得られる。8月に入ると国道8号下にある発電所の放水口から河口までが面白くなる。ここでは代表的なポイントを3ヵ所紹介したい。

●河口～放水口

国道8号下で放水口の水が加わり、

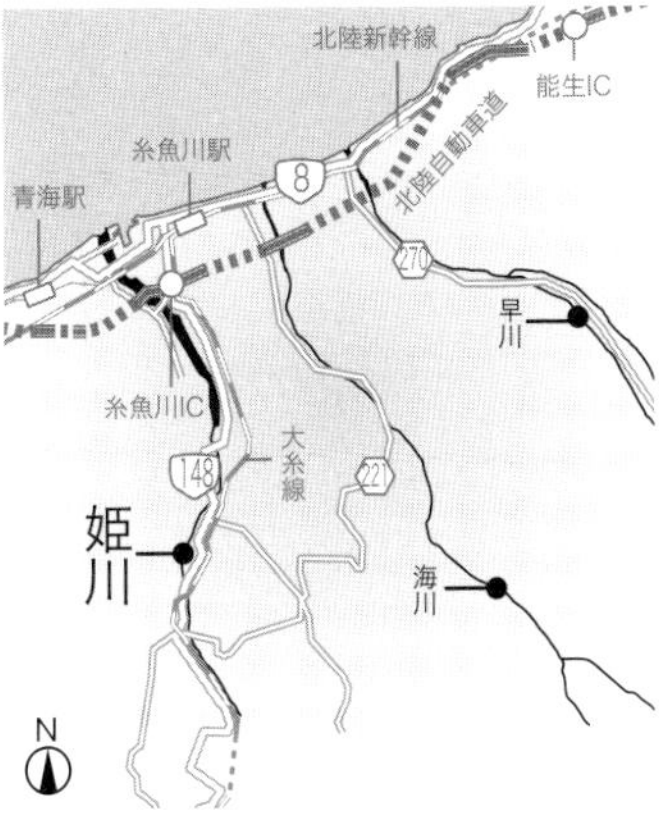

姫川橋より上流を望む。奥の赤い橋が国道8号に架かる姫川大橋だ

水量が一気に増えダイナミックな川相が河口まで続く。近年砂が多くなってポイントがなくなりつつあるような気がするが、地元の釣り人には依然人気の場所。ここ以外でサオをださないという人もいる。

　駐車スペースは左岸の河川道路沿いと下流の姫川橋周辺にあり、テント泊や車中泊でアユ釣りを楽しんでいる遠征組も多い。釣期は、8月初旬より釣れ始め、水温が低いため9月中旬には終了となる。この辺りで釣れるアユはパワーがあり型もよく、25cm程度まで期待できる。場所によっては激流もあり、瀬釣り用のタックルで臨んでもよいだろう

●今井橋〜北陸自動車道周辺

河口から5km上流に位置し、比較的フラットな川相で釣りやすい。駐車スペースは、今井橋右岸の河川道路沿いとホテル国富アネックス裏にあるが、ホテル裏に駐車すると川原まで少々遠いのが難点。

　放水口から上流は、糸魚川市小滝にある黒部川電力で取水されているため、水量は少ないものの釣り場が広く、一人一瀬の釣りを楽しめる。石灰岩の白い石が多く、早川や海川に比べてハミ跡が見つけにくい。アカの付き方も薄いので、白い石が少し黄色みがかって見えるようなら、アカが付いていると判断してよい。

　春先の雪代の影響で川の流れが変わ

information

●河川名　姫川
●釣り場位置　新潟県糸魚川市
●解禁期間　7月1日〜9月30日
●遊漁料　日釣券2000円・年券9500円
●管轄漁協　糸魚川内水面漁業協同組合（Tel025-552-7828）
●最寄の遊漁券取扱所　えびす釣具店（Tel025-553-1363）、糸魚川内水面漁協・姫川事務所（Tel025-552-7828）
●交通　北陸自動車道・糸魚川ICを降り、国道148号で姫川の各釣り場へ

りやすく、現段階でここがよいとはいえないが、例年、ホテル裏から今井橋まで続く瀬はよく釣れる。また、瀬のヘチやトロ、チャラ瀬のヘチなどもねらいめ。1つの場所で数が揃うことが多いので、立ち位置に気をつけてていねいに釣ると数が伸びるだろう。釣れるサイズは15～18㎝がアベレージで特別なタックルは必要ない。

真夏の渇水時は水温が高くなり、オトリが弱りやすくなるので、オトリ缶を沈める場所や引き舟を止める場所にも配慮が必要だ。

●根知川・仁王堂橋周辺

支流の根知川は渓流相の小河川だが、川原が開けており釣りやすい。天然ソ上があるうえ、放流も多く初期から安定した釣果が望める。ポイントは本流合流から2㎞程度上流の東中地区まで釣りになるが、メインは放流量が多く駐車スペースもある仁王堂橋周辺。橋

新幹線が渡る周辺の川相。この辺りで釣れるアユはパワーがあり型もよい

今井橋より上流を望む。河口から5km 上流に位置しフラットな川相で釣りやすい

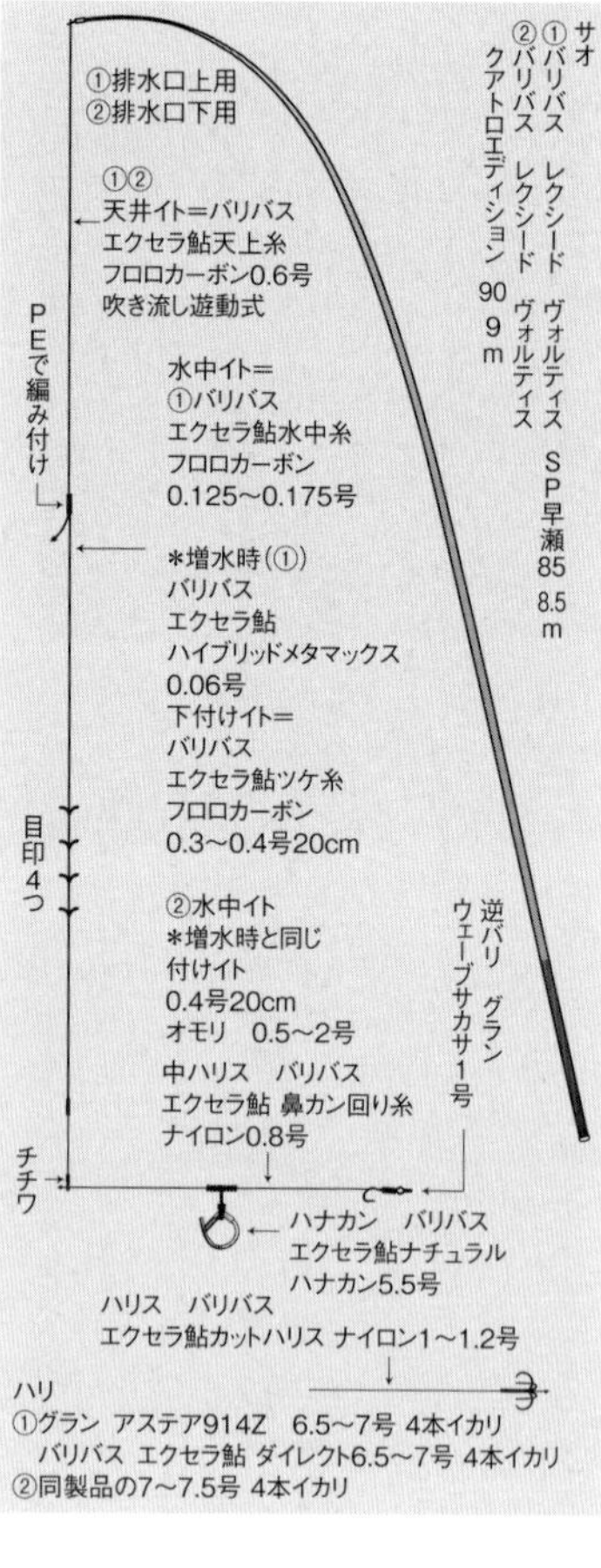

下流にある堰堤を改修してから、上流部への天然ソ上が増えた。駐車スペース近くに公園があり、河原に下りやすく水量が少ないので女性や子供でも安全に楽しめる場所だ。

姫川は、近隣の能生川や早川、海川と比べると、数は釣れないかもしれないが、素晴らしいロケーションでのびのびとサオがだせるのが魅力。

新潟県・糸魚川市から高速道路を利用すると、富山県・神通川まで1時間程度で行けるので、遠征釣行のベース地としても適していると思う（若山）。

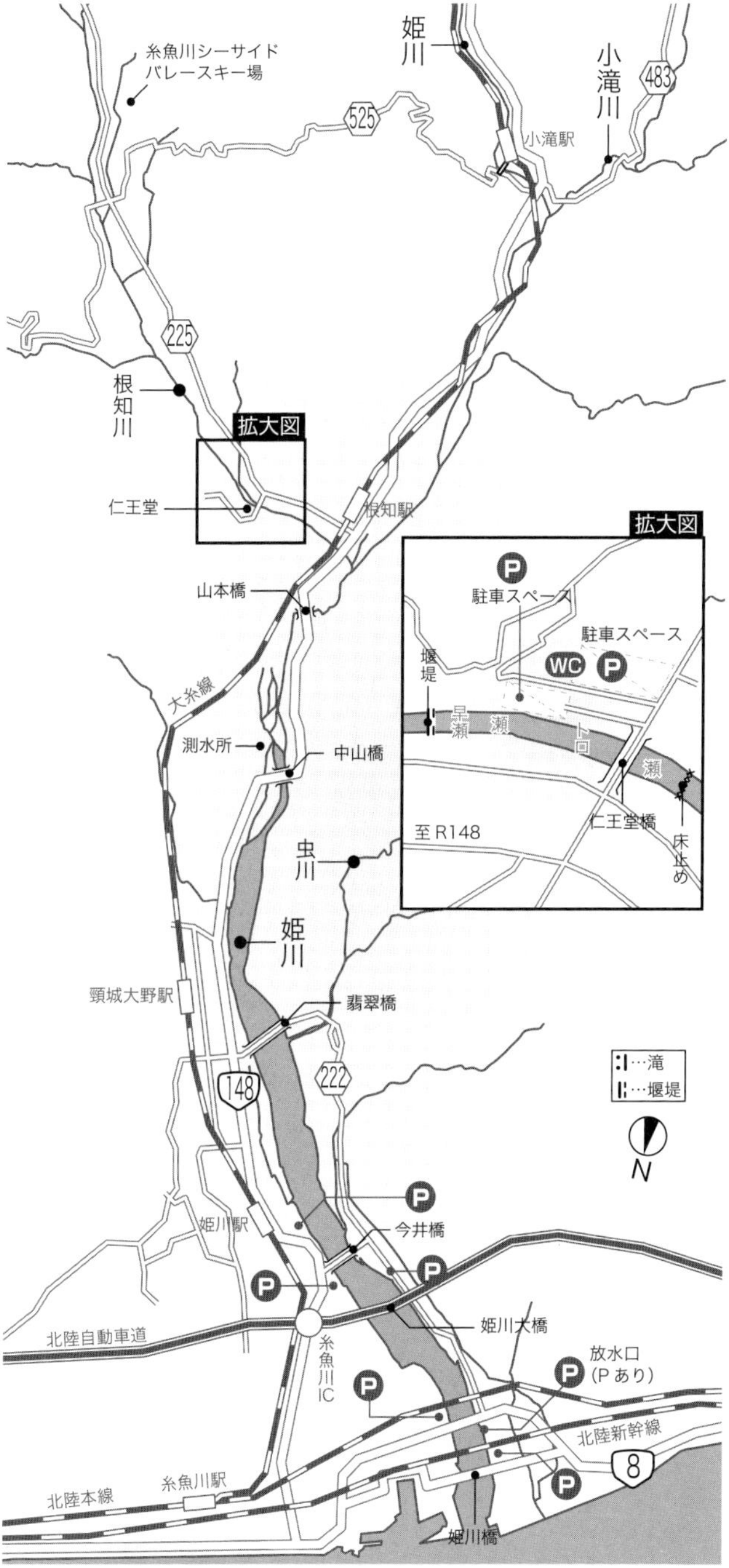

関東甲信越「いい川」アユ釣り場

掲載河川情報一覧

河川名	漁協名	TEL	解禁期間
久慈川	久慈川漁業協同組合	0295-52-0038	6月1日～12月31日
那珂川	那珂川北部漁業協同組合	0287-54-0002	6月1日～11月10日
	那珂川中央漁業協同組合	0287-83-0120	6月1日～11月10日
	那珂川南部漁業協同組合	0287-84-1501	6月1日～11月10日
	茂木町漁業協同組合	0285-63-0570	6月1日～11月10日
箒川	那珂川北部漁業協同組合	0287-54-0002	6月1日（下大貫、東北自動車道から上の区域は7月第1日曜日解禁）～11月10日
鬼怒川	鬼怒川漁業協同組合	028-662-6211	6月第1日曜日～10月31日
大芦川	西大芦漁業協同組合	0289-74-2629	6月28日～10月31日
烏川	上州漁業協同組合	027-322-3041	6月14日～12月31日
碓氷川	同上	同上	6月14日～12月31日
神流川	南甘漁業協同組合	0274-57-3464	6月第1土曜日～10月31日
	上野村漁業協同組合	0274-59-3155	6月第2土曜日～10月31日
南牧川	上州漁業協同組合	027-322-3041	6月14日～12月31日
秋川	秋川漁業協同組合	042-596-2215	6月第1土曜日～12月31日
相模川	相模川第一漁業協同組合	042-763-2726	6月1日～10月14日
酒匂川	酒匂川漁業協同組合	0465-37-4277	6月1日～10月14日
中津川	相模川第一漁業協同組合	042-763-2726	6月1日～10月14日
	中津川漁業協同組合	046-281-0822	6月1日～10月14日
笛吹川	峡東漁業協同組合	055-322-1023	6月下旬～11月30日
桂川	桂川漁業協同組合	0544-63-0083	6月1日～11月30日
富士川	富士川漁業協同組合（山梨県）	05566-2-2000	6月第1土曜日～11月30日（山梨県内）、 6月1日～11月30日（静岡県内）
常葉川	同上	同上	6月11日～11月30日
福士川	同上	同上	6月11日～11月30日
千曲川	上小漁業協同組合	0268-22-0813	6月第3日曜日～12月31日
依田川	同上	同上	6月第3日曜日～12月31日
魚野川	魚沼漁業協同組合	025-792-0261	7月10日～11月30日 （10月1～7日まで資源保護のため禁漁）
府屋大川	山北町大川漁業協同組合	0254-62-7120	7月1日～11月30日（10月1～7日禁漁）
勝木川	同上	同上	7月1日～11月30日（10月1～7日禁漁）
能生川	能生内水面漁業協同組合	025-566-5262	7月10日～10月31日
早川	糸魚川内水面漁業協同組合	025-552-7828	7月1日～9月30日
海川	同上	同上	7月1日～9月30日
姫川	同上	同上	7月1日～9月30日

●執筆者プロフィール（50音順）

岩崎友明
長野県在住。アユ釣り歴 16 年。GFG 長野支部鮎・渓流部長、湯川尺上渓友会所属。春は渓流、夏はアユ釣り、サオを置く冬はハンティングを通じて自然と親しむ。

小林英司
栃木県在住。NFS（野嶋フィッシングスクール）、GFG 栃木支部、坂本東部友釣会所属。春は本流ヤマメを釣りながらアユのポイントをチェック。冬はワカサギ釣りを楽しんでいる。

古山勝也
東京都在住。アユ釣り歴20年。武蔵ぼうず会（会計）所属。「足取りは軽く、引き舟は重く！」を目差している。何事も前向きに、前へ、前へと考えよう。ブログ「秋川チャラ之助のアユ釣り徒然草」を公開中。

坂本　禎
栃木県在住。アユ釣り歴は36年。スターチェイス所属。那珂川と鬼怒川をホームグラウンドにアユ釣りを楽しんでいる。

坂本　剛
山梨県在住。GFG 山梨支部長、甲府渓友会所属。幼少の頃から葛野川で水遊びや、親父の後を追いヤマメ、アユ釣りを覚えた。現在は若手のアユ釣り育成に励んでいる。

神宮雅則
群馬県在住。アユ釣り歴 18 年。群馬つり人クラブ所属。利根川水系や那珂川に多く釣行。北陸の河川にも遠征する。トーナメントにも積極的に参加し、技術向上をめざし友釣りを楽しんでいる。

堂前明広
群馬県在住。アユ釣り歴 40 年。匠友会所属。アユに限らず釣りは、常に新しいことにチャレンジするのが大事。毎年新しいテーマを掲げ追いかけることが面白さにつながり、自分自身の幅も広げてくれると思う。

中澤　清
新潟県在住。アユ釣り歴 35 年。南魚沼市石打で釣り宿「ロッヂ ケルン」経営。アユ釣りとは生き甲斐である。

根本勇海
茨城県在住。アユ釣り歴 8 年。野嶋フィッシングスクール・GFG 上信越地区在籍。アユ釣りのモットーは「一歩前へ」。釣りも人生も一歩前へ歩めば得られるものがあると思っている。

平井幹二
神奈川県在住。相模友釣同好会会長、GFG 神奈川支部長。雨にも負けず、風にも夏の暑さにも負けぬ釣りバカおじさん。頭の中を割ってのぞけば、アユとメジナが泳いでいる。

福田和彦
栃木県在住。アユ釣り歴 40 年。鮎中毒所属。「アユ釣りは楽しく、一生勉強」がモットー。

松田克久
群馬県在住。アユ釣り歴 30 年。群馬つり人クラブ所属。シーズン中は黄色いアユの入れ掛かりスパーク！を求めて各地の川を彷徨う。

三好一彰
山梨県在住。友釣りは父と叔父の影響で 10 歳より始める。GFG 関東所属。モットーは、「瀬の釣り、オモリ釣りを簡単仕掛けで楽しむ」。

望月　譲
山梨県在住。アユ釣り歴 30 年。GFG 東海青年部部長。カッコいい釣り人になれるように、日々研究中！　シーズンオフは息子とフカセ釣りに夢中な今日この頃。

八木沢　博
栃木県在住。アユ釣り歴 38 年。翔友会所属。アユ釣りは楽しむことが上達への近道。幸運は必ず訪れると信じること。

山崎信久
神奈川県在住。アユ釣り歴35年。GFG神奈川支部所属。釣りは「短気は得気」アグレッシブな釣りを心がけている。何年も同じ流れの釣りでは飽きてしまうこともあると思う。大増水の度に流れが変わり新しいポイントができる酒匂川は、私にとって飽きることのない川だ。

山田邦明
長野県在住。アユ釣り歴 19 年。長野県千曲川水系、新潟県姫川・海川・早川、富山県神通川がホームグラウンド。アユ釣り以外にも磯のクロダイ・メジナ、アオリイカのエギングなど、旬を求めて多彩な釣りを楽しむ。

若山隆一
新潟県在住。アユ釣り歴 31 年。年間釣行日数約 40 日。ホームグラウンドは能生川、早川、海川、姫川。アユ以外にもソルトウオータールアーとサクラマス釣りを楽しむ。以前は競技に熱かったが、近年はのんびり派に転向。糸魚川内水面漁業協同組合総代、能生内水面漁業協同組合組合員。新潟流遊倶楽部所属。

関東甲信越「いい川」アユ釣り場

2015年5月1日発行

編　者　つり人社書籍編集部
発行者　鈴木康友
発行所　株式会社つり人社

〒101－8408　東京都千代田区神田神保町1－30－13
TEL 03－3294－0781（営業部）
TEL 03－3294－0766（編集部）
振替 00110－7－70582
印刷・製本　図書印刷株式会社

乱丁、落丁などありましたらお取り替えいたします。

ISBN：978-4-86447-073-5　C2075
つり人社ホームページ　http://tsuribito.co.jp/